U0567185

基本权利与社会规范

"东方明珠大讲坛"讲演录

| 第4辑 |

郭为禄 叶青 主编

商务印书馆
The Commercial Press
创于1897

本书由

上海市高水平地方大学(学科)建设项目资助

列入华东政法大学建校 70 周年纪念文丛

编者的话

    "东方明珠大讲坛"是华东政法大学为深入贯彻落实习近平总书记关于教育的重要论述和全国教育大会精神,立足"学术兴校"发展模式和"多科融合"发展格局,由科研管理部门牵头打造的代表学校最高水平的学术交流平台。自 2020 年 3 月 29 日开坛以来,在众多国内外一流学者的鼎力支持下,"东方明珠大讲坛"迅速引起了学界的广泛关注,产生了学界美誉度,形成了全国影响力,为华东政法大学建设"令人向往的高雅学府"做出了重要贡献。为了向莅临"东方明珠大讲坛"的各位学者致敬,向关爱"东方明珠大讲坛"的各位同仁致谢,华东政法大学携手商务印书馆,出版这套丛书,每十讲为一辑,将大讲坛的精华内容陆续结集呈现。

    "东方明珠大讲坛"始于新冠疫情肆虐之际,这使它具备了与其他系列讲座不同的三个方面的鲜明特点。首先,由于疫情的阻隔,从一开始,"东方明珠大讲坛"就主要以线上方式进行。没有觥筹交错,只有知识交互;没有迎来送往,只有智慧碰撞。借助视频会议软件,学者们跨越时空,在清晨的大西洋海岸、傍晚的佘山广富林同登"云端",切磋琢磨,论道长谈,真正营造了一种高雅的学术氛围。其次,疫情让"命运共同体"的理念深入人心,促使"东方明珠大讲坛"聚焦全球共同关心的主题,超越单个学科故步自封的局限。通过遍邀各领域前沿学者参与,论坛实实在在地推动法学与政治学、历史学、传播学、社会学、语言学乃至医学、动物学、计算机科学的交叉融合，真正拓展了一种广阔的学术视野。最后，"东方明珠大讲坛"作为管理部门主动请缨"科研抗疫"的产物，由科研管理者与二级学院热心师生利用业余时间持续举办，传承着爱岗敬业的服务观念和追求真理的学术理念。二者的结合，真正凝聚了一种无私奉献、众志成城、迎难而上、苦中作乐的"科研抗疫"精神。这种精神是一流学者和广大师生支持"东方明珠大讲坛"的根本原因，这种精神将推动"东方明珠大讲坛"不断前进。

大学是研究高深学问的重地，高水平的大学一定要有一个响亮的学术交流品牌，"东方明珠大讲坛"就是这样一个品牌。作为"法学教育的东方明珠"，华东政法大学将继续坚持立德树人的根本任务，提升科研育人能力水平，落实《深化新时代教育评价改革总体方案》精神，坚决克服"唯论文"等顽瘴痼疾，努力把"东方明珠大讲坛"打造成一流学术平台，为服务中华民族伟大复兴贡献学术力量。

目　录

第31讲 "基本权利冲突"三人谈

时　间：2021年12月16日

地　点：线上

主持人：陆宇峰（华东政法大学科研处处长、教授）

主讲人：王锴（北京航空航天大学法学院教授）、柳建龙（中国社会科学院大学法学院副教授）

与谈人：李忠夏（中国人民大学法学院教授）

一、开幕致辞

陆宇峰教授（主持人）：

尊敬的各位专家、各位老师、各位同学，晚上好！欢迎来到"东方明珠大讲坛"，我是陆宇峰。

"东方明珠大讲坛"是华东政法大学立足"学术兴校"发展模式和"多科融合"发展格局，由科研处牵头主办，与各二级学院紧密合作，升级打造的代表本校最高级别、覆盖全校所有学科、具有学界美誉度、产生全国影响力的一流学术殿堂，旨在营造浓厚的科研氛围和高雅的学术氛围，带动全校在高水平科研成果、高层次科研项目、高级别科研获奖等方面取得进一步突破。

本期"东方明珠大讲坛"关注基本权利冲突问题。在功能分化的现

代社会,不同功能系统相互分离,自主运作,这一背景从根本上决定了
基本权利的冲突。比如餐饮业的营业者能否以宗教信仰为由,拒绝为
同性恋者提供服务;又如言论自由、新闻自由或者学术自由的形式,是
否受第三人肖像权、名誉权或者隐私权的限制;再比如医院能否要求
应聘护士的人两年内不得怀孕。21世纪初,权利冲突成为我国法学
界的一个研究热点。围绕权利冲突与基本权利冲突的关系、基本权
利冲突的解决路径等问题,宪法学界也一度产生了诸多有益的学术
对话。

党的十九大报告正式提出推进合宪性审查工作,既为基本权利冲
突的解决提供了制度通道,也为突破基本权利冲突理论研究的瓶颈提
供了机遇。在此背景下,今年年底,北京航空航天大学法学院王锴教授
和中国社会科学院大学法学院副院长柳建龙副教授,针对基本权利冲
突问题,分别在《法学研究》与《中外法学》发表了重量级的文章,再度把
这个问题带回到学界的视野之内。那么两位学者如何看待基本权利冲
突及其解决方案?他们关于基本权利冲突的认识又是否存在冲突?敬
请期待两人今晚的对谈。

今天的大讲坛也邀请了中国人民大学法学院李忠夏教授与谈。李
忠夏教授作为国内系统论宪法学的代表人物,长期在宪法学界受到“无
情的批判”,今天他作为第三方,承担“调解仲裁”的多重角色,我们也期
待他的高见。

让我们首先有请中国社会科学院大学法学院副院长柳建龙副
教授!

二、 主讲环节

柳建龙副教授：

各位老师，各位同学，大家晚上好！特别感谢陆宇峰老师的邀请。尽管在一定意义上说，我和王锴老师之间可能存在争论，但是从之前的对话来看，争点不会多。上一次我们比较散漫，中国政法大学赵宏教授建议我们再讲时提供 PPT，今天三位主讲人都"从善如流"，做了 PPT。由于有了 PPT，我今天也就大概按 PPT 来展开讲。

为什么要讨论基本权利冲突问题？我认为应从两个层面来理解，或者说基于两个背景来讨论。

一方面，这几年的宪法学研究整体有一个倾向，即越来越偏向国家机构理论的研究，基本权利的基础理论在某种意义上反而被忽略了，从而处于一种停滞状态。有关基本权利的基础理论研究应如何进一步深入，可能是宪法学需要解决的一个问题。当然，相对以前而言，随着留德背景的学者越来越多，在这方面做进一步推进的可能性会越来越大。

另一方面，国内有很多学者在讨论合宪性解释、基本权利第三人效力、基本权利的私法效力、国家保护义务以及基本权利客观价值秩序等理论问题，这些问题也越来越受重视。但是，在基本权利防御国家侵害的功能没有得到充分实现的情况下，基本权利第三人效力的扩张，是否会进一步压缩个人自由空间，这或许值得思考。在这样的背景下，有必要对以前的基本权利冲突问题重新做研究。不过，尽管就基本权利冲突而言，从法理学或其他学科角度出发已有大量的研究，宪法学的因素还是比较薄弱;除此之外,还伴有一些误解。因此,我想可能有必要对基本权利冲突理论进行重新整理。我这篇文章基本上是对德国学说的梳理,当然其中也有我自己的一些贡献。

我的思考可以分为三个步骤:第一步,什么是基本权利冲突? 第二步,如何认识基本权利冲突? 第三步,如何解决基本权利冲突?

第一步,什么是基本权利冲突?

这首先涉及一个问题:基本权利冲突是怎样产生的? 从相关研究来看,人类生活的社会性、资源的稀缺性、个人价值观的差异性,以及法律规范本身的概括性和不周延性等等,都会导致基本权利冲突。

所谓的基本权利冲突,是指多个基本权利主体各自所享有的相同或者不同的基本权利发生对立的情形。基本权利冲突和基本权利竞合共同构成基本权利矛盾,即"基本权利矛盾=基本权利冲突+基本权利竞合"。但国内也有很多学者认为,某种意义上,基本权利竞合等同于基本权利冲突。这样的观念需要更新。通常来讲,基本权利竞合是指,一个基本权利主体的行为,可能同时落入数个基本权利的调整范围内,可以同时主张数个基本权利。在这种情况下,我们需要处理的问题是:应当主张哪个基本权利,或应当根据何种基本权利课予国家相应的负担? 类似的问题都需要在这个层面上解决。

那么基于这个认识,我们可能要再进一步处理一个问题,即什么不是基本权利冲突。这里涉及两个方面:

第一,同一主体的基本权利冲突,并不是基本权利冲突。郑毅(《论同一主体的基本权利冲突》,《政治与法律》2015 年第 2 期)指出,对于傣族的儿童、少年来说,接受佛寺教育跟接受义务教育之间存在基本权利冲突的问题。我认为这里不存在基本权利冲突的问题。傣族的儿童、少年无论选择佛寺教育还是选择义务教育,其实都意味着另外一项基本权利的消极行使。如果他选择佛寺教育,那么,由于国家会强制儿童接受义务教育,这一接受义务教育的义务,会间接地影响其接受佛寺教育,这仍是传统的自由权限制问题。从这个意义上来讲,我们不能把它理解成基本权利冲突。

即使承认郑毅的观点,仍有如下问题需要考虑:基本权利对个人自由的保障,基本上是建立在个人本身不受基本权利拘束的大前提上的。由于权利主体和相对人混同,个人不能行使基本权利请求权,要求国家解决冲突问题。另外,如果允许国家接触到个人基本权利行使的选择,可能也会进一步压缩个人的自由空间。

马岭老师(《宪法权利冲突与法律权利冲突之区别——兼与张翔博士商榷》,《法商研究》2006 年第 6 期)认为,个人自身价值冲突是基本权利冲突。这个观点基本上也不能成立,因为如果每个人都是天使,法律也就没有存在的必要。

第二,虚假的基本权利冲突,并不是基本权利冲突。这里的主要问题是,需要对基本权利的保护范围做进一步的厘清。比如张翔老师举例:小偷扒窃、盗窃是不是其行使劳动权或者生存权的一种形式? 这构不构成其基本权利? 如何看待其与被盗窃、被扒窃的人之间的财产权冲突? 于此,我们首先应探讨什么是基本权利的保护范围,这也要求经由我们的法感,为基本权利的保护范围做进一步的界定。不过,这也会涉及另外一个问题,即基本权利的内在限制。只有把前述两种不是基本权利冲突的现象,从基本权利冲突问题的讨论范围之中予以排除,我们才可能进一步去讨论真正的基本权利冲突。

第二步,如何认识基本权利冲突?

我认为,对基本权利冲突的认识应当放到基本权利保护范围、基本权利干预和基本权利干预阻却违宪事由三阶层的框架中加以讨论。在这个三阶层的框架中,一些学者会把基本权利冲突作为基本权利保护范围的排除事项,相当于基本权利的内在限制。另一些学者可能会把基本权利冲突作为基本权利的干预。还有一些学者会把基本权利干预放到第三个阶层,即基本权利干预阻却违宪事由中加以讨论。具体而言:一方面,在形式合宪性部分,涉及基本权利冲突作为基本权利的"限制保留";另一方面,基本权利冲突作为阻却违宪事由之实质因素,是把它作为"限制的限制",比如说手段或者法益,那么就要在权衡的法益方面加以考虑。这是我目前梳理出来的学界关于基本权利冲突的认识。

夏正林批评我将基本权利冲突同时放在了事实与规范两个层面探讨。这两个层面是否能够调和?我个人的观点是,其实在讨论基本权利冲突的时候的确同时涉及这两个层面,在某些情况下两个层面还会交织在一起。

在第一个阶层中,基本权利冲突被作为基本权利保护范围的排除事由,其优点是,可在抽象层面防止基本权利冲突问题的产生:一旦发生争议,可以不具备原告资格为由,不予受理或者裁定驳回起诉,简化案件处理,防止讼累。缺点在于:第一,将基本权利冲突作为保护范围排除事由,并不能经由解释直接从宪法文本中推导出来,毋宁只能经由严肃、理性的分析予以确定。第二,鉴于冲突双方地位平等,无论令何种基本权利退让,恐都充满争议,而全部退出也不合乎社会效益最大化需求。第三,将基本权利冲突置于保护范围阶段讨论,可能导致其中一方基本权利被过早排除,或嫌草率。这个结果可能不是我们希望看到的。德国的基本权利审查框架呈现出逐渐后移的状态;美国的审查框架也与之类似,呈现出由宽到窄的过程。

在第二个阶层中,基本权利冲突被作为基本权利干预。但这里可能会涉及一个问题:我们很难把基本权利冲突中第三人的基本权利视为国家公权力,这也不符合基本权利干预的构成要件要求,即法效性、目的性、直接性及强制性。另外存在的问题是:第一,这在一定程度上违背了传统基本权利观念。第二,这或致片面强调保护个人基本权利的需要,而忽略第三人行为亦受基本权利保护的事实。第三,公法和私法间存在实质差异。私法中占主导地位的通常是自由的、不需要说明理由的决定,而公法中占主导地位的则是受约束的决定。除此之外,一旦个人需要就其行为作正当化论证,或令人际交往萎缩,窒碍社会发展,这不仅意味着个人自由的缩减,也意味着国家权力的扩张——国家至少可借由争议解决机制更全面、深入地介入个人生活领域。因此,国家公权力的干预必须谨慎,防止对个人自由造成缩减。

在第三个阶层中的第一阶段,基本权利冲突被作为基本权利的"限制保留",即将它作为法律优先或者法律保留的替代。限制保留涉及:第一,将基本权利冲突作为内在限制,即保护范围构成要件的排除事项。第二,将其作为外在限制。这可能存在两个问题:第一,即便在观念上承认自由权的绝对价值,在实务中仍不能否认"实现公共利益"或"自由领域的理性衡平"对个人所造成的限制,即在一定程度上采取相对主义立场。第二,抽象而言,无法律保留基本权利较特别法律保留基本权利受到更强的保护,后者较一般法律保留基本权利受到更强的保护。而在实务中,后二者的保护强度可能高于前者。比如,若将我国《宪法》第 51 条理解为基本权利限制的不成文法规定依据,基本权利可能就会受到极大的限制,从而掏空基本权利保护的内涵。

在第三个阶层中的第二阶段,基本权利冲突被作为阻却违宪事由之实质因素。这包括了三种处理方式。第一,将基本权利冲突视为限制基本权利的正当目的。第二,将其作为法益衡量中的法益要素之一。第三,可以发现基本权利冲突在释义学中或同时兼有事实和规范两种角色:就作为保护范围的排除事由和"限制保留"而言,它是抽象规范;而就作为基本权利干预和阻却违宪事由的实质因素而言,它是具体事实。由此观之,基本权利冲突确实同时具有事实性和规范性。在这种情况下,需要从事实与价值两个层面同时进行权衡。

第三步,如何解决基本权利冲突?

关于基本权利冲突如何解决,由于法律并不是单一的,在各个阶层都会有它的意义或者价值。传统的单一方案存在问题,在这种情况下不可能采取单一方案。我从六个方面去讨论:

第一,经由解释明确基本权利保护范围。此处涉及对基本权利保护范围的解释宽窄问题。我认为,对基本权利保护范围的诠释和确认应以法学方法论的解释法则为基础,分析各规范的文义,并探知其发展沿革、特性及体系,再斟酌社会通念与价值秩序,以作出妥善适切的界定。对此,可参照王锴教授的《基本权利保护范围的界定》(《法学研究》2020年第5期)。

第二,依照基本权利位阶予以处理。目前存在的问题包括五点。首先,尽管基本权利位阶学说已经成为主流学说,但质疑声音仍然不少。这是因为:一者,制宪者设置法律保留时遵循的并非严格的学理逻辑和价值秩序,在许多情形下毋宁是基本权利侵害的历史经验,经由法律保留的形式未必能准确确定其位阶。二者,就宪法最高价值而言,理论上也有争议。比如,究竟哪项基本权利是核心价值,理论上和实务上并无统一见解。再如,即便存在一元概念或者价值,鉴于其高度抽象性,其解释和适用也必然出现分歧。又如,其他基本权利与该最高价值的关系远近如何,恐怕也无统一的判断标准,故而难以避免主观性。尽管一般而言,基本权利的核心较边缘更受保护,但高位阶基本权利的边缘与低位阶基本权利的核心相比较,何者更应得到保障,本身也是难题。其次,并不存在一个公认的、涵盖绝大多数基本权利的价值序列。再次,一般而言,基本权利位阶只在抽象、一般层面上对基本权利冲突有决定性作用。复次,同一位阶或者同一基本权利冲突的情形并不少见,于此位阶理论并不能提供有效的解决方案。最后,进行利益权衡时不得太过于草率与抽象,毕竟只有在利益权衡原则下始能解决基本权利的冲突问题。由此观之,基本权利位阶对基本权利冲突问题的解决已经丧失了指引功能,毋宁说在价值权衡时,其出发点仍是某种价值直觉和确信。于此其具有法政策的功能,易言之,在权衡相互冲突的基本权利法益时,应当赋予高位阶者更多权重。

第三,根据实践调和原则进行个案权衡。至少应以如下方式尊重被迫退让的基本权利:一是不应由其单独承担所有的后果;二是应该尽可能采取措施保护受到冲突的基本权利,只要这种措施是保护发生冲突的基本权利所允许的和所必需的。费舍尔-莱斯卡诺(Fischer-Lescano)主张经由公共讨论过程决定何者构成实践调和,由人民决定自己拟生活在何种社会关系之中。于此将是一个持续的、调整冲突的调和方案的过程,而非演绎推理的结果。

第四,引入比例原则。以比例原则为解决方案,不仅会进一步压缩私法自治空间,也会增加私法行为的不确定性。私法自治提供一种受法律保护的自由,使个人获得自主决定的可能性,而自主决定是调整经济过程的高效手段。故基于社会整体效益以及防止公权力在私人领域过度渗透的考虑,对其在基本权利冲突领域的适用仍应采相对克制立场。对此可以参考杨登杰教授的《执中行权的宪法比例原则:兼与美国多元审查基准比较》(《中外法学》2015年第2期)。在此种缓和进路下,引入比例原则也就没有那么可怕。

第五,基本权利行使的前置程序。基本权利主体有义务采取前置程序,未能履行该义务则不得援引该基本权利。仅当基本权利主体有效地采取避免基本权利冲突的特定措施时,方可以给相互冲突的基本权利造成负担的方式行使自己的基本权利。若忽略这些措施,则主体自始丧失其诉诸该基本权利的权利。但此种方案存在如下问题:首先,即便其可以在一定程度上降低实体性判断的必要性,也不意味着完全无需判断,在双方均未履行基本权利行使的程序性义务或履行存在瑕疵时,尤其如此。其次,可能出现同一情形不同对待的结果。再次,从基本权利规范结构中并不能直接推导出何时基本权利行使负有前置程序义务。最后,何者负有基本权利行使的前置程序义务,也是一个问题。

第六,通过立法预先设定解决方案。通过立法预先设定解决方案主要有两种途径:一种是经由立法形成基本权利保护范围,排除虚假冲突;另一种是立法预先为基本权利冲突设定解决方案。后一种方案存在的问题是:首先,将基本权利冲突委由立法机关形成,或使立法者产生错误认识,将基本权利冲突等同于法律冲突,将基本权利规范等同于其具体化后的法律规范,以致不能认真对待基本权利拘束,产生将基本权利问题变成制定法解释问题的危险。其次,要求立法事先对所有可能的基本权利冲突作出周全考虑、给出解决方案,为个人自由权提供无漏洞的法律保护,可能面临如下问题。一则由于本身智识有限或情势变更,立法机关难以作出周全的前瞻性规定。况且囿于立法资源的限制,规定也不可能事无巨细,而对立法的过度需求或令立法机关不堪重负,造成立法赤字。二则也可能令人无所适从,以至于适法和守法都变得更加困难。再次,即便法律预先作了处理,也可能出错,或者虽然一开始是妥当的,随着时间推移而变得不当,特别是基于个人道德判断而认定法与不法的情形。最后,强调以立法解决基本权利冲突问题,容易夸大立法机关的作用,忽略宪法的解释价值。

最后,我的结论是:基本权利冲突在自由权侵害三阶层审查框架之下具有多重地位,兼具规范性和事实性。不仅作用于基本权利规范的解释,也作用于个案中基本权利法益的衡量。因此,很难期待只在某一阶层内单独地解决基本权利冲突问题。这也意味着,单一的解决方案,即经由解释明确基本权利保护范围、依照基本权利位阶予以处理、根据实践调和原则进行个案权衡、引入比例原则、基本权利行使的前置程序、通过立法预先设定解决方案中的任何一个方案都难以有效地解决基本权利冲突问题,何况这些方案本身也都存在不足。为此,我们有必要作综合的考量,确定一个通盘的解决方案,亦即除关注解释论解决方案外,也应关注立法论解决方案。

陆宇峰教授（主持人）：

感谢柳老师！柳老师很清楚地给我们介绍了他研究基本权利冲突问题的背景。他认为,我们对中国宪法基础理论的研究其实还是不足的,我们需要警惕基本权利第三人效力的研究,以及这一研究近年来持续火热的状态。在公民与国家之间的关系问题还没有完全界定清楚的情况下,径直去谈论第三人效力问题,可能为时过早。

这场报告非常全面,系统介绍了基本权利冲突产生的原因。柳老师把基本权利冲突的概念与基本权利冲突竞合进行区分,告诉我们什么不是基本权利冲突。他也谈到对基本权利冲突的四种不同理解,即作为基本权利保护范围的排除事由、作为基本权利干预、作为基本权利的"限制保留"、作为阻却违宪事由的实质因素。他还向我们介绍了解决基本权利冲突的六种方案。

最后,柳老师谈到基本权利冲突问题是一个非常复杂的问题。他详细地论证了其实每种单一的方案要想彻底解决这个问题,都是不可能的,所以他最终主张将解释论解决方案和立法论方案结合。这是柳建龙老师针对基本权利冲突问题全面的、成体系的讲解。

我再介绍一下柳老师,他长期研究合宪性审查和基本权利竞合,这次的报告又涉及基本权利冲突的问题。他在 2010 年就出版了《宪法修正案的合宪性审查:以印度为中心》这本书。他翻译的耶利内克(Georg Jellinek)的《宪法修改与宪法变迁论:国家法学—政治学之维》、在《法学家》发表的《论基本权利竞合》(2018 年第 1 期),也给了我们很深刻的印象。

下面有请北京航空航天大学法学院王锴教授和我们一起讨论基本权利冲突问题。

王锴教授:

非常感谢宇峰教授的邀请!我认为,"东方明珠大讲坛"是上海地区最高端的法学论坛,因为东方明珠是最能代表上海形象的标志。同样也非常感谢建龙老师给我这个机会,我们俩现在据说已经组成一对(搭档)了。还要感谢今天的与谈人忠夏教授,因为据说我能来"东方明珠大讲坛",也是托他的福。毕竟他是大讲坛的"御用与谈人"(笑),所以非常感谢!下面我正式开讲。

刚才建龙老师也讲到了,为什么这几年宪法学界这么关注基本权利问题,我认为其原因可能在于,很多老百姓都认为宪法作为最高法是高高在上的,离大家的日常生活比较远,而宪法中和老百姓生活最贴近的就是基本权利问题,宪法学者之所以关注基本权利问题,也是为了让宪法能够接地气。

去年《北京航天航空大学学报》(社会科学版)上刊登过一篇综述性

的文章《权利冲突研究的元分析——基于 CSSCI 数据（1983—2013
年）》（2020 年第 2 期），它分析了从 20 世纪 80 年代开始，学界近三十年
对权利冲突的研究。其中提到，学界对权利冲突的研究在 2006 年达到
顶峰，然后逐年下降。我注意到基本权利冲突也有这样一个趋势，我在
中国知网上搜关于"基本权利冲突"的论文，2010 年至今，十多年只搜
到两篇论文。我也在想为什么这一领域的研究论文如此稀少。一个可
能的原因是理论方面的问题，法理学界对权利冲突的研究较多，宪法学
者认为权利冲突的研究已经囊括了基本权利冲突的研究，所以没有必
要再来单独研究基本权利冲突。但权利冲突与基本权利冲突到底是一
个问题还是两个问题，这在理论上似乎一直没有澄清。另一个可能的
原因是，实践中基本权利冲突问题最终如何解决，尚不明确。我们首先
想到的就是通过合宪性审查的方式，但合宪性审查这项制度在党的十
九大之前并没有有效地运转起来，所以学者可能感觉即使研究基本权
利冲突，最后也解决不了实际问题，变成了"纸上谈兵"。

　　同时，我注意到一个令我吃惊的现象：德国的基本权利理论是相当
发达的，但是德国学者对基本权利冲突的研究也不多。从我搜集到的
相关论著来看，关于基本权利冲突的论文数量与其他的基本权利理论
研究的论文数量，甚至与基本权利放弃的论文数量相比都是偏少的。
在我们看来，基本权利冲突应当是一个非常重要的问题，为什么德国学
者对它的研究反而偏少呢？因为在实践中，基本权利冲突往往会被基
本权利限制或者干预所吸收，也就是说，在两种权利发生冲突以后，国
家会采取什么样的措施？它经常采取的是保护一种基本权利，同时限
制另外一种基本权利的方式，此时基本权利冲突实际上就变成了对基
本权利的限制，冲突的理论被限制的理论吸收了，基本权利冲突成为一
种基本权利干预的理由。

我国《宪法》第51条,同样兼具冲突与限制的双重属性。第51条规定,在公民行使自由权利的时候,不能损害国家、社会、集体的利益和其他公民合法的自由和权利。从基本权利限制的角度来看,《宪法》第51条提供了一个限制基本权利的理由。限制基本权利无外乎基于两种理由:一是为了保护公共利益,二是为了保护其他公民的基本权利。也可以从基本权利冲突的角度来理解:

我国《宪法》第51条规定,"中华人民共和国公民在行使自由和权利的时候,不得损害国家的、社会的、集体的利益和其他公民的合法的自由和权利"。

《宪法》第51条中首先说不得损害,而不是说不能侵犯;其次规定不得损害其他公民合法的自由和权利。文本中加上"合法"二字意味着什么?它恰好符合基本权利冲突的构成要件,因为权利冲突与侵权和权利滥用是不同的。下面我就按照我论文的思路向大家进行汇报。

第一部分要解决权利冲突和基本权利冲突两者之间的关系。

第一点是权利冲突和侵权、权利滥用的区别。过去宪法学界对基本权利冲突是否存在有三种认识。虚无说认为,基本权利冲突根本就不存在。有的学者认为基本权利冲突实际上就是法律权利的冲突,因为基本权利都要靠法律来具体化;甚至认为权利冲突本身可能就不存在,比如郝铁川教授2004年提出权利冲突是个伪命题,因为他认为权利冲突实际上是可以通过划清权利边界或者权利保护范围来解决的。他认为正是权利的边界模糊导致了权利冲突,在划清边界之后,自然就不存在权利冲突。学界过去也有人批判这种观点,批判的理由主要是认为权利边界或保护范围是无法划清的,因此实际上通过划清边界是无法解决权利冲突问题的。但我认为,这一反驳似乎是一种变相的权利不可知论,我们永远无法知道权利的边界在哪里。

我认为虚无说是值得商榷的,因为权利冲突本质上并不是由权利的边界不清或者保护范围不清导致的,即使明确界定了权利的保护范围,冲突仍会发生。我和建龙老师都认为,权利冲突首先是由人的社会性导致的:人是群居动物,只要人与他人进行交往,那么无论这种交往是哪一方主动的,随着权利主体的靠拢,权利的保护范围势必会发生接触与摩擦。如果说人的社会性是权利冲突的主观原因,那么资源的有限性就是权利冲突的客观原因:有的时候你主观上并不想和他人靠拢,但是资源、空间的有限性使彼此不得不靠拢,因此发生冲突。我认为权利冲突本质上并不是由权力边界不清引起的。

此外,权利冲突与侵权和权利滥用也存在区别。我注意到,现在法理学界基本达成了这样一个共识:权利冲突的前提是双方主体都在合法正当地行使权利,既没有超出自己权利的保护范围,也没有侵入对方权利的保护范围。举例来说,街道上的集会或游行示威。当我们正当合法地行使集会自由权时,势必会和街边商店的营业自由发生冲突。此时双方都在合法正当地行使权利,但是双方的权利都没能得到充分的发挥。一些国家在界定权利冲突时,首先排除在此种情况下构成权利滥用和侵权。再举一例。网民胡戈在网上制作了一个短视频《一个馒头引发的血案》来讽刺陈凯歌导演的《无极》,那么这里就涉及网民的艺术自由与导演著作权之间的冲突。法律上是如何认定这个问题的?第一,法院会审查是否为商业使用。如果审查结果认为是基于商业目的而使用他人的作品,就会认定是在滥用权利。第二,法院还会审查给对方造成的损害有多大,从而判断是否有侵权嫌疑,比如审查判断借鉴的比例等等。所以,权利冲突与侵权和权利滥用是有根本区别的。

第二点是基本权利冲突与民事权利冲突的区别。基本权利冲突的第二种观点为泛化说。泛化说认为所有的权利冲突都是基本权利冲突,这种观点把基本权利冲突等同于权利冲突。基本权利冲突通常被界定为两个公民依据各自所享有的基本权利而产生的利益冲突。这会给我们一种基本权利冲突是发生在私人和私人之间的印象。这一定义并不准确,它会导致基本权利冲突与民事权利冲突相混淆。基本权利和民事权利的区别就在于基本权利约束的主体是国家,它是对国家施加义务,而不是去约束某个私人。私人与私人之间的冲突只能是民事权利冲突。基本权利冲突必须要有国家的介入。以常见的表达自由与隐私权的冲突为例,其中存在"基于表达自由,当事人有权表达"与"基于隐私权,当事人不能表达"的矛盾。一方可以主张表达自由,但是对方的隐私权作为一个民事权利,会约束表达自由的主体并对其施加义务,要求不能公开别人的隐私。因此,民事权利的冲突是比较好理解的。但是基本权利的冲突就比较复杂了。因为表达自由作为基本权利要求国家不得干涉公民的表达,隐私权作为基本权利是指国家不得侵犯公民的隐私。只要国家不作为,两个基本权利就都实现了。如何发生冲突呢?其中的根源就在于基本权利的国家保护义务。实际上,国家对基本权利不仅有不干涉的义务,同时还承担保护义务。在一方的基本权利受到另一方行为的影响且处于危险中时,国家有义务去保护受害一方的基本权利,保护的方法往往就是限制侵害一方的基本权利。当一个公民公开另一个公民的隐私时,国家可能会限制乃至制裁这个公民的表达,由此在国家层面就出现了"基于隐私权,国家要限制侵犯隐私的表达"和"基于表达自由,国家不能干预表达"之间的冲突。因此,基本权利冲突的成立必须要有国家的介入,或者说必须要有国家的作为,这是它和民事权利冲突不同的地方。

第二部分是基本权利冲突的类型与构造。

我将基本权利冲突分为三种类型:积极权利之间的冲突、消极权利之间的冲突以及积极权利和消极权利之间的冲突。这种分类的依据是什么,在此我简单解释一下。我们今天所讲的基本权利分类源自耶利内克,他是一位著名的德国公法学家。19 世纪时,他提出了经典的地位理论,按照公民相对于国家的地位关系,他区分出了四种地位:消极地位就是国家不干预,衍生出公民的自由权;积极地位要求国家积极作为,进行实体给付,衍生出社会权;主动地位是指公民主动靠近、参与国家,成为国家中的工作人员,衍生出参政权;被动地位是指公民作为被国家管理的对象而不是国家的管理者,产生基本义务。

自由权和社会权的分类就源于耶利内克,但是他并没有解释参政权以及后来出现的程序权或救济权到底是什么性质的权利。程序权或救济权是指在实体权利遭受侵犯后,受害者要寻求救济,但如果此时国家不提供救济,受害者该怎么办? 由此就产生了一个要求国家救济的权利,也就是所谓的程序权或救济权。宪法上所讲的批评、建议、申诉、控告、检举以及获得国家赔偿的权利,都是要求国家给予救济的权利。在此,要特别注意基本权利与民事权利的区别。基本权利主要是一种请求权,即公民对国家的请求,它的类型并不像民事权利那么丰富。民事权利除了请求权之外,还有支配权、抗辩权、形成权等。总之,自由权主要是请求国家不作为的权利;社会权是请求国家进行实体给付的权利;程序权是请求国家进行程序上的给付的权利;参政权是请求国家确认选民身份或者当选资格的权利,即一种确认请求权。由此可见,社会权、程序权、参政权实际上都是请求国家作为,只不过请求作为的内容不同。所以我将它们三个都归入积极权利,而将请求国家不作为的自由权归入消极权利。

首先是最常见的消极权利与消极权利的冲突,也就是自由权与自由权之间的冲突。自由权与自由权发生冲突,主要是因为国家为保护其中一个自由权,而对另一种自由权实施了干预,但是另外一种自由权又要求国家不能干预,此时就产生了国家保护义务与国家不作为义务之间的冲突,比如表达自由与隐私权之间的冲突。

其次是积极权利与积极权利的冲突,例如受教育权与休息权的冲突。这两者都要求国家给付,但问题在于国家的给付能力是有限的。比如说现在有一块国有土地,那么是修建学校以满足学生的受教育权,还是给劳动者修建公园以满足劳动者的休息权呢?因为资源有限,所以没有办法同时实现这两种权利,此时就产生了国家作为义务与作为义务之间的冲突。

最后是积极权利与消极权利之间的冲突,比如社会权与自由权的冲突。这是一种最原始的基本权利冲突类型。社会权课予国家作为义务,而自由权课予国家不作为义务。比如公民劳动权的基本要求。1994 年《劳动法》起草时曾有一段关于国有企业裁员的讨论。在企业裁减职工的问题上,有可能发生企业经营自主权与职工劳动权的冲突。因为根据我国《宪法》第 42 条,职工的劳动权要求国家"通过各种途径,创造劳动就业条件",由此国家可能会对企业大面积裁减员工的行为加以干预。但是根据《宪法》第 16 条,国有企业的经营自主权又要求国家不得随意干预。这就产生了国家的作为义务与不作为义务之间的冲突。

第三部分是关于基本权利第三人效力无法解决基本权利冲突的问题。

我相继反驳了虚无说和泛化说,我的立场是介入说,即基本权利冲突是由国家的介入导致的。但是有的学者批评介入说,认为基本权利如果可以直接约束对方,就产生了第三人效力,不需要国家介入也可以解决冲突问题。我认为,第三人效力是没有办法解决基本权利冲突的。

首先来说直接第三人效力,宪法上对直接第三人效力基本上持否定态度。因为基本权利的直接第三人效力不仅会混淆宪法与民法、公法与私法、基本权利与民事权利之间的界限,而且其将约束国家的基本权利直接用来约束私人,会混淆国家所承担的义务和私人所承担的义务,限缩私人自治的空间。其他国家对直接第三人效力都是很谨慎的,即使承认基本权利直接第三人效力的国家,也并不认为所有的基本权利都能产生直接第三人效力。基本权利能否产生直接第三人效力,取决于宪法上是否有明确规定。

例如,德国法承认结社自由具有直接第三人效力。依据《德国基本法》第 9 条第 3 款第 2 句的规定,任何限制或者妨碍结社自由的协议都是无效的。由此,若雇主和员工签署合同要求员工放弃结社,比如组织工会,则这一合同是无效的。员工的结社自由作为宪法上的基本权利,直接对雇主产生了约束力。我国《宪法》中也有个别的基本权利,比如宗教信仰自由,《宪法》规定"任何国家机关、社会团体和个人不得强制公民信仰宗教或者不信仰宗教",宗教信仰自由不仅仅约束国家机关,还约束私主体。但问题是,基本权利的直接第三人效力只能在个别基本权利上适用,而任何基本权利都有可能发生基本权利冲突。因此,即使承认基本权利的直接第三人效力,也无法用其解决所有的基本权利冲突。

其次来回答通过间接第三人效力能否解决基本权利冲突这一问题。基本权利的间接第三人效力与直接第三人效力的最大区别在于,前者并不将基本权利当作权利来看,而是将其化约为一种普遍的价值,从而去除其原本只约束国家机关的性质,使其可以在私法中适用。间接第三人效力实际上就是价值冲突。我们国家过去有使用间接第三人效力的例子,比如在 1988 年《最高人民法院关于雇工合同"工伤概不负责"是否有效的批复》(已失效,后文简称《批复》)中,最高人民法院将宪法上的劳动权化约为一种值得所有人尊重的价值,认为雇主应为雇员提供劳动保护,并将其视为《民法通则》中"社会主义公德"的要求,从而认为"在招工登记表中注明'工伤概不负责'"的做法,"既不符合宪法和有关法律的规定,也严重违反了社会主义公德,应属于无效的民事行为"。

间接第三人效力主要通过司法机关在民事裁判中解释民法中的概括性条款时将宪法价值输入民法中来实现,我们称之为基于宪法的法律解释。司法机关为什么要把宪法的价值输入民法中?这往往是因为民事立法中没有特别明显地反映宪法价值,因此司法机关的解释实际上起到填补漏洞的作用。但是反过来,如果民事立法已经将宪法价值考虑进去了,这时司法机关再续造就没有意义了。《批复》已于2013年废止,其原因就是"已被合同法、劳动法、劳动合同法及相关司法解释代替"。因此可以说,基本权利的间接第三人效力主要依赖司法机关。司法机关保护往往是在立法机关保护不足的情况下才进行,但在立法机关能够实现有效保护的情况下,司法机关只需要去执行立法。这就是间接第三人效力目前被基本权利保护义务理论所取代的原因:基本权利的保护义务首先指向立法机关,即国家通过立法来保护基本权利。

但是基本权利的国家保护义务理论也受到一些学者的批判,比如上海交通大学的黄宇骁老师曾指出,这一理论中存在"国家保护公民的基本权利免受其他公民侵犯"的逻辑错误,此前我们也讲过基本权利约束的对象是国家而不是公民,此时公民如何去侵犯另一个公民的基本权利呢?

我认为可以把该理论稍加改造,即国家保护义务保护的不是基本权利,而是"基本权利所针对的法益"。基本权利的国家保护义务的真正内涵并不是说国家保护公民的基本权利免受其他公民的侵犯,而是国家保护基本权利所针对的法益免受其他公民的侵犯,本质是一种法益保护义务。为什么这么说呢?首先,民事权利和基本权利虽然构造不同、约束对象不同,但保护的法益是相同的,换言之,它们都是保护某种法益的装置,区别只是防御来自不同方向对同一法益的侵犯:一个是防御其他私人,一个是防御国家。因此,当来自私人的对法益的侵犯,在两个权利主体之间通过私力救济解决不了的时候,就可以寻求国家的公力救济,此时就将防御的对象从私人转向了国家,也就是说通过国家的介入将民事权利冲突上升为基本权利冲突。这正反映了基本权利保护义务的理论基础,即国家垄断了权力,所以国家应当提供保护。民事权利冲突与基本权利冲突通过法益这个连接点而发生了联系。其次,基本权利保护义务在基本权利理论中是作为客观法性质的表现而存在的。实际上,在保护义务中,基本权利并不是作为主观权利而存在的。因为立法机关一旦立法进行保护,其保护的就不是某个人的基本权利,而是所有人的基本权利,所以用法益保护义务而非基本权利的保护义务更能反映该义务的客观法属性。

第四部分是关于基本权利冲突的解决思路。我认为这是过去宪法学界一直没有澄清的一点,即各种解决手段之间的联系,因此我在文章中尽可能形成了一个阶层式的思考框架。当然,这个框架是不是成功,还有待验证。

陆宇峰教授(主持人):

感谢王锴老师的精彩发言。

王锴老师非常清晰、简洁地为我们讲解了基本权利冲突与权利冲突的关系。首先,他回应了学界的两种学说——权利冲突的虚无说和权利冲突的泛化说,并区分了权利冲突与侵权和权利滥用、基本权利冲突与民事权利冲突。我非常赞成王锴老师的观点,今天的讲座也让我受益良多。

其次,关于基本权利冲突的类型与构造,王锴老师也讲解得非常细致,谈到了消极地位与公民的自由权、积极地位与社会权、主动地位与参政权、被动地位与基本义务的关系。在此基础上,他又把基本权利冲突构造为三种类型:消极权利之间的冲突、积极权利之间的冲突、积极权利与消极权利之间的冲突。王老师指出基本权利冲突都涉及国家介入的问题,在此我想提出的问题是:消极权利之间的冲突是不是真的存在? 因为消极权利需要国家不作为,那么在国家不作为的情况下,真的会存在冲突吗? 如何厘清此处的逻辑? 期待王老师的回应。

最后,他与建龙老师同样谈到了基本权利第三人效力的问题。基本权利第三人效力也涉及基本权利冲突,是私主体之间的权利冲突。我认为王锴老师和建龙老师都成功地说服了我们,直接第三人效力是可行的。王锴老师批评间接第三人效力主要靠司法机关进行宪法法律解释,这在民法等法律没有充分考虑宪法原则的情况下是适用的,但如果其他法律已经充分考虑到宪法精神了,间接第三人效力就没有什么实际作用了。但是我觉得这里是说基本权利第三人效力不是特别有必要去使用,而不是指它无法解决基本权利冲突问题。

接下来有请我们"东方明珠大讲坛"的老朋友——中国人民大学法学院的李忠夏教授与谈。

三、 与谈环节

李忠夏教授:

感谢华东政法大学"东方明珠大讲坛",我作为与谈人参加过很多次"东方明珠大讲坛",曾经还有幸客串过主持人,今天收到宇峰教授的邀请,对基本权利冲突的话题进行与谈。

王锴老师和柳建龙老师不约而同地在近期发表了关于基本权利冲突的文章。基本权利冲突这一话题,在 2006 年达到了研究高潮,近几年相关研究似乎有些回落,热度有些降低。其原因建龙老师刚刚也提到:我们的基本权利体系更多是建立在德国的基本权利双重属性的基础上的,这么多年似乎也做了比较深入的研究,因此近几年相关研究热度有些下降。今天,二位学者将基本权利冲突这一老问题重新提出来,在我看来是很有意义的,因为这个问题到现在都没能很好地解决。

作为与谈人,我的任务是找出他们二者的发言在观点上有没有分歧和冲突的地方。我认为他们关于基本权利冲突的论点是共识大于分歧的。从发言结构上看,两位老师都讨论了两个问题:基本权利冲突是什么? 构成基本权利冲突的前提是什么? 我想,两位老师都认可基本权利冲突中需要国家的介入,如果没有国家的介入,基本权利冲突是不成立的。传统上来说,宪法建立在国家与社会二元对立的基础上,若只处理国家与个体之间的关系,私主体不能够成为违宪的主体。

在这种情况下,如果没有国家的介入,所谓的基本权利冲突是不存在的。正是因为国家在解决基本权利冲突的时候是存在问题的,所以我们才需要上升到宪法。

两位老师也都提到了德国关于基本权利冲突的解决方案。建龙讲述了六点,包括基本权利、明确基本权利保护范围、基本权利的位阶、实践调和比例原则、前置程序、立法预案等等,通过这六个方面去解决基本权利冲突的问题。

王锴老师则用了较长的时间讲述什么是基本权利冲突,最后谈及如何解决的时候,他认为在形成基本权利冲突之前,有一个程序上的预防机制,在基本权利冲突产生之后,以实践调和为核心形成了一套体系化的路径。联邦宪法法院的路径是抽象—具体的论证模式,从抽象一般的基本权利规范出发,在具体的案件当中加以解释,这其实是一种"个案的利益衡量"做法。

具体而言:第一,确定基本权利的保护范围。确定基本权利保护范围的主要目的在于排除一些非常明显的属于违法、侵权的现象。例如舞台上杀人的行为,表面上是艺术自由与生命权之间的冲突,但实际上是一个非常明显的违法行为,该事例中艺术自由的保护范围不应当包括杀人这一种表演形式。第二,确定基本权利的外在限制。为什么我们通常认为有待确定的是外在限制?因为内在边界是不清晰的。如果基本权利的内在边界都是清晰的,那就不存在基本权利冲突了。正是因为边界是不清晰的,所以存在冲突。

我们需要考量,对于某一项基本权利,它的外在限制来自哪里?在《德国基本法》中,关于基本权利限制存在法律保留条款,分为有法律保留的基本权利限制和无法律保留的基本权利限制。在有法律保留的基本权利限制当中,又包括了简单的法律保留限制和加重的法律保留限制。所以它要回答的是法律本身有没有解决基本权利冲突的适当方法或者法律本身对基本权利的限制是否适当这一问题。许多法律本身虽然看起来是单方面对某项基本权利加以干预,但实际上可能是在解决基本权利冲突的问题。比如《航空安全法案》规定,被恐怖分子劫持的飞机,国防部可以下令击落,那么飞机上无辜的乘客、乘务员和地面上民众之间的权益应该如何去衡量?《航空安全法案》必须作出一个选择。

宪法要衡量法律本身在解决基本权利冲突的时候,其方案到底是不是合乎宪法,这里可能会涉及过度禁止与比例原则的应用,最后还是要回到权衡原则上来。这就涉及比例原则中的权衡。就权衡而言,黑塞(Konrad Hesse)提出实践调和,联邦宪法法院提到最谨慎的平衡原则、最优化命令等。阿列克西(Robert Alexy)也提到了最优化的命令,并且发展出权衡公式。在我看来,王锴老师和柳建龙老师对于阿列克西的权衡公式都不人感兴趣,我也认为权衡公式存在一定的问题。

接下来我们需要讨论的是,基本权利冲突到底是什么,也就是说,基本权利冲突的本质是什么。两位老师都提到了必须有国家的介入,私主体之间不能够直接构成基本权利冲突,因为私主体不能成为基本权利的义务主体。这个观点可能是不成立的。我认为民事层面的权利可能会涉及言论自由与名誉权之间的冲突,哪怕它还没有上升到联邦宪法法院,也是基本权利冲突。因为它是基本权利当中所蕴含的价值之间的冲突,不能够因为此时国家尚未介入,就不称之为基本权利冲突,这显然是以结果为导向的判断标准。因为有一些可通过立法直接给出解决方案,有一些是立法没有给出解决方案。立法直接给出解决方案的,比如《劳动法》中规定的经营自主权——涉及企业的营业自由和劳动权之间的冲突,《劳动法》可能会给出一个直接的解决方案。但是有一些立法没有直接给出方案,也不适合由立法直接给出方案,只能由个案去衡量。例如言论自由与人格权之间的冲突,不能因为还没上升到联邦宪法法院,就认为这不是基本权利冲突。应该强调的是,冲突不等于侵犯,冲突是存在的,但是冲突之后是否构成侵犯,这是联邦宪法法院要考量的问题。联邦宪法法院要考量:由于国家的介入,国家在解决基本权利冲突的时候,有没有造成对某一项基本权利的侵犯?冲突是事先存在的,国家介入冲突,有的是直接介入,宪法法院需要考量这个介入是否构成侵犯;有的时候国家不介入,联邦宪法法院也要去考量在不介入的情况下国家是否履行了最低的保护义务。换句话说,基本权利冲突是事先存在的,联邦宪法法院要考虑的就是,国家的这种介入或者不介入行为是否合乎宪法。

我们是在一个国家与社会二元分裂的语境下,谈及基本权利冲突问题。当今社会,我们看待基本权利冲突的关键可能还在于我们要突破既有的基本权利理论。私主体之间能不能够直接形成基本权利冲突,在今天社会当中是值得讨论的。因为在现代社会,私主体变得越来越强大,形成了私主体之间的结构性不平等,私主体的行为往往会产生一些系统性的影响,它甚至可以媲美国家公权力,对某一些私主体的基本权利形成直接的干预,甚至是侵犯。例如网络平台对私主体言论的限制是非常强大的。我们要直面这种冲突,即私主体之间有可能也会形成直接的基本权利冲突,关键就在于这种冲突有没有公共性,我们如何去判断这种公共性。我想通过思考这一点,是否可以在某种程度上形成基本权利理论的一种突破? 这是我对于基本权利冲突是什么的回应。

在解决基本权利冲突困境的问题上,我认为这两篇文章其实都没有很好地解决这一问题。无论是实践调和,还是最优化命令,都没有真正解决这一问题。为什么会形成基本权利冲突? 正是因为找不到一个最优化的命令,找不到一个最优化的方案,找不到一个实践调和的方案,所以才会形成基本权利冲突。然而,在产生基本权利冲突之后,我们的解决方案又要回到最优化的命令上了,这不能不说非常吊诡,而且这个标准实在过于模糊和难以操作。所以我们在解决基本权利冲突的时候,可能更多的还是要回到价值立场,回到基本权利所承担的功能上来。这两者之间如果发生冲突,会不会导致某一项基本权利的功能无法实现? 从这个角度去讨论基本权利冲突的解决,可能要形成一个动态的方案。由于国家不同,对于基本权利重要性的理解也是不同的,在美国可能言论自由更重要,在德国可能人格权更重要,所以我们要有一个基本权利冲突解决的动态机制,在此框架之下才能够引入比例原则。阿列克西给出了权衡公式,想要一劳永逸地解决基本权利冲突问题,但是这个公式存在的问题是形式化的公式无法得出实质性价值判断,反而会让我们产生一种循环论证的感觉。

王锴老师的文章里面认为积极权利之间可能会存在冲突,例如公民的劳动权与企业经营自主权,但是企业经营自主权是积极权利吗?在我的理解中企业经营自主权更多是一个消极权利,所以这个例子是否合适?文章里面还谈到国企的经营自主权是基本权利,但是国企是否能够成为基本权利的主体,也需要进一步地讨论。王锴老师在文章里面提到积极权利是社会权,社会权又分为给付权与分享权。给付权是原始的社会权,是指国家有义务为基本权利的实现提供事实上的前提。我想这里对分享权的界定可能也有一些问题。分享权是社会权吗?分享权不仅仅是社会权意义上的分享权,还可能是为了实现某些自由权,要求国家积极作为的分享权。分享权分为两种,一种是派生性的分享权,还有一种是原发性的分享权。原发性的分享权可能和通常理解的社会权有关,但是派生性的分享权其实还是保障自由权实现的前提。

陆宇峰教授（主持人）：

感谢李忠夏老师的精彩发言,李忠夏老师是我国系统论宪法学的代表人物。他认为,包括两位主讲老师在内的很多学者都在一个国家与社会二元分裂的语境下谈及基本权利冲突问题,而当今社会看待基本权利冲突的关键在于能否突破既有的基本权利理论,例如私主体之间能不能够直接形成基本权利冲突。

我认为基本权利冲突实际上要系统运用逻辑之间的冲突来解决。

讲座开始时我们举过这样一个例子：饭店经营者是否能以宗教信仰为由，拒绝为部分人提供服务？实际上，这里涉及经济系统与宗教系统运作逻辑之间的冲突，同时也包括教育系统和宗教系统运作逻辑之间的冲突。李忠夏老师讲到的互联网系统和公共领域系统之间运作的逻辑冲突问题，映射到个人身上，就会反映为基本权利冲突。在此我与李忠夏老师的理解比较相似，如果从功能分化角度来理解基本权利冲突，可以认为国家只是一个功能系统，它完全可能与政治系统发生冲突，因此并非必须存在国家介入才涉及基本权利冲突。

四、 问答环节

提问一：

消极权利与积极权利二分法是否成立？如何应对消极权利也是积极权利这样的观点？

王锴教授回答：

目前德国关于基本权利功能的理论认为：每一项基本权利都有防御功能，即消极地请求国家不干预，同时也具有一种受益功能，即积极地请求国家给付。虽然该理论是德国的主流理论，但我们要注意这个理论的产生背景：当时德国《魏玛宪法》中有大量的社会权，社会权的实现需要国家的给付能力。后来国家经济崩溃，社会权无法实现，加速了魏玛共和国的垮台。《德国基本法》为了避免这种悲剧，采用了一个比较极端的做法，就是几乎不规定社会权条款。但是它又面临福利国家的大背景,国家不能不去承担这种给付义务,所以怎么办?由于缺乏社会权条款,德国就发展出了功能理论,试图从每一项基本权利里面衍生出一种受益功能来弥补缺乏社会权条款的不足。但是这样的背景在我国是不存在的。基本权利的教义学必须以本国的宪法文本或者规定作为前提。我国《宪法》中有大量的社会权条款,不需要通过在消极权利中发展出这种给付功能,不同的功能是由不同的权利承担的,而不是由一项权利来承担多种功能。

另外,忠夏老师的这个观点我还是想简单回应一下。今天国家与社会二分是否已经不存在,或者仍然把基本权利局限在约束国家这种做法是否已经不符合目前有些私主体的力量已经强大到类似于国家强制力的地步这一时代背景?这也是"基本权利第三人效力理论"兴起的背景。过去在民事关系里我们通过形式平等来解决,但是后来发现实际上双方力量不对等,使得这种意思自治很难实现。就像"工伤概不负责"的条款,工人确实是自愿签订,但是他不能不签。如果他不签,可能就没有办法得到这份工作。虽然有这样一个背景,但法学并不是没有办法解决这个问题,或者说我们要通过把基本权利的效力扩散到私人身上的方式来解决这个问题。过去把一些基本权利用来约束私人,原因在于:首先,民事权利体系的不足。民事权利和基本权利相比,它的权利数量是比较少的。我国《宪法》中的基本权利有 25 项,民事权利有多少?像言论自由、宗教信仰自由这些基本权利过去在民事权利中是不存在的。由于民事权利不足,所以我们需要在基本权利里面寻找武器。当然这也可能和私人能够侵犯对方权利的能力有关。过去私人主要侵犯对方的人身权和财产权,但是随着大企业等私主体力量的增长,它不仅仅可以限制对方的人身和财产,也可以限制宗教信仰、言论自由等权利。因此,民事权利也开始要应对个人的力量上升以后权利数量不足的局面。民事权利也在膨胀，最典型的就是一般人格权。一般人格权实际上已经基本上能够吸纳言论自由、宗教信仰自由等诸如此类的人格权利。通过民事权利的扩充足以解决社会新问题，无需再借助基本权利实现约束私人的功能。

过去民事立法没有考虑到社会变迁所导致的私人之间力量的失衡。因为过去可能是从形式上来认识意思自治或者自愿原则。但是我们看到像"工伤概不负责"的案例中，用民法传统的意思自治原则没法解决该问题，甚至可能会造成严重不公平。但是，我们也应当看到民事立法在不断进步。2013年"工伤概不负责"司法解释被废除，理由就是民事立法也在往前发展，它已经注意到了这种新的不公平现象。对这种已经强大到像公权力机关一样的企业，我们到底是用基本权利、用公法去对付它们，还是要完善民事立法，让民事立法能够考虑到社会力量的这种变化，能够更加实质地理解意思自治等原则？我倾向于民事的问题还是主要靠民法自身来解决，而不是轻易到公法里面去寻找武器。

柳建龙副教授回答：

王锴老师刚才讲的几点，我也基本同意。首先，我想在目前的立场上，可能还是要坚持"国家—社会的二元论"，特别是国家公权力比较强大。

其次，王锴老师刚才讲述的民事立法也在做适当的调整，我基本也是同意的。

最后，第一个层面，因为宪法本身具有高度抽象性和概括性，如果把基本权利规范直接引入司法领域中，会导致司法判断的不确定性。第二个层面，现在有很多私主体都很强大，可能要把它们拟制为类似于公权力的主体加以控制。但是,整个社会里更多的私主体并没有强大到需要把它拟制为国家公权力而加以控制。从这个意义上来讲,我们仍然应当尊重私法自治,私法自治会使得现在社会的整个行为,特别是经济行为,具有更高的可预期性或者稳定性。

提问二:

禁止保护不足的原则是否能在基本权利冲突中得到适用?

柳建龙副教授回答:

我认为没有问题。因为禁止保护不足所对应的是国家保护义务,它基本上也是用于解决三方问题的,即国家、私人、私人之间的关系。从某种意义上来讲,禁止保护不足和比例原则可能是从不同的角度去看的。如果把第三人的基本权利视为对基本权利主体基本权利的限制,在这种情况下可能要从比例原则,也就是禁止过度侵害这个角度去考虑。但反过来讲,如果他主张向国家提出,在受到侵害的情况下,国家是不是应该给予更多的保护,或者对我的保护应该提高到一个程度,在这种情况下是禁止保护不足原则需要考虑的内容。

然后,回应李忠夏老师提出的一个问题。在司法领域中,私权利主体的冲突天然蕴含基本权利冲突,或者从某种意义上来讲,不能够在没有一般权利冲突的基础上突然提出所谓的基本权利冲突。在一定程度上,我认同李忠夏老师的观点。但是可能涉及一个问题:我们讲基本权利冲突在什么情况下可能产生? 是在司法调整领域产生吗? 还是只有在司法的解释和适用出现问题的时候才会提出来? 换句话讲,只有在既有的方案存在不足时,我们才有必要去考虑基本权利冲突。这也涉及宪法判断权和司法判断权的关系问题。就合宪性解释中宪法法院和普通法院之间的解释权争论而言,到底是在解释宪法还是在解释法律?

陆宇峰教授（主持人）：

好的,谢谢柳老师凝练的总结。他详细谈论了为什么如此担心基本权利的横向效力。一个原因是我们还未充分发挥其纵向效力,另一个原因是虽然有一些私主体拥有类国家的强大力量,但也要避免过度扩大对其的限制。

提问三：

美国实用主义者对罗伊案的批评——过早进行原则性裁判,就是在赞成哲学家塑造规则吗?

王锴教授回答：

我和这位同学的立场一致。我并不是特别赞成优先运用司法来解决基本权利冲突。我认为最好的方式是避免冲突的发生,所以最先采取的方案应该是程序预防,当然这些都要取决于个人的自愿。比如像堕胎案,德国的最优先方案是让堕胎的妇女在堕胎前咨询医院,也就是让妇女充分了解堕胎各方面的影响,然后由她来慎重决定是否进行堕胎。"解铃还须系铃人",所以我认为最好的方案还是由权利主体来决定,而不是优先由国家机关来决定。

提问四：

在消极权利冲突中,胎儿的生命权是否属于要求国家积极作为的权利,而不是狭义上的消极权利?

王锴教授回答：

其实这类似于宇峰教授提的问题,消极权利要求国家不作为,怎么就能产生冲突? 在消极权利和消极权利的冲突中,最关键的是其中一项消极权利使国家产生了保护义务,国家要去保护这一消极权利,所以要干预另外一项消极权利,但是另外一项消极权利又要求国家不能干预,这个时候就发生了冲突。两项消极权利,国家到底要去保护哪一项? 理论上国家对两项权利都有保护的义务。国家为什么要去保护这项权利而不去保护那项权利呢? 它要判断谁是受害者,谁是干预者,即加害行为的作出者。比如在堕胎案中,母亲是积极加害者,所以生育自由是不产生保护义务的,但胎儿是受害者,其生命权产生保护义务。这时国家不去干预胎儿的生命权和国家不去干预母亲的生育自由之间发生了冲突,也就是消极权利和消极权利之间的冲突;它不是两项不作为义务的冲突,而是一项国家保护义务和一项不作为义务之间的冲突。

柳建龙副教授回答：

在这个问题上,可以补充一种见解。在德国法中,围绕着死者的名誉权或者胎儿的生命权存在争议,其保护的是主观权利还是客观价值秩序? 有的观点认为其保护的并不是胎儿的主观权利,某种意义上可以理解为国家在保护一种客观价值秩序,或者一种国家具有的重大利益。如果从该角度去理解,其实应该简单地理解成国家对堕胎的限制,而不把它理解成一种冲突。

陆宇峰教授（主持人）：

消极权利之间的冲突问题,又回到是否存在消极权利之间的冲突这一问题上了。

柳建龙副教授回答:

就消极权利的冲突而言,举个例子,比如我有拍照的自由,另一个人有裸泳的自由。我拍照,他裸泳,这两种权利其实对国家而言都是防御权。但二者发生冲突之后,国家究竟保护裸泳者的自由,还是我拍照的自由,就成为问题——即便是消极权利,仍然有积极要求国家提供保护的功能。

王锴教授回答:

最后发现我和建龙发生冲突了。我理解他的意思,他认为消极权利的冲突本质上是两项保护义务之间的冲突,但我认为是一项保护义务和一项不作为义务之间的冲突。

五、 闭幕致辞

陆宇峰教授(主持人):

今天这场讲座是一次思想的交锋,其关键不在于达成共识,而在于呈现差异。感谢京城三位宪法大咖为大家带来别开生面的"基本权利冲突"讲座,也感谢老师、同学们的线上参与,本期"东方明珠大讲坛"到此结束,谢谢大家!

纪念华政建校70周年系列学术活动暨第32期"东方明珠大讲坛"

法社会学
与法的规范性

主讲人：
雷磊（中国政法大学法学院副院长、教授）
泮伟江（北京航空航天大学法学院副院长、教授）
杨帆（吉林大学法学院副教授）

致辞人：
陆宇峰（华东政法大学科研处处长、教授）

主持人：
彭桂兵（华东政法大学科研处副处长、教授）

讲座时间：
2022年2月24日 晚6:30-8:30

讲座地址：
B站直播ID：24413014，直播链接：http://live.bilibili.com/24413014

华东政法大学"东方明珠大讲坛"致谢"问渠源"基金支持

第 32 讲　法社会学与法的规范性

时　间：2022 年 2 月 24 日

地　点：线上

主持人：彭桂兵（华东政法大学科研处副处长、教授）

主讲人：雷磊（中国政法大学法学院副院长、教授）、泮伟江（北京航空航天大学法学院副院长、教授）、杨帆（吉林大学法学院副教授）

致辞人：陆宇峰（华东政法大学科研处处长、教授）

一、　开幕致辞

彭桂兵教授（主持人）：

尊敬的雷磊教授、泮伟江教授、杨帆副教授，以及场外的各位老师和同学，大家晚上好！

今天是新学期的"东方明珠大讲坛"第一讲，也是纪念华东政法大学 70 周年校庆的首场学术讲座。本期讲坛邀请了三位法哲学、法社会学的优秀青年学者：中国政法大学法学院副院长雷磊教授、北京航空航天大学法学院副院长泮伟江教授、吉林大学法学院杨帆副教授。讲座的主题是"法社会学与法的规范性"。

法律的规范性来自哪里，是法理学/法哲学研究无可回避的一个问题。历史上的各种法理学/法哲学流派都以对这一问题提出原创性的回答为己任。近代以来,随着自然科学与社会科学的兴起,法学研究也不断受到冲击,并于100多年前的欧洲大陆出现了法社会学研究范式。但是,从法社会学诞生开始,它能给法学研究带来什么样的贡献这一问题就饱受争议,其核心焦点仍然是法社会学能在多大程度上对法律规范性问题给出自己的解答。对此,各方论者持不同意见和看法。有人认为作为经验研究的法社会学无法跨越实然与应然之间的鸿沟,因此无法成为主流的法学研究范式;而有人的观点则相反;还有人从系统论的视角给出解答。从国别传统来讲,具有强大世界影响力的美国和德国的主流法学研究范式也在这一问题上呈现了拉锯状态。一定程度上,其也是我国学界"社科法学与法教义学之争"这一重要学术问题的深化和延续。

　　请容许我为大家简要介绍本期讲坛的三位主讲人:中国政法大学法学院副院长雷磊教授,现任中国法学会法理学研究会常务理事,是法学界高产的作者之一,在《中国社会科学》《中外法学》《清华法学》等权威期刊上发表多篇论文;北京航空航天大学法学院副院长泮伟江教授,现任中国法学会法理学研究会理事,是国内系统论法学的代表性学者之一;吉林大学法学院杨帆副教授,师从国内哈贝马斯(Jürgen Habermas)研究专家童世骏教授,在国内核心期刊上发表论文、译文多篇。华东政法大学科研处处长陆宇峰教授坐镇本期大讲坛,下面有请陆老师为本期讲坛致辞!

陆宇峰教授:

　　尊敬的雷磊老师、泮伟江老师、杨帆老师,晚上好!本期讲坛的主题是法社会学与法的规范性。这个题目在法学界已经争论了一段时间,最早是两年前杨帆老师写了一篇以此为题的文章,我们在会议上讨论过。法社会学长期被质疑的一点，是它从社会学视角引入的经验研究方法，或者说它关注的是法的事实性，即法具体怎样运作、实际运作方式是什么。这就意味着，对法的价值评价可能不属于法社会学的研究范畴。这使得法社会学受到很多批评。

杨帆老师对此有不同的见解。他指出不能简单地认为法社会学没有对法律进行价值评价的潜力。雷磊老师和伟江老师对此问题的相关讨论，也极大丰富了法社会学与法的规范性之关系的学术讨论。这是一个非常有学术深度、非常前沿的问题。雷磊老师有丰富的法学理论知识储备，尤其是深厚的德国法教义学根基。泮伟江老师以系统论法学闻名，是能够代表中国学者与国际顶尖的系统论法学家进行对话的人。杨帆老师在硕士期间跟随关保英教授研究行政法，博士期间师从著名的哈贝马斯研究者童世骏教授，后来又在法国留学很长时间，对德国、法国的社会理论有很深入的了解。学界有很多前沿问题、时髦话题，但解决好这些问题的关键还在于理论工具和理论储备。

今年是华东政法大学建校 70 周年，很高兴今年的"东方明珠大讲坛"有这样隆重的开场，同时也感谢三位教授的莅临！下面有请杨帆老师先行主讲。

二、　主讲环节

杨帆副教授：

感谢宇峰处长，感谢桂兵副处长，也非常感谢伟江老师、雷磊老师！

"法社会学能处理规范性问题吗？——以法社会学在中国法理学

中的角色为视角"这一主题的提出,并非突兀。它源于国内外法理学领域长期以来的争议。在国外学界,这一主题一直被视作核心论题。而在国内,社会科学法学与法教义学的争议也已持续近10年之久。在此背景下,我尝试采用知识社会学的视角来探讨这一问题。

在此先要明确问题意识和出发点,即关于法律的规范性问题。对于这一命题,各家观点纷呈。我所理解的法的规范性,与德国法教义学中的规范性命题存在差异。我为此引用了两部著作,《规范性的来源》和《解释规范》,它们均为英美政治哲学领域的经典之作。当我们探讨"应然之事"时,其实就是在讨论其规范性。从哲学角度看,法的规范性涉及法为何具有应然性,以及法律为何具有一定的强制性。探究这一问题,必然涉及其背后的哲学理论。例如,某些学派认为法律的应然性源自宗教,而另一些则认为源自理性。这正是法哲学千年来一直关注的焦点。科尔斯戈德(Christine M. Korsgaard,《规范性的来源》的作者)专攻康德伦理学,她由此出发,发展出了法的规范性理论。法学界针对法社会学与法规范性之间关系的看法众多。在论文文献综述部分,我列举了一些观点,但在此不再赘述。

首先,我想谈谈"二分世界"这一主题。近代以来,语言哲学家们对这个问题提出了诸多解释。其中,威廉·冯·洪堡(Wilhelm von Humboldt)的《论人类语言结构的差异及其对人类精神发展的影响》和希拉里·怀特哈尔·普特南(Hilary Whitehall Putnam)的《事实与价值二分法的崩溃》是两部具有代表性的著作,尽管两者之间相隔了一百多年。在洪堡的著作中,他开创性地提出了一种观点,即语言在某种程度上决定了人的思维方式。以西方语言为例,它们主要是表音的字母语言。这种语言结构使得说话者难以直接想象和领悟语言背后的意义。长此以往,语言的"能指"与"所指"逐渐分离。这种言说方式进而塑造了"二分法的思维方式",这成为描述西方思维方式的重要特征。

在法律思想中,"二分世界"是如何体现的呢? 从柏拉图开始,他将世界划分为观念的世界和现实的世界。柏拉图认为,观念的世界是永恒正确的,如同太阳般恒定;而现实的世界仅仅是其投影。后续的新柏拉图主义和中世纪神学进一步深化了这一观点,认为神的世界与现实世界是二元分立的。神的世界被视为绝对正确,而人类现实世界并不构成价值或应然性的来源。在这一时期,自然法成为重要的西方法律思想。尽管不同人对自然法有不同的理解,但多数观点认为,在人定法之外存在着永恒的正义。进入近代,实证主义逐渐成为西方思想界的主流。在法律领域,法律实证主义强调人定法、实在法的重要性,而自然法逐渐被视为与现实世界相悖的观念。简而言之,实证法和自然法这两种法律思想都体现了"二分"的思维方式,它们彼此独立,并认为对方无法决定自己的规范性来源。

然而,语言哲学在近代的发展不仅解释了二分法,还提出了超越性的进路。尤尔根·哈贝马斯在《在事实与规范之间》中指出,自弗里德里希·路德维希·戈特洛布·弗雷格(Friedrich Ludwig Gottlob Frege)和查尔斯·桑德斯·皮尔士(Charles Sanders Santiago Peirce)引领的语言转向后,观念与可感知的事实之间的对立已逐渐被克服。普特南的《事实与价值二分法的崩溃》则从语言学的角度解构了这种二元对立。他提出,日常生活中的某些语言既具有描述性又具有规范性,被称为"厚伦理"概念。因此,描述性与规范性之间的对立可以通过语言哲学进行调和。语言哲学最大的贡献在于其反二分法的立场,它认为主客二分法是有问题的。例如,实然与应然并非截然对立。一个实证研究的结论可能是一个描述性的"规律",但它也可能在某种程度上指导人们的行为。从这个角度看,规范性并非完全独立于描述性。语言哲学在这方面的贡献没法更多展开。总而言之,事实与价值的二元对立并不是绝对的。通过事实一定程度上可知晓应该怎样去做,即知道法律的规范性来源。

我想进一步讨论以下两个主题:一是法社会学如何作为经验研究方式处理规范性问题;二是知识社会学的进路如何帮助我们更好地理解法律的规范性来源。对于第一个主题,学界对这一问题的争议已经逐渐减少,普遍认为经验在某种程度上有助于作出规范性判断。我将其分为两个层面来谈。第一个层面,"经验研究介入规范性问题的角度"。这里我列举了三本书:雷扎·巴纳卡尔(Reza Banakar)的《法律社会学中的规范性》(Normativity in Legal Sociology)、雷蒙·布东(Raymond Boudon)的《价值观溯源》和马克斯·韦伯(Max Weber)的《法律社会学》。韦伯在这本书中不仅谈到了现代社会中人的四种行为动机,如价值理性、工具理性、情感和习俗的理性,还探讨了它们在其他作品中的体现。后人将其归纳为两种理性——价值理性和工具理性。尽管学界对工具理性和目的理性是否有差别存在争议,但在此我们暂且认为它们是等同的。雷扎·巴纳卡尔和雷蒙·布东都将其引入法社会学或社会学中,提出人的四种动机可以通过经验描述的方式进行研究。例如,价值理性可以通过宗教社会学进行研究,情感动机则有专门的方法来描述。工具理性或目的理性的经验研究更多,例如几乎所有的法经济学研究。如果从广义上将法经济学视为法社会学的一部分,那么几乎所有的法经济学研究都是基于目的理性的假设或工具理性的假设进行的实证研究。

第二个层面,我将其理解为社会规范。在我的文章中,我一直引用波斯纳(Eric Posner)的理论,他对社会规范(social norm)有深入的研究,但主要还是描述性的。此外,我还引用了瑞典隆德大学哈坎·海登

(Hakan Hyden)教授的研究。海登在他的文章《作为规范科学的法社会学》("Sociology of Law as Norm Science")中对"什么是社会规范"进行了一些定义。我认为这类似于欧根·埃利希(Eugen Ehrlich)所说的"活法"(living law),即一种活着的社会风俗或社会规范。然而,对于这种社会规范是否客观存在,学界存在争议。我个人持肯定态度,并认为法社会学可以通过经验方法描述这种社会规范,从而参与到法的规范性构建中。例如,必要时可以依照习俗进行判断,进而涉及习俗是如何被抽象出来的,这是法社会学研究的重要使命之一。这与韦伯"基于习俗的理性"视角下的各种社会科学研究相呼应。

其次,经验法社会学要描述的是什么,或者如何对规范研究有所助益？这个问题可以细化为经验描述的程度。首先是差异制造事实的观点,这一观点来自王鹏翔和张永健。通过科学方法和实证研究,我们可以预判某一事实是否成立,从而决定是否应该采取某种行动。例如,吸烟与健康的问题实际上是一个事实问题,我们可以通过科学研究来探讨。如果科学研究证明吸烟在很大程度上会影响健康,那么就有必要通过立法对吸烟进行一定程度的禁止,从实然事实过渡到应然规范。据我所知,德国联邦最高法院和宪法法院的判决中,也有很多判决引入了大量科学事实或专家证言、证词,利用差异制造事实来决定是否应该采取某种行动。

论文的第三大部分在一定程度上回应了高鸿钧老师、马剑银老师、鲁楠老师、陆宇峰老师等倡导的"社会理论法学"的研究范式。在法社会学这个学科中,虽然经验研究的作品占据了大多数,但并不应仅仅局限于此。社会理论也在不断地渗透到法社会学中。社会理论法学之所以有必要,是因为社会学本身有着丰富的理论面向,法社会学也必然由此有一个理论面向。理论面向的法社会学能提出应然性的抽象命题,其作用类似于法哲学。法社会学的理论如何介入规范问题呢？我列出的两本书《社会理论之法：解读与评析》和《法律与社会理论》(*Law and Social Theory*，Reza Banakar/Max Travers)都对此进行了探讨。此外，在与系统论学者如李忠夏教授的讨论中，我经常问一个问题：系统论到底是描述性的，还是应然性或规范性的？很多人认为，最开始卢曼(Niklas Luhmann)强调它是描述性的，但在后来的发展过程中(如托依布纳[Gunther Teubner]时期)，它逐渐演变成了具有规范性的理论。这实际上也印证了我的想法：几乎所有的社会理论都试图构建一种应然性，或者说规范性，这种应然性或规范性就可以作用于法学。还有一位英国学者丹尼尔·切尔尼罗(Daniel Chernilo)，他在一本书中也得出了类似的结论。在这个意义上，我认为社会理论，或者具体到理论面向的法社会学、社会理论法学，是可以像法哲学一样对法律的规范性来源给出解释的。

然而，以上两种大的视角，即经验和理论面向的法社会学，在对法律的规范性进行作用时也有很大的局限性。它们通常都是暂时的、流动的，肯定不如自然法所提供的规范性那么"坚硬"，当然也不如实在法那么"客观"和"确定"。因为社会学研究很多时候处理的就是一种流动的社会现象，即便也可以抽象成理论，但我依然认为它们是对法律规范性问题进行研究的重要路径，甚至可以说与自然法学、分析法学等同等重要，尤其是在我国的文化和社会背景之下。

最后，我想提出两个可以继续讨论的问题。第一个问题是法社会学到底是什么，它能做些什么。我希望能通过一些知识社会学的梳理表明法社会学并不是一门仅仅研究"是什么"的学科，这很大程度上是法学界对法社会学的误解。法社会学既然已经对"是什么"和"为什么"的归因问题进行了判断，此时关于"怎么办"的批判性、规范性回答已经呼之欲出了。但对于是否需要具体地把规范性结论论述出来,学界则有不同观点。

我的一个初步想法是:描述性法社会学看似是描述性的研究,但它其实已经产出了某种应然性的结论。理查德·J.伯恩斯坦(Richard J. Bernstein)教授在《社会政治理论的重构》中说过:"一个适当的社会政治理论必须是经验性的、解释性的、批判性的。"我认为法社会学理论也同理。

第二个问题是,今天我们讨论的问题也暴露出了法社会学背后不同背景下学术范式的巨大差异。比如德国和美国主流的法学研究区别就很大,德国遵从了法教义学的研究思路,而美国法学经验研究的色彩更重。当然这背后有很多原因,比如欧陆和美国在哲学传统和思维方式上的差异等等。法社会学内部也存在一些研究张力,比如理论与经验的张力。我在这里列举了三本书,分别为叶启政老师的《实证的迷思:重估社会科学经验研究》;季卫东老师的《议论与法社会学:通过沟通寻找最大公约数的研究》,季老师这几年一直在倡导对法社学的重新认识,比如如何在法社学中发展出对规范性的回应等;最后一本书是我个人有关哈贝马斯、福柯(Michel Foucault)讨论法律话语理论的著作,也包括在中国法律实践中如何认识他们的理论,是我自己对这一问题的初步思考。这几本书某种程度上都为法社会学如何参与法律的规范性构建问题提供了有待未来进一步研究的思路。

希望今天的分享能为大家带来一些启发。最后,祝华东政法大学70 岁生日快乐! 谢谢大家!

彭桂兵教授(主持人):

谢谢杨帆老师的演讲,不愧是青年才俊! 杨老师分享的内容主要来自他发表在《法学家》2021 年第 6 期上的大作《法社会学能处理规范性问题吗?——以法社会学在中国法理学中的角色为视角》。此文在讨论法社会学处理法规范性问题时,采取的是知识社会学的进路。

归纳一下,杨帆老师刚才的演讲主要谈了三大问题:第一,从哈贝马斯的《在事实与规范之间》等大家的作品出发谈"二分世界",提出法的规范性议题;第二,讨论法社会学作为一种经验研究范式,是否可以利用经验材料来处理规范性问题,以及怎么才能对规范研究有所助益;第三,讨论法社会理论的规范性立场,社会理论法学如何介入规范性研究,以此回应社会理论法学的研究范式。

那么接下来有请雷磊老师谈一谈他的观点,并对杨老师的演讲进行点评。

雷磊教授:

非常感谢陆宇峰处长、彭桂兵副处长以及华政科研处的各位同仁给我这个机会参与这次讲座!"东方明珠大讲坛"作为华东政法大学近年来的品牌科研活动,已经产生了广泛的影响。在华东政法大学和中国政法大学 70 周年校庆之际,能够参与这次讲座,我深感荣幸。

规范性是一个深奥且广泛的话题。就像杨帆老师提到的,对这个主题的研究不仅仅局限于法学领域,还可能涉及哲学、伦理学等多个学科。事实上,许多世界顶级的法学家和哲学家都曾深入探讨过这个问题。然而,这个问题相当复杂,没有深厚的学术积累,很难作出有创新性的贡献。比如在英美法学界,研究规范性问题的著名学者约瑟夫·拉兹(Joseph Raz)在 50 岁时才出版了他的《实践理性与规范》一书。这是因为只有当各方面的理论积累到一定程度时,我们才能更有信心地探讨这一问题。

今天，我将分享一些基于我个人研究的见解。关于法的规范性问题，我将从三个方面展开讨论：一是法的规范性问题本身；二是处理法律规范性问题的理论框架；三是围绕这一理论框架对讲座主题的理解。

首先，关于法的规范性问题本身。近代以来，法理学界形成了两个最基本的命题：一是法是一种规范，涉及法的定性。当谈到法是一种规范或具有规范性时，实际上是同义反复或一体两面的事情。因为规范本质上就是指具有规范性的事物。二是法是由规范组成的。法律规范是法的基本构成单位，这是从其组成单元的角度来说的。当然，这背后预设了"法是一种体系或规范体系"的观念。

在今天的讨论中，第二个命题受到了一些学者的挑战。例如，泮伟江老师提出法律体系的基本组成单位不应该是规范，而应该是沟通。然而，至少在我看来，第一个命题至今尚未被动摇。这就涉及法的规范性的含义。杨帆老师提到了一种含义，他所理解的规范性就是应然。法理学或规范法学对法的规范性有两方面的表述，两个方面都受到康德的启发。一方面是理论规范性，另一方面是实践规范性。理论规范性涉及认知问题，也可以被称为认知规范性。这方面最著名的代表是汉斯·凯尔森（Hans Kelsen）。凯尔森认为规范最基本的还原性范畴就是应当（ought）。他关注的问题是"应当"在我们的法律科学中发挥什么样的作用。他试图探讨这种规范性的来源。最终他追溯到一个假设的或拟制的应当——基础规范。凯尔森的理论是认识论进路，因此他所说的规范性是认知规范性。

另一种规范性叫作实践规范性，它处理的是规范与行动之间的关系。有两种比较著名的理解：一种是哈特（H. L. A. Hart）的理解，他认为"在法律存在的地方，人们的行为是非任意的"，即具有义务性。只要存在规范，就意味着会对人的行为施加义务。另一种是从理由的角度来理解,最著名的是拉兹的观点。在他看来,规范是一种行动理由,它预设了回应理由的能力或可能性,即自由意志,并要求人们能够对法律规范作出回应。

综上所述,前一种规范性解决的是如何认识法律的问题,而后一种规范性解决的是如何根据法律采取行动的问题。

其次,关于理论框架的问题。处理法社会学与法的规范性问题,大致有三个理论框架。第一个理论框架是法的规范性与法教义学的规范性之间的关系。在德国传统中,法律不仅仅是一种文本或规范性文件,很多时候它是由法教义学塑造的。因此,当我们讨论法的规范性时,同时讨论法教义学的规范性是没有问题的。在我的论文中,当谈到法社会学与法的规范性的内在联系时,涉及法教义学的领域。之所以采用这种处理方式,部分原因在于杨帆老师在他的论文中引用了王鹏翔和张永健的文章进行讨论。这种处理有其合理性,但也并不完全准确。在我看来,法教义学作为一种围绕现行法进行解释、建构和体系化的作业,虽然确实预设了法的规范性作为前提条件,但它本身并不直接探讨和解决法的规范性问题。它仅仅是把法的规范性作为前提进行预设。全面探讨和解决法的规范性问题,为法的规范性问题提供一套理论框架,并不属于法教义学的任务范畴,而应该属于法哲学或法理论的范畴。因此,在今天的讲座中,我将主要围绕法本身的规范性问题展开讨论。

第二个理论框架涉及法社会学的分类。在讨论法的规范性问题时,我们首先需要明确理论框架的分类。根据杨帆老师的观点,法社会学主要有两个基本进路:一个是经验法社会学,另一个是理论法社会学。经验法社会学受到自然科学研究方法的影响,主要通过数据统计、抽样调查和田野调查等手段,总结规律,提出归纳性结论,并探究行为背后的成因。理论法社会学则可以分为法的社会理论和法的社会哲学两个分支。法的社会理论如卢曼的系统论和马克斯·韦伯的理论等，采用理论内嵌式的研究方式，以宏大的视野去研究法律问题和社会问题。此外，法的社会哲学不再单纯是社会学理论，而是向哲学靠拢，其核心在于社会伦理学，如集体行动的伦理考量。德国美因茨大学和哥廷根大学都有一个教席，叫作法哲学与社会哲学教席，法的社会哲学与伦理学、政治哲学和法哲学等哲学领域有更加紧密的联系。因此，在我的基本分析框架中，法社会学可以分为三个部分：经验法社会学、法的社会理论和法的社会哲学。

　　第三个理论框架涉及处理规范性问题时的理论立场或进路。在处理法的规范性问题时，不同的理论一般会采取不同的立场或进路。第一种立场是关于法的规范性的说明。这种研究进路的主要姿态或任务就是提供一种"说明"，去探究"法"这种事物为什么具有规范性。在这个方面，最有代表性的研究当然来自法律实证主义者。实证主义者如哈特、拉兹和夏皮罗（Scott J. Shapiro）等，试图切断法的规范性与其他事物规范性之间的联系，探究法为何具有规范性。他们提供了不同的回答思路。第二种立场是关于法的规范性的证立。证立理论并不探究"法"为何具有规范性，而是为法的规范性提供标准。它要回答的问题是：什么样的"法"具有规范性？具有规范性的"法"需要满足什么样的要求？在这个方面，最有代表性的当然是自然法学或者说非法律实证主义者。为此，他们要么提供一套实质性的标准，要么提供一套形式性的标准，要么诉诸道德，在中世纪以前还可能诉诸宗教。无论如何，自然法学会给法树立一个法之外的规范性标准，符合这种标准的法是有规范性的，不符合这种标准的法就是没有规范性的。它会区分有规范性的法和没有规范性的法。所以，在规范性问题上，自然法学与法律实证主义的任务是不一样的,对于规范性的处理方式也是不一样的。

最后,关于讲座主题的讨论。围绕上述有关法的规范性的说明或者证立,三类法社会学的角色是不一样的。第一类是经验法社会学。由于其研究进路的限制,它只能为法的规范性提供一种说明,而无法进行规范性的证立。对于杨帆老师的判断,就"法社会学"而言整体上没有什么问题。但是如果我们把法社会学局限为经验法社会学的话,这个判断就是有问题的。由于基本立场或研究进路的问题,经验法社会学是没办法进行证立的。它如果要进行证立,可能就会涉及我后面要讲的法的社会哲学的层面。经验法社会学本身是没办法进行证立的,即便在从事经验法社会学的研究之后提供一种规范性的建议,这种规范性的建议也跟"法"的规范性没有关系。杨帆老师提到的张永健和王鹏翔合著的那篇论文中有一个例子:如果通过经验研究发现,让白人法官去审拉丁裔或非裔当事人的案件,白人法官会对他们有歧视,那么研究者很可能会提一个规范性建议,比如以后在审理案件的时候,法庭的组织结构中就不要安排白人法官了。这是一个规范性建议,但这个规范性建议解决的并不是"法"的规范性,也不是法教义学的规范性问题,因为法教义学是要围绕法律规范本身的内容来展开的,而这个建议只是与司法组织学或法庭组织学相关的规范性建议。

回到之前讨论的主题。经验法社会学在研究法的规范性方面只能进行表面的说明,在我看来,这种说明是失败的。这主要表现在两个方面:首先,经验法社会学无法准确地描述规范性现象本身,这是由其认识论原则的不适格所导致的。对比经验法社会学和法理论这两种进路,可以更清楚地看到这一点。

经验法社会学作为自然科学在社会领域的应用,用凯尔森的话来说,它是一种经验性的社会科学。而法理论,或凯尔森所采取的进路,也可以被称为规范性的社会科学。这两种立场的主要认识论原则的差异在于：前者遵循的是因果原则（principle of causality），或者叫作自然法则；而后者遵循的是归结原则（principle of imputation）。前者追求的是自然律，是必然性的问题；而后者追求的是自由律，或者说应然性的问题。前者能做的是一个规律性的总结工作，后者要做的恰恰是规范性的工作。因此，前者的研究目标是揭示原因，而后者的目标是解决"应当"的问题，两者并不相同。

以一个例子来说明：张三拿刀把李四给捅死了，这两件事之间是什么关系？张三捅了李四是原因，李四死了是结果，这是必然的，是因果关系。另外一种关系类型是，张三拿刀捅死了李四，然后张三死了，张三死了是因为他被法院判处死刑。这是一个归结关系。张三杀了李四和张三被处死，这两者之间并不是一个因果关系，而是人为干预的结果。

虽然在我们的语言里可能会这么说：因为张三杀了李四，所以张三被判处死刑。但其实我们可以看到的是，张三被判死刑，或者张三应被处以死刑，其实是被归结到"张三杀人"的行为上，其中有人类的自由意志在起作用：是我们人类把它归结到特定的行为上的，而不是符合自然规律的结果。在现实生活中，我们明显可以看到，有人杀了人却并没有被判死刑，比如完美犯罪，杀了人却没有任何证据证明，所以他就没有被判死刑。但这不能证明法没有规范性，这里涉及的是另一个问题——法的实效问题，而不是它的效力问题。因此，从这样的角度我们可以看出，为什么用经验社会学或者自然科学的认识论原则来描述法的规范性是不到位的。

在我看来，经验社会学缺乏深度描述的能力，只能进行浅层的规律性描述。哈特提到一个例子：红灯停，绿灯行。如果要做一个纯社会现象的描述,那就是:在某个地方,当路上红灯亮的时候,大家都会停下来;绿灯亮的时候,大家都会走。经验社会学只能做到这一步,最多总结出一个规律。根据样本统计和大数据分析,凡是红灯亮起的时候大家都停下来了;凡是绿灯亮起的时候大家都走了。这就是它能做的工作。但如果是一种深度描述,比如法理论的描述,就必须具有一种内在的观点,也就是应当的观念或预设规范性观念的存在。它会说:在这个地方存在着一条"红灯停,绿灯行"的规则。当红灯亮起的时候,大家都认为"应当"停住;而绿灯亮起的时候,大家都认为"应当"走。当然要注意的是,不是说描述者就一定会赞同这条规则或这种应当的观念。他也许不赞同这一点,他可能认为在路上想怎么走就怎么走是没问题的。但由于这样一条交通法规的存在,必须使用"应当"来描述。所以经验社会学和法理论——哈特也好,凯尔森也罢——最主要的区别就在于:经验社会学只能做规律性的总结,而法理论可以基于内在观点做深度描述。

出现这种差异的原因在于:经验法社会学理论关注的核心并不是规范本身,而是行为。虽然它也承认法社会学不可能摆脱法律,一定关注的是规范下的行为,但是它的重点在于"行为",而不是"规范"。它关注的是经验事实,而法理论的关注重点是不一样的。如果说经验法社会学关注的是规范下的"行为",那么法理论关注的就是"规范"下的行为——不是行为和行为的规律性,而是行为本身所展现出来的意义问题,规范就是行为的客观意义。这是它们的第一点差别。

其次,经验法社会学既无法阐明规范性现象本身,也无法解释法的规范性的来源。以杨帆老师提出的例子为例,"男人靠得住,母猪会上树",他认为这句话具有规范性,因为它可以指导或约束女性未来的行为。然而,这句话本身并不具有规范性。我们可能会认为女性应该遵循这句话,即女性在两性关系上不应当相信男性,是因为存在一个基本前提:"在处理男女关系上'应当'遵循规律。"只有存在这个大前提,这个判断才成立。大前提是"在处理男女关系上'应当'遵循规律",小前提是这个规律是"男人靠得住,母猪会上树",因此结论——"女性在两性关系上不'应当'相信男性"——才具有规范性。没有这个大前提,仅凭小前提,这个事实判断是无法产生"女性在两性关系上不'应当'相信男性"这样的规范性结论的。这涉及理由,规范性与理由密切相关。一个判断或一个应然的东西之所以具有应然性,是因为它的理由和条件是不同的。理由是属于规范性层面的东西,而条件是属于事实层面的东西。

再举两个例子。第一个例子是立法。例如,立法机关通过了一部法律,规定不得盗窃。为什么不得盗窃具有规范性,能对我们施加义务?从公众的角度来看,这是因为盗窃破坏了社会秩序。这个原因可以通过经验调查来获得,我们可以调查出盗窃行为带来的社会危害有多大。这属于经验层面,是经验社会学能解决的问题。然而,它只是不得盗窃的规范成立的条件,而不是理由。能作为理由的是这样的道德规范或规范性的观念:应当通过立法禁止破坏社会秩序的行为。赋予不得盗窃的规范以规范性的恰恰是道德规范、法伦理规范或规范观念,即应当通过立法禁止破坏社会秩序的行为。而盗窃恰好破坏了社会秩序,满足了它的适用条件,所以不得盗窃的要求才具有规范性。这才是它真正的规范性来源。因此,使不得盗窃具有规范性的,不是盗窃的事实本身,不是盗窃带来社会危害的事实,也不是通过经验法社会学调查能够获得的规律性的结论或原因本身,而是其背后的另一个规范或一种理由。上级规范赋予下级规范以规范性,是一个更抽象的理由。

另一个例子是司法裁判。在扩大的或凯尔森的意义上,裁判也被视为一个规范,即个别规范。如前所述,"张三应当被判处死刑"这个规范为什么对张三有拘束力,为什么有义务执行这样的判决? 张三杀了李四是原因,但"张三应当被判处死刑"这个规范的规范性来源于它的上位规范,即"杀人者应当被判处死刑"的一般规范。

当然,我有一个与杨帆老师相同的观点:我不否认规范产生的原因或条件即特定行为或特定经验事实的重要性。没有这个经验事实,规范也无法产生。但是当我们追问一个规范的规范性来源是什么时,不能将其置于一个原因或事实条件之上,它一定是来源于另外一个规范。当然这个规范有可能是法律规范,也有可能是道德规范或别的性质的规范。这就涉及实证主义与自然法的分歧了。

第二类法社会学是理论法社会学。尼古拉斯·卢曼是法的社会理论的著名代表。卢曼的理论有两个基本前提:第一个是社会分化尤其是系统分化;第二个是双重偶联性。在卢曼看来,法律系统最主要的功能就是稳定规范化的预期,因为它要解决行为预期的不确定性问题,法律在全社会起到稳定社会预期的担保功能。这样的理论也是对法的规范性的说明理论,只是它采取的是一种功能主义的视角。它能够与刚才提到的分析法理论之间形成互补关系。如果说分析法理论采取的是关于法的规范性的内部观察的视角,那么这种功能主义学说其实采取的是外部观察的视角,所以它们之间能够形成一个非常好的互补关系。功能主义的说明从另外一个角度揭示了法的规范性的来源问题,但它的缺点是只能够去说明法的规范性的来源,也就是为什么会有规范性;对于规范性的"性质"究竟是什么,则缺乏非常充分的说明。正因此,以系统论为代表的这种法的社会理论永远没办法彻底取代分析法理论的传统。

第三类法社会学是法的社会哲学。由于法的社会哲学与哲学的传统高度接近,它更多的是对法的规范性问题进行证立,而不是说明。这里面又有两种小类型:第一种类型的代表是哈贝马斯的商谈理论。该理论通过程序的合法化或合法性的正当性理论,能够证立法的一些规范性问题。它采取的不是古典理论那样的实质价值进路,而是一种程序主义进路。哈贝马斯在《在事实与规范之间》中提到,这种程序主义进路的背后有两个价值支撑:一个是人权,预设所有的商谈参与者都是自由而平等的个体;另一个是人民主权,也就是民主,大家要通过民主的程序来解决共同行动的依据问题。这样的理论预设了一个标准:符合商谈理性的法具有规范性。这套理论还预设了人权和人民主权的价值,符合建立在这两者之上的商谈程序的标准的法是具有规范性的,不符合此标准的法可能就不具有规范性。所以它的规范性是提供标准的,而不只是提供一个说明。这其实是认为,只有民主宪制国家的法律才有规范性。

　　法的社会哲学也可以反着用。它不仅能够为法的规范性提供一个正面标准,有时也能消解法的规范性。最著名的代表可能是马克思的批判理论,它是一种社会批判理论。马克思主义理论是基于对资本主义法律的不满而提出的,即认为这种法律不符合唯物主义的标准。当然,这个理论本身非常有洞见。但是当它被极端化以后,就可能会瓦解法的规范性。最著名的就是苏联的法学家帕舒卡尼斯(Evgeny Pashukanis)和维辛斯基(A. Vyshinsky),这两位当时是苏联司法人民委员会的正副委员。他们的理论其实就消解了法的规范性,因为它们完全把法等同于客观存在的社会关系。就像帕舒卡尼斯说的,法律关系就是商品关系。这样一种理论其实是用社会事实的立场取代了法律的立场本身。所以凯尔森在《共产主义的法理论》这本书里,挨个地对苏联法学家进行了批评,批评的核心归根到底就一句话——"不规范"。

总结一下：我们可以看到，在这三种进路中，经验法社会学没办法为法的规范性提供恰当的说明；法的社会哲学可以用来证立法的规范性，但也有可能瓦解法的规范性；而法的社会理论可以为法的规范性问题或来源问题提供一种比较恰当的说明，它可以跟传统的法理论互补。这就是我的基本立场。

最后，我要着重说明两点。第一点，因为刚才杨帆老师花了大量的力气在讲规范（价值）和事实两分法不成立的问题，我那篇文章其实在最后一个部分才处理了这个问题。因为在我看来，规范和事实的两分法与我们今天讨论法社会学能不能处理或者如何处理法律规范性的问题，没有太大的直接联系。如果非要说有什么联系的话，那也是基于以前学者错误理解之上所做的判断。

第一，事实和价值的两分法还是能够得到维系的。第二，即便这种两分法能够得到维系，也不能认为法社会学绝对处理不了法的规范性问题。如果我们追根溯源，把事实和价值二分的问题追到大卫·休谟（David Hume）那里，做一个细致的考察，会发现我们要对他的两分法做一个限制。休谟定律真正指的是，事实命题和价值命题之间是不可相互推导的。也就是说，二分法仅限于认识论的领域。但是价值也可以做其他理解，我们可以站在本体论的立场来理解价值。如果赋予了事实和价值一种本体论的理解，就可以发现它们之间是有联系的。无论是作为本体的事实和作为本体的价值，还是作为本体的事实和作为认识的价值，抑或作为认识的事实和作为本体的价值，都有可能发生联系。唯一没有联系的、可以被区分开来的就是作为认识的事实（事实命题）和作为认识的价值（价值命题），也就是认识论的领域。

举一个简单的例子，休谟本人就是一位道德情感主义者。道德情感主义者认为，一个人的价值判断是出于情感和意志作出的，情感和意志明显是一种心理事实。在他看来,一种价值判断、一种价值认识的本体论基础来自某些心理事实。所以价值判断或认识与心理事实无疑是有联系的。没有联系的是认识或者命题。"今天天气很好"和"今天我应当出去玩"这两个命题本身是没有联系的。但是即便在认识论的意义上这种两分法能够成立,也不影响法社会学在某种意义上,或者说特定的法社会学在某一些方面,能够给法律规范性问题的处理提供帮助。

第二点,我还是要重申一下我的立场。这些年来我做了一些法教义学和规范法学的研究,可能会被某些人贴上一些标签,认为我会反对其他进路的研究。我做的一个澄清是,我不反对任何对方法的研究。就像我在那篇论文的一开始所提到的那样,没有糟糕的方法,只有糟糕的作品。我想要说明的只是对于法学的某些主题,某些理论的说服力可能更强,而其他一些理论的说服力可能不那么强,或许这是因为这些主题本身就不属于这些理论范式所能容纳的对象。因为各种不同理论的主要问题意识是不一样的,所以它们的优势也是不同的。谢谢大家!

彭桂兵教授(主持人):

谢谢雷磊老师的精彩分享。首先,雷磊老师从三个方面谈了他对法社会学与法的规范性的认识。一是从理论规范性与实践规范性的角度分析了法的规范性问题;二是娓娓道来了三种法社会学理论框架:经验法社会学、理论法社会学、法的社会哲学。

接下来,雷磊老师重点探讨了三种理论是否能处理以及如何处理法的规范性问题:是说明法的规范性,还是对法的规范性进行证立?从整个分析脉络能够管窥雷磊老师法理学的功底之深,不愧是法理学才子。

最后,他利用几分钟对杨帆老师的相关问题进行了回应。在回应之前,两位实际上已经擦出了一些学术的火花,比如,杨帆老师提到,他认为法社会学在处理规范性问题的时候可以利用经验材料,而且提出了相关的路径。但是雷磊老师在提到经验法社会学能不能够处理法规范性时,实际上是比较悲观的,他认为其只能为法规范性提供说明,不能够证立。可以看出这两位学者对经验法社会学这一理论脉络、对法的规范性存有分歧。待会我们再请杨老师回应这一问题。接下来有请伟江老师。

泮伟江教授:

首先,非常感谢宇峰处长和桂兵副处长邀请我参加"东方明珠大讲坛"。作为华东政法大学 70 周年校庆以来的首场活动,我感到非常荣幸。我一直很喜欢听"东方明珠大讲坛",它无疑是华东政法大学学术科研领域的一颗璀璨明珠,照亮了整个大学和黄浦江。华东政法大学作为上海大都市的一颗夜明珠,象征着这座国际大都市的包容与胸怀,以及宏大的视野。这个讲坛的特色在于它关注前沿、基础且有争议的学术话题,并将相关领域的代表人物聚集在一起,进行现场讨论。这样的活动具有深远的意义,因此能够参与其中,与大家共同探讨学术问题,我深感荣幸。

刚刚听了杨帆老师和雷磊老师的精彩论文与发言,我深受启发。两位老师的研究论文都具有很高的品质,他们的观点阐述清晰、有力。尽管两位老师在表达上都很克制,可能是由于今天有 2 万名听众,他们略显紧张,但这并没有影响我们今天讨论的深度和观赏性。

接下来,我想借此机会深入探讨一下这个问题。我知道,主持人桂兵副处长和宇峰处长都希望我们的讨论更激烈一些,以增加讲座的观赏性。可能大家都希望看到一场精彩的讨论,所以我接下来会加入更多有深度的观点,让大家不虚此行。我的发言将基于我在 2013 年、2014 年和 2019 年所写的三篇文章,它们都与今天讨论的话题紧密相关。虽然没有专门写过这方面的文章,但我在探讨其他问题时也涉及了这个领域。其中,我在《中外法学》2019 年第 1 期发表的《超越"错误法社会学":卢曼法社会学理论的贡献与启示》一文在学界产生了一定的影响。程金华老师和彭小龙老师等学者也在不同场合对我的观点进行了回应。首先我想分享一下对两位老师观点的读后感,然后提出我自己对这个问题的看法。

杨帆老师的论文和发言无疑具有很高的质量,但在这里我还是想提出一些批评意见。首先,我同意雷磊老师的批评:杨帆老师在文章中提到社会学研究本身就是规范性的,因此能够处理规范问题,这个逻辑是有问题的。研究本身的规范性和研究对象是否规范,这是两个不同层次的问题,不能混为一谈。例如,我是人类,我有能力去研究人类,但我并不因为我作为人类就有能力去研究人类的所有方面。再反过来讲,如果我要研究猪,那我未必也要成为猪。所以这一点我比较同意雷磊老师的批评。

其次,杨帆老师在他的文章中花了很大的精力去讲在社科法学和法教义学的框架下,法社会学其实也是一种法学研究,并不仅仅只有法教义学才是一种法学研究。他提出要区分法律方法和法学方法。其实这个问题与法社会学能不能处理规范问题也是两个不同的问题。前一个问题讨论的是"什么是法学",重点在于法学的标准是什么,法社会学是否属于法学;后一个问题实际上是在方法论层面上讨论法社会学如何可能处理规范问题。今天主题讨论的重点是后者,所以在这一点上我也不是很同意杨帆老师的处理方式。

最后,杨帆老师的写作风格非常开阔,他的文章通常展现出宽广的视野,涉及众多人物和学派,其论证过程如同排兵布阵,给人一种"韩信点兵——多多益善"的感觉。这种写法确实显示出杨帆老师阅读广泛,站得高,看得远。然而,法社会学能否处理规范的问题是一个非常具体的问题。不同学者的观点各异,但他们都赞同法社会学可以处理规范。将他们一一列出,这种论证方法我并不完全赞同。不同学者可能基于不同的理由、论证结构和论点支持这一结论,而这些不同的理由之间可能是相互矛盾的。像卢曼和哈贝马斯,虽然都赞同法律社会学可以处理规范,但实际上他们的观点大相径庭。在这种情况下,将他们放在一起可能会导致问题。由于战线过长,每个论证都被压缩了,文章篇幅分配到每个人时,只有寥寥数语或几段话,这容易给人造成一种错觉,即支持者越多,结论就越正确。但事实上并非如此。学术研究并非支持者众多就一定正确,更重要的是论证结构。因此,在引用某位学者的观点时,必须进行详细的论证和分析,判断其结论是否成立、为何成立,并回应别人对其的批评。在这方面,杨帆老师的处理稍显粗糙。

杨帆老师用他文章三分之一的篇幅探讨了事实与规范两分法的问题。显然,他反对这种两分法。他似乎有一个预设逻辑:如果认同事实与价值两分法,那么法社会学就不能处理规范。但事实与价值的两分法本身是一个庞大而复杂的主题。休谟、康德、普特南等哲学史上的大人物都曾深入探讨过这一问题。一篇论文很难对这些观点和论证进行详尽分析,更不能通过简单列举来证明某个观点。关于事实与规范的两分法,杨帆老师举了约翰·塞尔(John R. Searle)的例子。就像雷磊老师提到的那样,塞尔从语言哲学的角度论证事实与规范并非两分。例如,张三作出了一个承诺,他就应该履行其中的内容。这个规范来源于张三作出了一个承诺这一事实。然而,这里所说的事实是有条件的,塞尔排除了原始事实,认为除了原始事实外还有制度性事实,从制度性事实中可以推导出规范。然而问题在于：当他定义制度性事实时，他认为制度性事实既包括事实又包括规范，那么是从事实推导出规范还是从制度性事实中的规范部分推导出规范呢？即使他的论证成立，他也大大缩小了事实的范围，将原始事实排除在外。这样一来就与休谟意义上的事实与规范两分法有了本质区别。反之，即便有塞尔这样的论证，许多人仍然认为规范与事实是两分的。

让我们回到休谟的认识论，他实际上是在讨论两分法。同样，康德虽然反对休谟的怀疑主义，但在规范与事实两分这一点上，他仍然持接受态度。在《纯粹理性批判》中，康德指出，严格意义的科学认识论并不能处理价值或规范问题。他选择在《实践理性批判》中处理价值规范问题，但这一次也并非在认识论层面处理规范，而是将规范作为一个绝对命令来探讨。接受康德三大批判的人很难认同规范与事实两分已被打破的结论。举例的目的是说明，规范与事实的两分是目前我们可能难以解决的问题。如果确实如此，那么投入大量精力进行此部分研究可能是无效的。例如，杨帆老师在论文中反对规范与事实的两分法，并列举了许多人的观点。然而，文章的核心主论证是什么？如果能够清晰地展示文章的主论证，我们就可以直接评价或支持这个主论证，从而使讨论更加清晰。雷磊老师的文章篇幅也非常大。在过去几年中，两位老师在多个学术会议上就这个问题进行了多次讨论和互相评价。我发现两篇文章中使用的许多例子和文献是可以对应的。由于杨帆老师的文章规模庞大，雷磊老师的文章也相应地变得庞大。实际上，雷磊老师的文章还可以进一步精练，无需花费大量时间和精力去涉及多个主题，例如既讨论规范与事实的两分，又涉及经验社会学、理论社会学、社会哲学，以及内部关联和外部关联等，这反而使问题变得更加复杂，掩盖了问题的本质。

　　此外,有几个具体观点我不太认同。首先,我认为将这个问题放在社科法学和法教义学的框架中进行讨论可能不是最佳选择。尽管法教义学最初是在法律适用的层面上进行定义的,但最初研究法学方法论的法理学学者主张将法学方法论与部门法结合起来使用。法教义学这个概念流行起来,可能与一批留德的民法学者广泛使用这一概念有关。我猜想他们采用"法律教义学"这个概念,可能是为了与法理学学者保持一定距离。他们更强调案例分析、部门法知识在个案分析中的运用以及通过同案同判发展部门法的知识体系。然而,随着法教义学概念的流行,各个学科的学者都参与了进来,其中法理学学者的分析和思考通常更为深刻、系统且理论化,因此围绕法教义学的争论逐渐变成法理学者之间的争论。这导致部门法学者的声音被边缘化,他们的观点和声音不太被重视。实际上,部门法学者的观点和声音虽然不那么响亮,但确实影响了法理学学者讨论问题的方式。无论是法教义学的学者还是社科法学的学者,当他们使用法理学的资源和方式来讨论法教义学问题时,都在试图将自己庞大的身躯尽量挤压进狭小的法律适用缝隙中。原本法律适用层次的分析主要由部门法学者进行,无论是对案例的分析还是基于同案同判拓展部门法的实践知识体系,都要求他们身轻如燕地穿梭于缝隙之中。例如,社科法学认为法社会学是宏大叙事,但社科法学关注的是法律适用的方法、法官裁判的方法,这与法教义学相对应。从事法教义学的法理学学者认为法教义学才是真正的法学。在这种情况下,每个人都试图摆脱法理学这个标签,主动向部门法学靠拢,向狭义的法教义学靠拢。

　　尽管如此,比如说法社会学如何可能处理规范的问题,我个人认为它不是一个法律适用层面的问题,而是一个法理学层面的问题。法理学关注的是在整体层面思考法律的本质问题。为了更好地解释这一点,我以汽车为例做一个简单的类比。如果我们把法律与汽车进行类比,那么法教义学和社科法学就相当于驾驶学。驾驶学主要关注的是如何更好地驾驶汽车,这是操作层面和适用层面的问题。如果在这个层面上追问汽车的本质,从驾驶员的视角来看,汽车的本质可能就是刹车、油门和反光镜等关键部件。因此,驾驶学中的法教义学与社科法学的争议,就像驾校教授的驾驶规范与老司机根据自己的经验灵活运用规范之间的争议。然而,除了驾驶学外,全面了解汽车还需要研究汽车的其他方面。按照这个类比,法理学相当于全面研究汽车的学科。它是在严格科学的层面探究法律的本质。显然,法理学并不仅仅关注驾驶学层面的问题。因此,我不同意将今天讨论的主题仅放在法教义学和社科法学之争的框架内。法社会学能否处理规范,是一个更普遍、更一般的法理学问题,而不是法律适用层面的问题。

对于第二个具体观点,我不同意雷磊老师对经验法社会学和理论法社会学所做的绝对区分。虽然这种区分确实存在,但我认为它并不是一个严格的、科学的划分。即使是理论法社会学,也必须与经验研究相关联。理论法社会学的结论和论证必须有经验法社会学的材料作为支撑,而不能仅凭规范进行推理。经典的法社会学家如韦伯、涂尔干(Émile Durkheim)和卢曼等人虽然被视为理论法社会学家,但他们也进行了经验研究。理论法社会学并不一定需要自己直接进行经验研究,也可以利用他人的研究成果来支持自己的研究。然而,无论是经验法社会学还是理论法社会学,都必须面对法律规范的本质和处理规范的问题。

从方法论层面来看,经验法社会学和理论法社会学可以统一。理论法社会学为经验研究提供了一套理论框架,其中最重要的是提供了一套系统的、统一的、一般化或普遍化的关于社会的理解。经验法社会学的任务是验证这一理论命题是否成立。因此,我认为不能对经验法社会学和理论法社会学进行绝对的区分。如果经验法社会学无法处理某些问题,那么理论法社会学也可能无法处理这些问题。对于雷磊所提出的船票比喻,我认为并不准确。无论是经验法社会学还是理论法社会学,都需要面对和处理法律规范问题。

关于法社会学如何处理规范性,我认为无论是理论法社会学还是经验法社会学都需要面对这一问题。它是一个真实存在的问题,因此我们需要在方法论层面上进行探讨。接下来,我将简要介绍我对这个问题的看法。

首先我必须声明,我当然同意在某种意义上可以将这个问题放在社科法学和法教义学的框架内进行讨论。对于任何学术争论来说,过程永远比结论更重要。我特别欣赏的一位法理学学者哈特,后人评价说他的一个突出贡献就是他参与了每一场争论,提升了讨论的品质和问题的深度。我带着这样的心态来参与讨论:如果讨论有助于提升社科法学和法教义学之间的争论的质量,使其更深刻,我认为当然也是有益的。

关于这个问题,我的看法主要分为两个层次。第一个层次是事实层面的观察,第二个层次是方法论层面的分析和思考。在事实层面,我的观察结论是,自法社会学产生以来,它就更擅长处理事实问题,甚至有意回避规范问题。恰恰由于这一点,它一直受到人们的热爱和关注,让人觉得特别强大和有说服力。这是它的力量之所在。在方法论层面,则是对规范问题的处理。规范在社会生活中非常重要,法社会学不得不面对这一挑战,需要解决如何处理规范问题。我们需要以严格的科学眼光和求真精神,在方法论层面对规范问题进行深入分析。

事实层面的观察主要基于我个人对法社会学的观察。今天下午我看了一本书，是美国法社会学研究者阿兰·亨特（Alan Hunt）在 1978 年写的《法学领域中的法律社会学运动》。该书第一章写得非常精彩，已有一位学者将其翻译成中文并发表在《湘江法律评论》第 10 期（2011 年）。这篇文章梳理了美国和英国的法社会学传统。据作者观察，1978 年，法社会学的发展状况是美国相对较为发达，而英国的相关研究较少。他发现即使在美国，专门研究法社会学的系或学院也很少。虽然有一些从事法社会学研究的人，但人员很分散，研究主题各不相同，相互之间研究方法、风格、结论的差异都特别大，很难形成统一的知识体系和公认的教材。这些研究仅仅涉及与法律有关的点，相互之间缺乏系统性和连贯性。

法社会学目前主要靠一些专业的法社会学刊物来支撑。这些刊物专门发表法社会学文章，虽然研究主题各不相同，但都可以放在一起。然而，这种分散的研究现状使得法社会学很难作为一门学科确立起来。这可能也是法社会学面临的一个问题。卢曼在 1972 年出版的《法社会学》中也观察到：在世界上几乎所有国家的社会学系中，研究法社会学的人都特别少，更不用说研究成果得到整个社会学界的承认。他认为法社会学是一个研究人数较少的分支社会学。尽管社会学包括一般基础理论和专门社会学，且其中有些专门社会学特别发达，但法社会学似乎并不发达。有人认为这是因为法学太难了，要将法学学好并弄懂已经很难，将其作为社会学的研究对象更是难上加难。然而，卢曼认为这并不是问题的真正原因。以医学为例，虽然医学比法学更难，但医学社会学很发达。因此，我们需要探讨法社会学未能作为一门相对自主的学科建立起来的原因，并解答如何处理规范的方法论层面的问题这一疑问。

北京大学哲学系的吴飞老师在哈佛大学的导师是医学社会学领域

的权威人士,同时他本人也对中国医院的医疗实践以及医生与病人的关系等方面进行了深入研究。这表明,我们不能简单地将法社会学视为一个技术门槛较高的学科。事实上,这里面存在一些方法论上的困难和障碍。因此,我们应该从更深层次去思考和探讨法社会学中的真问题。

回顾法社会学的发展历史,我们可以看到,比如在美国,最初它实际上源于对法律形式主义的一种不满。这种不满促进了现实主义法学和社会学法学的发展,其代表人物包括奥利弗·温德尔·霍姆斯(Oliver Wendell Holmes)、罗斯科·庞德(Roscoe Pound)、卡尔·N.卢埃林(Karl N. Llewellyn)和杰罗姆·弗兰克(Jerome Frank)等人。他们认为在社会剧烈变迁的情况下,法官应该更加注重事实问题。然而,值得注意的是,尽管这些人在文章中提倡使用"社会学"方法来研究法律,但当时美国的社会学学科仍处于草创阶段,其学科规范尚未建立起来。

美国社会学的第一代代表人物包括罗伯特·埃兹拉·帕克(Robert Ezra Park)、查尔斯·霍顿·库利(Charles Horton Cooley)和托斯丹·邦德·凡勃伦(Thorstein B. Veble)。最早的时候,美国大学中甚至没有社会学系。第一个社会学系是在芝加哥大学建立的,主要从事城市社会学研究。这说明,在霍姆斯和庞德等法学家的时代,美国的社会学学科尚处于起步阶段,其学科规范有待建立。直到帕森斯(Talcott Parsons)以后,美国的社会学才真正规范化和成熟起来,成为世界社会学研究的重要中心。事实上,社会学作为一门学科是非常年轻的。三大奠基人卡尔·马克思、埃米尔·涂尔干和马克斯·韦伯都不是社会学专业出身。涂尔干原本研究道德哲学,韦伯则最初研究法制史,后来成为国民经济学的教授。他们创立了各自的社会学研究传统。再往前追溯,我们知道奥古斯特・孔德(Auguste Comte)和赫伯特・斯宾塞(Herbert Spencer)被认为是先驱者,但其实他们所处的时代也已经是 19 世纪。

因此,我认为法社会学从一开始就是通过强调事实问题来建立其影响力的。随着时间的推移,到了 20 世纪五六十年代,唐纳德・布莱克(Donald Black)等学者开始提出一些问题。布莱克曾经指出,法律现实主义和社会学法学并非真正意义上的科学社会学研究,而更像是一种法政策学。这种学派的学者认为规范与现实之间存在鸿沟,并强调通过关注事实问题来使立法更加科学。他们希望通过这种方式来填补规范与现实之间的鸿沟,使立法更加科学和贴近事实。对于布莱克的观点,伯克利学派的菲利普・塞尔兹尼克(Philip Selznick)和菲利浦・诺内特(Philippe Nonet)进行了回应。他们认为法社会学可以处理规范问题,甚至存在一种关于自然法的社会学立场。然而,关键在于要在方法论上明确如何处理规范问题,这也是我一直关注的问题。

基于对历史的了解和研究,我在《中外法学》上发表了一篇名为《超越"错误法社会学":卢曼法社会学理论的贡献与启示》的文章。在这篇文章中,我再次提出了"法社会学能否处理规范问题"的疑问。与以往不同的是,我在这篇文章中将这个问题与知识社会学做了类比。知识社会学是一门学术传统较为深厚的学科,知名学者包括卡尔・曼海姆(Karl Mannheim)等。通过这种类比,我希望能够更好地探讨法社会学如何处理规范的方法论层面的问题。

实际上,马克思的知识社会学理论也表明,许多知识本身是受背后的权力和经济利益驱动的,并非像我们通常想象的那样客观。例如,这些知识可能是为男性或资产阶级服务的,背后存在着阶级和权力的因素,因此这些知识是被扭曲的。这种研究揭示了真相,带来了快感,同时揭露本身也是一种批判。如果说社会学具有规范性,那么这种揭露本身就是规范性的体现。然而,也可能出现这样的情况:有些人脸皮很厚,被揭露后也无所谓,这时规范性就无法发挥作用。后来有人批评说,这种知识社会学研究是有问题的。为什么? 只有当知识被扭曲时,你才能感觉到它并展开研究。那么当知识没有被扭曲时,它是如何被生产、如何运行的,这就无法研究了。因此,这是一种错误社会学,即只有在出错时才能监测到,这说明这种研究方法是有问题的。

英国的爱丁堡学派提出了建构主义的认识论和知识社会学,包括强的建构主义和弱的建构主义。法社会学也是这样,当规范和事实都无法贴合时才想起这个问题来。因此,我选择通过错误法社会学来批评这段法社会学的历史。客观上,它确实忽略了规范。在方法论上,它没有认真严肃地处理规范问题,只是专注于处理事实。通过将规范与事实进行对比,它常常以一种轻蔑的论调告诉规范:你太无能了,根本就不行,你都过时了。但是,它从未从正面和严格的科学意义上描述、处理规范。因此,我认为这是一个事实判断。在方法论上,由于它对这个问题没有意识或意识不足,所以也没有系统地、深刻地、严格地讨论和处理这个问题。

这是关于法社会学发展史的事实层面的判断,它不一定正确。当然,大家可以提出事实来反驳我。那么,是否过去的不行就意味着真的不行呢? 或者我们简单地说它可以,但如果缺乏方法论上更严格系统的说明,我们如何面对法社会学的过去? 我们的力量和初心何在?

如果我们认为可以处理规范问题,那么会立即面临第二个问题。这个"能处理"是指像法教义学、法哲学或规范法理学那样处理,还是要采用不同的处理方法? 如果我们选择像它们那样做,那么这是它们的特长。与它们相比,我们的处理是更蹩脚还是更出色? 如果我们的处理没有它们好,那么我们的价值在哪里? 我觉得这些都是法社会学需要回答的问题。我们是否会因此失去力量,让大家觉得我们做得一般? 我觉得这些问题都需要思考。

我同意杨帆老师提出的许多观点和例子,即规范不可能与事实完全分离。正如雷磊老师也曾指出,规范的运行需要一些事实条件。然而,法社会学处理与规范相关的事实性条件,并不等于处理规范本身。这是两个不同的问题。所以,法律社会学如何处理规范的问题是不能被回避的。你是处理与规范相关的事实还是处理规范本身? 如果你选择处理规范本身,那么如何处理? 我觉得这才是这个主题的核心问题,值得大家深入讨论。如果这个问题处理得好,法社会学将更加成熟。我们并不是要攻击社科法学或法教义学,只是希望解决这个问题,以建设性的方式推动学科发展。

此外,我想简单谈谈系统论是如何处理这个问题的。我一开始并没有深入探讨系统论的处理方式,因为我觉得详细讲解这个问题需要两个小时。由于时间限制,我将简要提出几点。首先,需要明确的是,规范和规则并不完全是一回事。不是所有的规则都是规范,也不是所有的规范都是规则。我举一个简单的例子,以说明规则和规范的区别。假设立法者认为禁止吸烟是正确的,并制定了一项禁止吸烟的规定。在这种情况下,它可能仍然只是一个规则,而不是一个规范。想象一下,如果所有吸烟者甚至不吸烟的人都不认同这项规定,并且不以规范性的态度看待它,那么即使这项规定仍然需要执行,违反规定的人将被罚款或入狱,但是,大家都以霍姆斯所说的"坏人的眼光"来看待这条规则,他们可能会想:"如果我违反规定,我每多抽一根烟就罚款 5 元,那我抽 10 根烟就行了。"在这种情况下,它可能就不是一个规范,而仅仅是一个规则。

　　然而在社会生活中,规范是普遍存在的,这也是塔尔科特·帕森斯特别关注的问题。帕森斯指出,如果社会上所有的人都是功利主义者、经济人或纯粹的利己主义者,那么社会秩序将无法形成。为了形成社会秩序,规范必须发挥重要作用。这就像合同订立后为什么能得到执行一样:仅仅有合意并不足以确保订立者遵守合同,还需要存在一个更深的规范来规定合意的规范性。

　　因此,从这一点出发,我们需要认真对待规范,并在方法论层面上深入思考这个问题:法社会学为什么要处理规范? 为什么要在方法论层面认真对待规范? 为什么要在方法论层面思考这个问题?

　　其次,雷磊老师在他的发言和文章中提出经验法社会学就是在研究因果关系的观点。我同意这一观点。如果我们用因果关系来研究规范,那么我们实际上无法处理规范。规范的一个核心特征是破坏自然因果关系。例如,"十诫"中规定不得杀人。如果张三杀了人,所有人都会认为他应该受到惩罚,因为规范明确规定了不得杀人。在这种情况下,我们不需要再问为什么不能杀人,因为这就是规范。规范的功能之一就是阻止对理由的进一步追问。如果我们从规范的角度来考虑握手的问题,那么我们就不需要再问握手的理由,因为规范要求我们这么做。从这个意义上讲,我们可能会想到矛和盾的关系。然而,我们不能使用矛来研究盾。因此,系统论法学并不是从因果关系的角度来研究规范的。实际上,像帕森斯这样的学者也使用了一些系统理论的方法。

　　最后,我想举一个关于交通灯的例子来说明规范的存在。当某人违反交通规则时,其他人通常会用怀疑和批判的眼光看待他,并采取相应的行动对待他。在这种情况下,规范是存在的。然而,包括麦考密克(Neil MacComick)和拉兹在内的学者对哈特的规范理论提出了尖锐批评。他们指出,规范并不需要以人们对它的接受为条件,即使你不接受规范,规范仍然存在。这些都是规范的特点,需要在方法论上进行严格的系统处理。卢曼的系统论法学为解决这个问题提供了一种有深度的概念工具。由于时间关系,我今天无法详细介绍他是如何处理这个问题的。如果有兴趣的话,大家可以查阅我已发表和即将发表的文章。未来我们还可以在其他场合进一步探讨这个问题。谢谢大家!

三、 与谈环节

彭桂兵教授（主持人）：

感谢伟江老师,本来我以为伟江老师是在杨帆老师和雷磊老师之间“劝架”的,结果他对两位老师的观点分别从两个方面进行了质疑。比如对杨帆老师的观点,泮老师认为,从论证的结构来看,引用卢曼和哈贝马斯这些学术“牛人”的观点,说明作者视野比较开阔,但是在论证上可能还存在着不一样的问题。就事实和规范两分法的问题,泮老师也提出了一些反对意见。他认为雷老师谈问题的时候过于复杂化。他也提出了法教义学的一些致命缺点。另外,经验法社会学和理论法社会学的区分标准可能不太清楚。

泮老师的研究方向是法社会学,就我本人以前接触的社会学大家的作品来说,伟江老师借历史的脉络把法社会学理论梳理得非常清楚。当然,他最后也谈到了规范和规则不一样的问题。非常感谢伟江老师把我们的讲座内容又推进了一步! 既然伟江老师对杨帆老师和雷磊老师提出了一些商榷性的观点,那么我们就先请杨帆老师做简要回应。

杨帆副教授：

由于时间已晚，我简明扼要地说一下。现代法学具有多元性，其认识论也是多元的。我从雷磊老师和伟江老师的交流与论文中学到了很多，但我还是要强调多元性。大家都知道，现代法学有一个重要的脉络，尤其是在欧洲大陆，它源自神学解释学。后来到了启蒙时期，实际上，启蒙并不是与神学的断裂。康德是启蒙的集大成者，我们可以从他的先验理性和绝对命令规范的角度来思考，这其实在很大程度上保持了规范的超验性和超然性。这与神学时代没有区别，只是超验所诉诸的对象不同：一种是神的意志，另一种则是人的先验理性。

同时，现代法学还有另一个来源，那就是现代科学。雷磊老师也提到了社会科学实际上是受到自然科学的影响而出现的。自然科学、社会科学与传统的神学和康德的绝对命令规范性来源学说相比，最大的区别在于它们的"还原论"立场。自然科学与社会科学主要探求自然和社会事实之间的因果关系与普遍规律。而传统法学基于"应然"和"实然"相分离的立场，通常认为法律的规范性问题无法还原为社会事实。它要么追溯到一些终极正义的理念（如神谕或人的尊严和理性），要么被还原为作为规范的实在法。这是两者的主要差异。

有必要强调的是，不同的还原论会导向不同的法学研究范式。社会科学的立场是其中之一，它可能会对传统法学产生冲击。例如，雷磊老师提到了自由意志（作为规范性源泉）的问题。我同意雷老师的观点，在传统法学框架中，自由意志扮演了重要的"终极性规范"角色。但这种自由意志在现代极端的科学主义者看来，甚至可以还原为某种社会事实。有人甚至认为康德对于人性的思考实际上来源于对里斯本大地震的反思和观察，也就是说来源于某种事实。当然，这是一种极端的社会科学还原论。

此外,雷磊老师还提到了一个重要概念,即深度的因果联系。无论在社会科学还是自然科学中,这都是一个不可回避的步骤。但这也基于一个还原论的假设前提,即所有事物都可以被还原为某种事实。举一个关于因果联系的著名例子:太阳从东边升起,从西边落下。休谟曾表示,这只是经验性的总结,我们无法确定明天是否还如此。然而,现代自然科学通过物理学进行了根本规律性的解释,并得出了确定性的结论。同样地,现代社会科学有一种"野心",主张所有事物都可以被还原为事实问题。在这个路径上,受社会科学影响的法社会学派自然会认为法律的规范性可以被还原为社会事实,并进而通过经验研究的方法影响法律的规范性。

我并非完全赞同这一观点,只是表示在过去的学习过程中,我受到了社会科学的熏陶,这与传统法学,尤其是欧陆法学的认识论存在较大差异。因此,我试图通过这种视角来提供新的刺激,为法律的规范认识论注入新的思考。这也引出了另一个问题,当与非法律专业人士交流时,我经常站在传统法学的立场上进行辩驳,旨在捍卫法律的独立性。我始终强调,社会科学的还原论在某些程度上无法揭示法学所强调的核心要素,例如人的尊严,它无法简单地被还原为事实。所以我今天分享的目的,主要是希望通过社会科学的还原论为法学研究带来新的启示。

事实上,这种启示在法社会学诞生之初便已初见端倪。伟江老师提到了阿兰·亨特 1978 年的著作。在那个时代,法社会学的研究尚未形成规模,难以完全渗透到传统法学中。然而,我们再看现今美国的法学研究,尤其是近 20 年来,霍姆斯一个多世纪前提出的愿景已经实现了——法律研究融入了统计学和经济学。波斯纳、理查德·A. 爱泼斯坦(Richard A. Epstein)等法学家将实证研究推向了一个极端。之所以如此,可能是由于美国人倾向于实用主义立场,这使得社会科学的因果推断还原论在法学中得到了广泛应用。相比之下,欧洲大陆的法学研究在这一问题上保持了更多的传统特色,并没有过于社会科学化。这正是之前我所提到的国别差异问题,我希望未来能在比较法和知识社会学的视角下进行更深入的研究。

至于哪种方法更优越,我暂不进行评价。仅想表达的是,我与雷磊老师在还原论的立场上存在分歧。伟江老师的许多观点让我深受启发。关于论文写作风格,我想回应一下伟江老师。论文写作确实有多种方式,我和雷磊老师的写作风格可能稍显铺陈,展开较多,导致细节上的疏漏。然而,这也是一种无奈之举。在这里,我想提到我的一位同事陆宇峰老师。我的博士论文主要研究哈贝马斯和福柯的理论。然而,近年来,单纯研究某位法学家的思想或以其观点为主题的文章在法学期刊上发表的难度越来越大。在论文写作过程中,我考虑到了这一点,因此采用了较为铺陈的方法来探讨一个宏观命题。宇峰老师的《社会理论法学:定位、功能与前景》(《清华法学》2017 年第 2 期)一文给予了我很大的启发。同学们,如果你们在写作过程中遇到问题或需要指导,我建议你们集中于研究某位法学家的思想。这种方法使论文更加扎实、易于研究。不过运用知识社会学的综合方法时需谨慎行事,避免出现细节错误。

我本以为今天会主要探讨系统论的相关内容,为此我准备了一些相关的资料,包括最近重温的卢曼的部分内容。然而今天的讨论并未涉及太多此类话题。感谢伟江老师的提议,我们下次再深入探讨。谢谢!

雷磊教授:

首先,非常感谢线上的各位老师和同学的参与。在这么晚的时间,还有这么多人来参加这次讲座,这让我深感荣幸。尽管今天的讨论主题可能比较抽象和理论化，仍有这么多听众参与，这让我对中国法理学的未来充满了信心。关于刚刚两位老师的讨论和回应，我想首先表明我的基本态度。对于伟江老师的批评，我大部分都赞同，但对于我的批评，我只能部分赞同。

接下来，我将就几个方面进行回应。首先，关于杨帆老师提到的自由意志问题，这是一个非常大的话题，我之前也提到过，但并没有深入展开。我的基本立场是：自由意志和决定论并不矛盾，它们可能属于不同的理论层次。无论是内在决定论还是外在决定论，都不能否认自由意志的存在。关于基因改造是否挑战自由意志的问题，这其实是内在决定论层面的探讨。至于外在决定论，即主张社会环境或社会条件决定人的行为，它并没有挑战哲学上的意志自由。作为哲学根基的规范性是不能被还原或跨越的。当然，如果要深入展开这个话题，内容会非常多，所以在这里就不赘述了。

接下来，我要回应两个来自伟江的问题或质疑。第一个问题杨帆已经谈过了。伟江认为我和杨帆的讨论过于铺陈，涉及了经验社会学和理论社会学两个方面。其实，我写那篇论文的初衷是与杨帆进行对话。在论文的原型中，我曾对他的一次会议发言进行了评价。因此，为了更好地与他进行对话，我在论文中涉及了他提到的点。此外，还有一个更重要的原因：我一开始的研究风格并不是像今天这样的。我过去通常会进行所谓的纵向式深入研究，专注于一个很小的点进行深入探讨。但近年来，我写了一些"大文章"，因为在我看来，理论研究需要有一个基本的框架性视野。这就像打一口井，首先得明白这口井的位置，是位于山脉上还是油田里。我需要了解相关研究的整体架构，才能更好地推进对某个点的深入研究。

具体到今天的主题，伟江认为我们的讨论不应该放在法教义学和社会法学的框架内进行,尤其不应该在法教义学的层次上进行。对此我表示赞同。法教义学是一个法律适用理论,它无法解决法的规范性问题。但我想表达的是:法教义学预设了法的规范性,虽然它本身无法处理法的规范性——这应该是法理学的任务。如果不承认法的规范性,法教义学就会丧失基础。当然,伟江可能真正想批评的是:我的那篇论文不应该谈法社会学与法的规范性的内部联系。他认为论述这些与论述法的规范性是两个问题。这一点我部分赞同。确实,这取决于我们的看法。就像我之前提到的,至少在德国的传统中,法教义学可以被视为法的一部分,它也包括围绕法律的文本和规范形成的规范性命题。因为在德国人的心目中,法律部分是由法教义学塑造的。当然这里面可能涉及制度性权威和学术之间的关系。至少有的学派(例如概念法学)会认为,法教义学本身就是一种学术法,它也是一种法源。现在我们不深入探讨这个问题了,但确实存在这样的预设。这是我要回应的第一个问题。

对于伟江老师提到的第二个问题,我认为经验法社会学与理论法社会学在研究方法和侧重点上确实存在一定的差异,但它们并非相互独立、互不相关的领域。事实上,理论法社会学也需要经验材料的支撑,正如法教义学也有不同的层次一样。罗伯特·阿列克西就认为,法教义学有三个层次或者说三个任务,包括经验描述、分析和规范意义。同样地,法社会学也需要在经验研究的基础上,进一步借助理论框架来深入探讨。

我的观点是,经验法社会学和理论法社会学之间存在一种层次性的区分。在法社会学的内部,第一层次是经验法社会学,主要关注经验研究;第二层次是理论法社会学,涉及宏观理论框架的运用。停留在第一层次的经验法社会学对规范性的处理确实存在局限性,但如果能够进入第二层次,借助理论框架进行探讨,就有可能对规范性问题进行有意义的说明。这种说明所借助的理论资源和方式虽然不同于分析法理论,但两者拥有一个共同点,即都借助了理论框架。没有这个理论框架,仅仅通过自然科学的经验法社会学描述是无法处理规范性问题的。

关于杨帆老师提到的"深度描述"与"深度因果联系",我确实不太了解"深度因果联系"的具体含义。在我看来,"深度描述"是指内嵌理论框架的描述,至少可以在一定程度上处理规范性问题。

最后,关于伟江提到的法的规范性不以接受为前提的问题,我同意大部分法律体系中的规则确实不需要以接受作为规范性的前提。然而,这并不意味着所有规则都不需要被接受。事实上,只有建立在承认规则基础上的其他规则才具有规范性。以交通法规为例,尽管我们可能不接受它,但它仍然对我们具有规范性。只要交通法规被同一个法律体系的承认规则所承认,无论我们对其持何种态度,它仍然具有规范性。再比如,在我们国家,由全国人大常委会制定并由国家主席颁布的文件被视为法律。我们只需要对这种制定和颁布的实践持规范性态度,即承认这样的文件为法律。具体到每一部法律或每一个法律规范,并不需要我们一一接受之。只要交通法规是由全国人大常委会制定并由国家主席颁布的,它就具有规范性,而不需要我们对它的内容进行具体接受。

四、 问答环节

提问:

"权威"能否成为法社会学说明法"规范性"的一条路径呢? 理由理

论与原因理论有何区别?

雷磊教授回答:

第一个问题涉及哈特的承认规则。哈特在实证主义理论中认为,法律本质上是一种社会事实,与自然事实不同。社会事实具有两面性:一方面是外在面向,表现为规律性的社会实践,这是自然性的,与经验事实无异;另一方面是内在面向,即规范性的共识或态度。这两个面向共同构成了社会事实。在哈特的理论中,承认规则作为社会规则,其性质为社会事实,而非自然事实。它支撑起了法律的规范性。

接下来回答第二个问题,关于理由理论与原因理论的差异。原因只是说明某事为何发生,不具有辩护力,因此不具有规范性。相反,理由必须具备辩护力。例如,如果学生因为看冬奥会比赛太激动而迟到,这是原因,但不足以成为迟到的理由,因为它没有辩护力。然而,如果学生因将同寝室突发急性肠绞痛的同学送往医院而迟到,这既是原因,也是具有辩护力的理由。

理由理论与原因理论处于更抽象的层面。原因理论总结规律性的东西,而经验社会学则进行规律性的总结:某个行为通常的原因是什么?规律产生的原因是什么?然而,这种类型化的分析得出的规律和原因并不足以成为理由。例如,在厦门公交车爆炸案中,社会学研究的是犯罪背后的社会成因规律。这些成因是原因,但不足以成为理由。不能因为犯罪嫌疑人是下岗工人、与工厂领导有矛盾、缺少家庭温暖等,就认为其炸公交车的行为正当或可免受刑事处罚。当然,部分原因可以同时作为理由,但哪部分可以则取决于规范本身的规定和教义学的承认。总而言之,理由理论和原因理论存在显著差异。理由理论系统地研究各种理由的类型及其在法律推理中的角色。希望这个解释能够清晰地说明两者的区别。

泮伟江教授回答：

社会学本身处理权威与行为的正当性问题，比如说马克斯·韦伯提出的三种权威类型。哈特在《法律的概念》中解释法律规范性时，也提出了权威的路径，但是哈特本人认为权威本身需要再解释，因此他没有深究。

这个问题是说，权威是否能够成为法社会学说明法的规范性的一条路径。按照哈特和拉兹的理解，权威是一种行动的理由，那么它本身就可以为行动提供一个正当性的证成，这一点跟我刚才讲的规范的特征是很像的。比如说中国儒家文化中的传统型权威，以及君主的卡里斯玛型权威，就为家长制的法律提供了规范性的证成。

我个人认为，这是一条可能的路径。我正在写的一篇文章，也是想在系统论法学处理规范的问题和拉兹、哈特用权威处理规范的问题之间做一个对比。权威理论确实可以处理这个问题，但它自身也存在问题。比如说，我们知道夏皮罗实际上是沿着权威这条线展开研究的，他后来出了一本书《合法性》，也被郑玉双和刘叶深老师翻译成中文。他实际上是用一种合作的理论来解释这个权威。我个人认为这样一种尺度，即用权威去解释小群体活动，其说服力是很强的。比如说，陈景辉老师经常举的例子是爸爸妈妈逼着你做作业，权威在解释类似这个尺度的事情时，说服力很强，但是当它去解释更大尺度的事情时，就有些捉襟见肘。例如在解释中国这样一个超大规模的国家，或者美国这样一种超大规模的复杂社会的时候，我觉得权威往往存在力有不逮之处。系统论法学就是用复杂系统的理论来分析，因此在这个尺度上具有更大的优势和说服力。但是我觉得这两个理论本身是可以放在一个层次上比较的,这也是解释法律规范性的一条很有希望的路径。当然我自己走的并不是这条路径,我可能更多的是从系统论的角度来理解和解释这个问题。

五、 闭幕致辞

彭桂兵教授（主持人）：

好,谢谢伟江!我们宇峰处长从头到尾都在认真听、认真记笔记,他本人也是社会理论法学的扛旗者、卢曼系统论的深入研究者,也请宇峰老师就我们今天的话题来简短地谈一点想法。

陆宇峰教授：

感谢彭桂兵教授,感谢雷磊、泮伟江、杨帆!三位老师都非常投入、非常坦诚地进行了交流,没有任何客套话,大家都在坦白自己的想法。

杨帆老师对哈贝马斯进行了深入研究,我和伟江老师在跟随高鸿钧教授学习时也大量阅读了哈贝马斯的相关著作。确实,哈贝马斯试图跨越规范与事实之间的鸿沟。他明确表示,不再将规范的来源归结于自然、上帝、神的意志或人的意志,而是将其置于社会之中。因为它依赖于"共识",而共识必然具有社会性。这一点体现了哈贝马斯作为社会学家的立场,他从社会角度来解释规范性问题。但他并不是一位纯粹的社会学家,因为他进一步认为,共识不能仅仅是共识,还必须是"正当的"。因此,他进一步提出了"商谈"原则,即只有在"理想言语情境"下达成的共识才具有正当性。而"理想言语情境"本身并不存在于社会之中,因此不是社会学问题。

雷磊老师指出,哈贝马斯的研究实际上属于社会哲学领域。从这一点来看,它确实是哲学的一部分。仅仅依靠社会论证是不够的,还需要对社会本身的正当性进行论证,这项工作需要交给哲学,无论是语言哲学还是其他哲学。这意味着哈贝马斯并不完全信任社会学,他并没有像卢曼那样走上一条更加极端或一致的道路。卢曼坚持对社会事实性的研究。伟江老师由于时间紧迫,无法深入展开,我来简要说明一下。

第一个问题,卢曼不认为存在事实性与规范性的明确区分。他认为这种区分仅是学术上的区分,似乎一边是事实性的,另一边是规范性的,但实际上两者都超越了事实。在社会中并不存在这样的规范性或这样的区分。真正应该作出的区分是"规范性预期"与"认知性预期"。然而,为什么我们经常有一种"应该如此"的感觉?为什么我们认为自己有义务做某件事,有一种"规范性的预期"?这实际上是因为我们持有某种态度,即一种认知的态度、规范性的态度。当预期落空时,我们选择不学习。我们认为某人不应该打我们,但被打后,我们仍然认为他不应该打人,打人是错误的,他必须纠正错误,否则将受到惩罚。这是一种应然的态度,法律所要求的正是这种规范性的态度。对于违反预期、违反规范的行为,我们不会认同,也不会采取学习的态度。相反的是认知性预期。如果我们被打,我们知道这个人有打人的习惯,以后会尽量避开他。我们不会去讨论他是否应该打人的问题,而是认识到这个事实并从中吸取教训。吃了亏之后,我们是否长记性,这是两种不同的态度:一种是规范性的态度,另一种是认知性的态度。真正的区别就在于此。

所谓的事实与规范的区分,实际上涉及两种不同的预期、预期落空时的两种不同态度和是否学习的选择。它们都是事实性的,无论是认知性预期还是规范性预期,都是对他人未来行动的实际预期,都具有社会性。

第二个问题,既然它们都是事实,它们就可以相互转化,而且往往会发生相互转化的情况。如果我们被打一次,我们会认为对方不应该这么做;被打两次、三次后还只是认为对方不应该这么做,就有问题了。规范性的预期很容易转化为认知性的预期。如果我们认为自己犯了错误并接受这一事实,那么原本"以为对方有义务不这么做,但对方做了"的预期就会转变为认知性预期。总之,规范与事实并非不能相互转化。相反,在现代社会之前,事实与规范的界线往往模糊不清,因为它们太容易相互转化了。

第三个问题,关于今天我们为何需要法治。我们之所以需要自治的法律体系和雷磊老师所研究的法教义学以及相对封闭的法教义学体系,是因为要依靠现代法治建立一整套的程序和规范来阻止规范性预期向认知性预期转化。在法治条件下,如果我们被打一次,我们不会让同样的事情发生第二次,我们会诉诸法律来解决这个问题,因此下次我们仍然认为这个预期是不能被破坏的。这是法治的一个特点,也是其功能所在。我们创造各种条件使规范与事实不能随意相互转化,这正是我们所说的法治精神之所在。

第四个问题,规范和规范性预期来源于哪里。真正的社会学家一定认为它们来源于社会,没有任何价值可以脱离社会存在。比如我们今天倡导的自由,在古代社会是并不值得珍视的,恰恰相反,它接近于放逐。不准生活在社会共同体里等同于放逐,脱离主流社会的个人基本上没有办法生活。宋江等人为什么后来会被招安?因为他们还要回归主流社会,他们不认为自由值得珍视。平等在前现代社会也不是令人向往的状态。人们主张的是身份相同的人之间平等,同一阶层内部平等;不同阶层之外并不要求平等,而是将不平等视为"自然""命运"。民主、和平、发展这些现代价值,也都有其社会结构方面的条件,有时间性、社会性。各种规范都来自社会,社会学家是这么认识的。具体说来,规范性预期又是怎样形成的? 为什么人们会一而再再而三地坚持一个曾经令其感到失落的预期? 其原因在于社会的支持。例如男女应该平等的预期,是基于今天有大量的条件,如法律、第三方、权威机构等支持女性跟男性的同等地位。

　　第五个问题,去年有一篇文章批评以泮伟江、李忠夏为首,以我为辅的系统论宪法学者。文章认为,系统论法学讲现代社会是功能分化的社会,宪法应该保障功能分化,怎么从事实就推出了价值? 这是一个广泛的批评。实际上,我们认识到一个事实,这个事实是现代社会之所以需要宪法,是因为需要它去承担一项社会功能,或者说解决一个重要的社会问题。这个问题是社会的根本问题,即维系现代社会的基本组织原则,这一原则就是功能分化。有的宪法做得很好,使功能分化的各个系统能够运行不悖;但有的宪法做得不好,没有真正维护好功能分化,造成各个功能系统相互"打架"。因此,我们可以用能否较好地维系功能分化作为标准,去评价一部宪法好还是不好。一个事物要完成的使命,刚好就构成这个事物是否合适、是否合理、是否科学的评价标准,这二者间并没有什么不可逾越的鸿沟。

　　谢谢大家!

纪念华政建校70周年系列学术活动暨第33期"东方明珠大讲坛"

新发展阶段与
新社会治理

讲座嘉宾

主讲人：冯仕政
中国人民大学社会与人口学院院长、教授

与谈人：唐有财
华东理工大学人文社会科学处副处长、教授

与谈人：李 峰
华东政法大学社会发展学院院长、教授

致辞人：陆宇峰
华东政法大学科研处处长、教授

主持人：彭桂兵
华东政法大学科研处副处长、教授

讲座时间

2022年3月10日（周四），18：30-20：30

讲座平台

B站直播ID：24514225。
直播链接：http://live.bilibili.com/24514225

华东政法大学"东方明珠大讲坛"致谢"问渠源"基金支持

第 33 讲　新发展阶段与新社会治理

时　间：2022 年 3 月 10 日

地　点：线上

主持人：彭桂兵(华东政法大学科研处副处长、教授)

主讲人：冯仕政(中国人民大学社会与人口学院院长、教授)

与谈人：唐有财(华东理工大学人文社会科学处副处长、教授)、李峰 (华东政法大学社会发展学院院长、教授)

致辞人：陆宇峰(华东政法大学科研处处长、教授)

一、 开幕致辞

彭桂兵教授（主持人）：

尊敬的冯仕政教授、唐有财教授、李峰教授,各位老师、同学,晚上好!

欢迎来到"东方明珠大讲坛",我是主持人彭桂兵。在全面建成小康社会、实现第一个百年奋斗目标之后,我们要乘势而上开启全面建设社会主义现代化国家新征程,向第二个百年奋斗目标进军,这标志着我国进入了一个新发展阶段。所谓"新社会治理",首先是新定位,即要把社会治理放在新的更加突出的位置上;其次是新内容,即社会治理的重心要从"小治理"转向"大治理",从连接转向团结;最后是新手法,即社会治理要更多地从"为社会"转向"靠社会"。立足新发展阶段,推进新社会治理，是贯彻新发展理念、构建新发展格局的应有之义。

本期大讲坛很荣幸地邀请到了三位老师。请容许我为大家简要介绍：中国人民大学社会与人口学院院长冯仕政教授，现任全国社会工作专业学位研究生教指委副主任委员、北京市社会学学会副会长，在《社会学研究》等国内外重要专业期刊上发表论文多篇；华东理工大学人文社会科学处副处长唐有财教授，现任中国人类学民族学研究会发展人类学专业委员会副秘书长、常务理事；华东政法大学社会发展学院院长李峰教授。

今天的讲座将继续通过网络直播，旨在使讲座惠及更多的受众。今天讲座的安排是：先由冯院长主讲，然后两位嘉宾就冯院长的主讲内容进行与谈，之后再与场外的老师和学生进行交流互动，最后请宇峰处长致闭幕辞。首先请主讲嘉宾冯仕政教授为我们开讲，有请冯老师！

二、　主讲环节

冯仕政教授：

谢谢彭老师！非常荣幸受邀参加华东政法大学"东方明珠大讲坛"，今天晚上我的讲座题目为"新发展阶段与新社会治理"。"新发展阶段"是党中央提出的一个新概念。2020 年 8 月 24 日，习近平总书记在经济社会领域专家座谈会上的讲话中提出了"中国特色社会主义社会学"概念，对社会学寄予了很高的期望。希望我国的社会学研究能够从国情出发，从中国实践中来，到中国实践中去，把论文写在祖国大地上，使理论和政策创新符合中国实际，兼具中国特色，不断发展中国特色社会主义政治经济学、社会学。

中央对社会学研究的新期望和高要求是新发展阶段对社会发展要求的具体体现,希望国家的社会治理能够不断进步、不断创新。基于上述背景,今天我主要从以下几个方面来进行讲述:一是社会治理,主要将"社会治理"与"新社会治理"做对比;二是当前中央关于社会发展阶段的判断;三是在前述背景下,具体阐述"新社会治理"的内涵。简言之,就是"新定位、新内容、新手法"。

从政策发展的过程来看,"社会治理"这一概念是从"社会管理"一词发展而来的。"社会管理"最早来源于 2004 年《中共中央关于加强党的执政能力建设的决定》,该文件首次正式提出"加强社会建设和管理,推进社会管理体制创新"。之后 2011 年发布的《"十二五"规划纲要》和《中共中央、国务院关于加强和创新社会管理的意见》对此也都有涉及。2013 年,在《中共中央关于全面深化改革若干重大问题的决定》中,提出了"创新社会治理体制""提高社会治理水平",此处放弃使用"社会管理"一词,而改用"社会治理"。以上就是"社会治理"这个词语的来历。

经常与"社会治理"这个词语一同使用的是"社会建设"。"社会建设"这个词被正式提出是在 2006 年。现在"社会建设"在党章和党的报告里面是一个"五位一体"的概念,即从最早的"经济建设",逐步增加了"政治建设""文化建设""社会建设""生态文明建设"。

社会治理或者说社会建设到底包含什么内容呢?我们可以从历届党的代表大会的报告中得到答案。党的十七大报告第八部分是专门论述社会建设问题的,主要讲了六个方面,分别是教育、就业、收入、社保、医疗和社会安定团结;党的十八大报告同样讲了六个方面,分别是教育、就业、收入、社保、人民健康和社会安定团结;党的十八届三中全会的报告中并没有使用"社会建设"这个词,而是把社会建设的内容分成了两个部分:社会事业和社会治理。原先"社会治理"在党的十七大报告、党的十八大报告中只有一条内容,但是在十八届三中全会的报告中展开成了四条内容,包括改进社会治理方式、激发社会组织活力、有效预防化解社会矛盾、健全公共安全体系等。党的十九大报告中并没有讲"社会建设"这个概念,其核心的概念都是"社会治理"。综上,从概念使用上来看,早期使用的主要是"社会建设"概念,之后逐渐发展为"社会治理"。

社会治理和社会建设是怎样的关系呢?一种观点认为社会治理是社会建设的一部分,即"社会建设＝社会治理＋民生"。我不认同这样的观点,我认为这两个概念其实是一体两面的关系。其中,社会建设主要着眼于目标和未来,而社会治理主要着眼于问题和当下。本质上,它们是从两个不同的维度对同一个领域进行的表述。从这个意义上来讲,社会建设就是社会治理。

关于社会治理的具体内容,从 2004 年开始,其指导方针和原则一直没有发生变化,即要求以保障和改善民生为重点,抓住人民最关心、最直接、最现实的利益问题,实现发展成果更多更公平惠及全体人民,不断增强人民的获得感、幸福感和安全感。具体内容则是从六个部分增加到了七个部分。党的十九大以前的六个部分包括教育、就业、收入分配、社会保障、医疗卫生和社会安定。党的十九大报告中增加了国家安全。因此,我经常将社会治理的内容概括为"非常 6＋1"。"新社会治理"的概念就是在这样的背景下被提出来的。

接下来我们需要从历史进程的角度理解"新社会治理"。首先,"新社会治理"涉及中国共产党关于当前历史阶段的现代化历史进程的判断。党对于历史进程阶段的判断问题非常重视,在每一个历史时期都会对党和人民事业所处的历史方位和发展阶段做一个定性。比如,党的十二大提出了"新时期";党的十三大提出了"社会主义初级阶段";党的十八大提出了"新时代"等概念。习近平总书记特别强调历史思维和历史视野。他曾说:"正确认识党和人民事业所处的历史方位和发展阶段,是我们党明确阶段性中心任务、制定路线方针政策的根本依据,也是我们党领导革命、建设、改革不断取得胜利的重要经验。"

关于当前中国社会所处的历史方位和发展阶段,党中央有两个重要的表述:一是 2017 年党的十九大提出的"新时代"概念,即中国特色社会主义进入了新时代,"新时代"的依据就是社会主要矛盾转化为人民日益增长的美好生活需要和不平衡不充分的发展之间的矛盾;二是习近平总书记在中央党校干部培训班的讲话中提出的"新发展阶段"概念,后来被写入党的十九届六中全会报告。"新发展阶段"是指全面建成小康社会、实现第一个百年奋斗目标之后,我们要乘势而上开启全面建设社会主义现代化国家新征程,向第二个百年奋斗目标进军,这标志着我国进入了一个新发展阶段,也就是两个"一百年"目标的交汇阶段。在"准确把握新发展阶段,深入贯彻新发展理念,加快构建新发展格局"的过程中,社会治理是不可或缺的内容。因此,党中央在十九届六中全会上明确提出了"构建社会治理共同体"概念。

由此,我提出了"新社会治理"概念。所谓"新社会治理"中的"新"表现在什么地方? 我认为主要包括三个内容:

第一个"新"是新定位。所谓新定位就是我们现在需要把社会治理放在更加突出的位置上。特别是在我国进入新时代和新发展阶段之后,社会治理的地位与定位还需要进一步提高。所谓"新时代和新发展阶段","新"就表现在我们对生活的追求发生了变化,也就是从以前的温饱和小康变为当下的"美好生活"。

从发展方式上来讲,我们应当更加强调高质量发展,这对社会治理提出了新的要求，对发展方式、发展内容也提出了新的要求。我国以前发展的动力主要是激发市场，强调生产，强调物质总量的增长，强调物质文明。现在到了新发展阶段，我国发展的动力更多地要依靠厚植社会，依靠人与人关系的和谐，更多地关注人的需求。所以，我们的价值观应该从物本主义转向人本主义，更多地强调人和人关系的和谐。我们在日常生活中经常可以看到很多低素质的现象。这说明我们现在的物质文明提高了，但是社会文明没有提高；经济建设提高了，但是社会建设并没有提高。我国的发展是不平衡、不充分的。

从领域上来讲，社会建设领域是最短板。现在发展的不平衡，主要体现在社会建设落后于经济建设，社会发展不充分、不平衡。党中央提出，民生社会治理既要解决群众"急""难""愁""盼"的问题，还要解决群众堵心的问题。对于高质量发展的要求，我认为并不是剩余产能的问题，而是消费者和生产者消费品位被忽视的问题。市场建设不只是价格体系要合理，消费者和生产者的品位、认知和审美也要提升，不然无法实现市场的高质量发展。因此，社会治理需要被提升到更重要的位置上，同时提升物质文明和社会文明，重点提升全民的素质。如果人的素质不提高，物质提升往往会适得其反。这就是"新社会治理"的第二个方面。总结而言，我们要把社会治理放到更加重要的位置，解决社会发展不充分的问题，解决社会发展严重跟不上经济发展的问题。仅强调经济发展与经济建设的单兵突进，社会建设跟不上，社会经济建设也是没有动力的。

第二个"新"是新内容。从社会建设的内容来看，学术界目前有一些关于社会建设与社会治理的讨论。比如，有学者认为建设的对象是社会治理共同体，要建设社会组织、建设公益慈善等等。治理就是治理公共性、治理流动性等等。这些观点都很有道理，但我觉得它们尚未抓住问题的本质。要抓住本质,就要先回到一些根本性问题上,要先回答社会是什么、社会在哪里的问题。

根据费孝通先生的观点,所谓社会科学中的很多学问,比如经济学、政治学、法学、新闻学,这些学问都是从纵向来研究社会的各种结构或者研究各种制度的。社会学是研究一个个板块和结构之间的连接关系,研究这些板块如何衔接起来形成一个社会系统。如果用化学打比方,其他学科都是研究要素,而社会学是研究经济、政治、文化等组织要素之间的关系。这个连接很重要,因为同样一些要素,若其连接方式不一样,产生的整体性质、后果则是不一样的。如同化学中同样是碳原子,连接的方式不一样,就有金刚石与石墨之间的差异。因此,各种要素之间的连接关系就是社会学的研究内容。从这个意义上讲,社会就是各种要素之间的连接。正如费孝通先生所述,我们要从"各制度的相互关系上着眼"来看"全盘社会结构的格式",这就是社会学的工作内容。

根据这一观点,社会就是各种制度之间的关联。我曾经写过一篇文章,其中提出对于社会有两种理解:一种是"大社会",一种是"小社会"。"大社会"是相对自然而言的,它指的是人类生产生活的各种要素和部分相互衔接而形成的整体系统。"小社会"主要是指在整个人类社会生活中,被归完类、点完名之后剩下的其他部分,用通俗概念讲就是弱势群体,即在社会角落、不被看见的人。这个社会的概念是对于比较显赫的群体而言的,比如在经济领域,社会建设的概念就往往是这样使用的:整个大社会系统中减去被点完名、归完类,人们想得起、记得住的那些部分之后,剩下的部分就叫"社会",如我们常说的所谓"社会人员"。此时的"小社会"概念,就是费孝通先生所讲的"剩余物",就是被点完名、归完类之后剩下的部分。这种理解方式下的社会有两种存在的方式：一种指的是不被重视的处于社会角落的弱势群体；另一种是"大社会"，指社会的各个部分衔接的地方。

从这个角度来讲，"新社会治理"的"新内容"体现为社会治理要从当前主要面向社会弱势群体、面向社会薄弱环节、面向社会角落的治理，转为面向整个社会，以加强整个社会各个部分之间的连接和团结、加强社会的整合为目标。"旧社会治理"的短期任务是查漏补缺，中期任务是疏解社会的困境，保持社会的安定团结，以维持一个社会的基本底线。放眼未来，社会治理要在社会的各个板块之间穿针引线，促进社会整合、社会团结，激发社会的活力。例如，在"精准扶贫"消除绝对贫困之后，接下来要解决相对贫困问题。要避免两极分化，从而实现共同富裕。所以，这就是给社会治理提出的更高要求，即原来只是兜底，现在则要完成更好的整合，实现团结。因此，现在的社会治理也需要适应新的要求。

在还存在诸多绝对贫困的时期，"小治理"确实十分必要。当这个问题消除之后，对社会团结、共同富裕的"大治理"的需求更加凸显。"大治理"就应该成为社会治理的中心内容。要实现这一点，难度也是不小的。因为当前社会治理出现了新的挑战和难题，分别是高流动性、高公共性、高参与性、高灵活性。随着社会的发展，这种社会整合在某种意义上更困难了。因为如一些学者所讲，现在的社会是一个高流动性的社会。"流动"既包括地理意义上的流动，也包括社会和阶层意义上的流动。这就使社会团结和社会治理变得很困难。与此同时，社会地位的频繁变化也导致大众的各种需求被难以满足。地位的流动和期待的流动，使得我们对美好的定义和追求的变化越来越频繁。因此，流动性给社会治理带来了很多挑战。高流动性造成了社会的高公共性，也就是对社会的环节提出了更高的要求。高公共性即高参与性，要求每个人都主动参与。社会治理的第四个挑战是高灵活性。因为治理对象是不断流动、不断形变的,如果社会治理还是那么呆板,就一定无法成功。社会治理的新形势新内容,对社会治理提出了更多更严峻的挑战。因此,社会治理能够在多大程度上适应局势,决定着新发展阶段构建新发展格局的成败。此外,从更宏观的社会治理角度来讲,在政治领导、经济发展、社会团结、国际生存等方面同样存在重要的矛盾要处理,包括公平与效率的关系、冲突与共识的关系、国权与民权的关系等等,这些都是当前社会治理面临的重要挑战。

第三个"新"是新手法。社会治理到底应该如何进行,理论界众说纷纭。有人把"社会"当成主语,将社会作为主体来治理,而不是国家作为主体;有人则把"社会"当成宾语,认为社会治理就是治理社会,国家是主体,社会只是对象。党的十九届六中全会提出要打造共建、共治、共享的社会治理共同体。"共建"是指人人有责、确定分配产权的归属,属于所有权的问题;而"共治"是指经营权的问题;"共享"则是指收益权的问题。用林肯的名言表述就是"of the people, by the people and for the people","共建"是 of the people,"共治"是 by the people,"共享"是 for the people。从这个角度而言,当前社会治理的局限就在于我们在相当长的时期内,更多的只是讲"共建"和"共享",很少讲"共治"。过去往往强调社会治理应该是为人民所有,以人民为中心,而不是以资本家为中心。强调要人民共享,要分配公平,要均衡,但是很少强调人民要参与。相反,很多时候是政府大包大揽,政府管得比较多,人民参与得很少。所以,这就在社会治理的手法上提出了新的要求。以前社会治理总是在国家和社会之间走极端,要么完全依靠社会,要么完全依靠国家。民粹主义和"大包大揽"这两种模式现在看来都很难维持下去,因为我国社会是高度分化的、高流动性的社会,是在随时不断地组合的。

社会不断地分化,不断地组合,且分化组合的范围如此之广,程度如此之深,变化如此之快,形态如此之复杂,没有任何一个政党和政府能够实时、全面地掌握和协调所有社会诉求。因此,如何将群众组织有机组织起来解决问题就变得尤为关键。

在这个问题上,我的基本立场是:首先,要承认社会本身的原初形态就是比较散乱的。群众很多时候又散又乱,这是群众的一个基本特征。在原始状态下,群众就是如同勒庞(Gustave Le Bon)所讲的"乌合之众",但是并不能因此而对他们放任不管。我们应该主动走向群众,深入群众,扎根群众,把他们组织起来。当然,这个前提是允许群众组织起来。所以,不让群众组织起来是不行的,大包大揽也是靠不住的。社会治理在新时代的目标是追求美好生活,而追求美好生活比以前追求温饱生活更困难。因为温饱生活的标准是单一的。但是美好生活不一样,每个人都有自己的标准,主观性很强,个性化很强。所以,社会治理应当坚持的第一个立场就是允许、支持和帮助群众有机地组织起来,自己解决自己的问题。要充分发挥群众的自我组织能力。《荀子·富国》中曾言:"离居不相待则穷,群居而无分则争。穷者患也,争者祸也。救患除祸,则莫若明分使群矣。"意思就是要明确度量分界,使人和人形成合理的期待和分工。

如何组织群众呢?我首先想到的是"交涉性"。社会治理就是解决问题,解决问题就要让群众广泛参与,要使问题的解决成为利益相关方不断交涉的过程,而不是国家一厢情愿独断的过程。简而言之,问题的解决肯定是比较困难的。一种方案是国家大包大揽,问题解决起来可能快速、有效,但是不能培养群众的分寸意识,不能培养群众相互体谅的精神,也不能培养群众自我组织解决问题的能力。长此以往,群众都会成为巨婴。与此相反,很多事情应当让群众自己去解决问题,让群众知道问题的艰难性。这个过程可能更加复杂与艰难，但是能够极大地提升社会的整体素质，锻炼社会的能力。解决办法是让群众参与，群众参与的实际表现是让群众自己去交涉。国家的工作重点则在于设定程序，规定交涉过程的基本框架和步骤，保证有关各方能够充分、公平地拥有表达的权利，让群众共同参与，共同完成。这样的交涉往往需要在最后有一个终点去收敛。这就使问题解决的过程变得既畅通又规范，既能够充分地自我彰显，表达自己的需求和个性，又能够自我约束，使问题的解决变成一个不断收敛而不是开放的过程。例如，信访问题为什么始终无法得到有效解决，其原因就在于没有一个收敛机制，前面的决定不能约束后面的决定，前面的行为选择对后面的行为选择构不成约束，问题就永无止境。而如果让群众相互协商和约束，这就是慢慢收敛的过程。

在交涉的过程中，法治是基础。法律手段的基本特征就是交涉性，即控辩双方可在同一规范的约束下平等、和平地对抗，通过这样的对抗，厘清各自的权利和责任。社会治理的手法由以前的"为社会"转变为"靠社会"，让群众参与问题解决，参与社会治理，而不是政府大包大揽。社会治理的核心是调整人和人的关系，使得人和人能够兼有连接，将"孤岛"连接起来，畅通和丰富人与人之间的连接，进一步促进社会的团结。如果没有一个促进廉洁、团结，培养公共精神的过程，把社会治理简单地理解为民生问题，这依然还是设施建设的思路，并不是社会建设、社会治理的思路。所以，社会建设（治理）着重要培养群众参与的精神，培养人的公共精神，否则社会建设（治理）就无法起效，美好生活就无法实现。社会建设（治理）不能走设施建设的老路，而是需要培养人的精神。一方面要提高人的个体素质；另一方面则要进一步促进人和人的公共精神。要实现贯彻新发展理念，更新构建新发展格局，不能把社会建设简化为设施建设。

　　以上是我今天的讲座内容。简单总结如下：我们处在新发展阶段，人的追求发生了变化，旧的社会治理方式就成为新发展阶段过程中现代化建设的短板。我们需要把社会建设、社会治理提到更高的位置上。在社会治理中关注内容，从单纯地关注弱势，解决民生问题，转向更多地促进群众的社会参与，培养公共精神，提高生活品位，提高审美品位。这样社会才能够变成一个人人享有美好生活的社会。美好生活不只是经济上共同富裕的问题，同时还是精神上共同富裕的问题。

彭桂兵教授（主持人）：

　　谢谢冯院长！一个多小时的讲座充分展示了冯院长的精彩观点。冯院长除了担任中国人民大学社会与人口学院院长，还担任教育部社会学教学指导委员会秘书长、全国社会工作专业学位研究生教学指导委员会副主任委员，出版了《当代中国的社会治理与政治秩序》《西方社会运动理论研究》《社会治理新蓝图》等专著，在《社会学研究》等权威期刊上发表了数十篇论文。冯院长在这场讲座当中能深入浅出地阐述理论，一方面是因为他有丰富的著作作为基础，另一方面是因为他从理论的高度解读了国家发展"社会治理"的战略，提出的理论直击要害。

　　冯院长从三个方面论述了"新社会治理"的相关问题：从政策发展历史进程，到社会治理的新内容，最后提出社会治理的新手法。政策方面，冯院长认为我国虽然强调社会治理，但以前使用的是社会建设的概念，两者是大同小异的。历史进程方面，冯院长提出"新发展阶段"和"新社会治理"就是要求我国从物本主义走向人本主义，从治物的设施建设走向治人的社会建设。新内容、新定位方面，冯院长运用社会衔接的理论，强调了我们必须要从角落里的"小社会"转变到衔接处的"大社会",从而引出了社会治理的重要新手法,特别强调了增强交涉性的观点以及注重公共精神的观点。

感谢冯院长的精彩分享! 我们按照议程,接下来依次邀请华东理工大学人文社会科学处副处长唐有财教授与华东政法大学社会发展学院院长李峰教授就这一主题进行与谈。

三、 与谈环节

唐有财教授:

冯老师从社会学学科的视角,对"如何理解社会治理"做了系统的梳理,既有政策的脉络,又有学理的角度,同时结合自己对社会现实问题的理解,做了一个非常精彩的阐述。

作为与谈人,我主要想讲一下学习体会。正如前面冯老师所言,"社会治理"实际上在 2007 年党的十七大时就已经被提出,如果再往前追溯,党的十六届六中全会就已经开始提"社会建设"的脉络,在此之前一直是将其称为"社会管理"。我们目前还在不断对其做理论上的深化,使这个概念不断得到延伸,包括"社会治理"的内涵也是在不断地发生变化。

关于"社会治理"的问题,实际上各个学科都有介入,比如政治学、公共管理等。特别是关于治理的问题,公共管理学科介入得最多。社会学当然也有很多的探讨,具体包括社区研究、社会主义研究、社会工作等。但就冯老师的理解而言,对我冲击最大的是他首先从社会学学科的定位出发,探讨要发展中国特色社会主义的社会学。社会学学科意义上的社会公共管理,和其他学科有什么不一样?

　　对于"社会治理",冯老师并没有像其他学科一样,重点谈"治理",而是首先谈"社会"。什么是"社会","社会"在哪里,这都是一些根本性的问题。正如冯老师所言,今天讲"社会治理","社会"不是一个宾语,不是一个治理的对象,而是一个重要的治理主体。我们过去会说共建、共享,而今天讲共治,即讲群众的参与感,讲它的主体性,这是社会学和其他学科最大的不同之处。如果没有把"社会"本身阐述清楚,讲"治理"的时候很容易把"社会"作为一个治理的对象,于是就陷入了传统路径,陷入了一个治理上的误区,可能还是会用传统的"权力模式"或者其他方式来理解治理,所以我认为这是冯老师讲座里很重要的一个观点。

　　如何来培育和发展社会?谈到培育、发展社会的时候,冯老师讲了如何从"小社会"到"大社会"。"小社会"一般比较好理解,是指角落里的、特定的人群,比如弱势群体,他们是需要我们去帮扶的。"大社会"的含义就更大,因为我们一般都会把社会作为一个和"经济"对应的系统(帕森斯的理论)。在冯老师的理论中,他超出了这一局限,认为"社会"不是一个和经济、市场、国家对应的系统。它是一个在各个系统之间衔接的点。学界讨论社会治理的时候,学者都会把"社会"作为一个领地、一个独立存在的场域。大家总是去寻求培育或壮大一个社会,寻找"社会"在什么地方。但根据冯老师的观点,所谓的"社会"虽可能有一个系统对应,但更主要的是在各个系统之间、在其他体系里面衔接,这就深化了过去的认知。

　　然后,冯老师又把对"社会"的理解和传统的社会理论衔接上,他指出既然"社会"是"衔接处",那么今天讲社会治理,更主要的就是怎么去实现(社会)整合的问题。因为系统和系统之间、各个不同的制度之间是存在张力、存在一些缝隙的。我们如何进行整合,形成秩序呢?冯老师从文化的视角来理解"社会",他认为社会建设只能是社会的文明建设,包括处理道德的沦陷、公共精神的缺失。而现如今整个社会建设遇到了一些问题,包括信任瓦解、道德危机、品位匮乏等。要想解决这些问题,"社会建设"的落脚点就是提升社会中人与人之间的信任度,提升社会的文明。但不管如何,冯老师把社会学的使命放到"社会建设"中来,非常新颖。

冯老师开场就讨论,我们要怎样构建中国特色社会主义社会学,社会学应该在社会治理中发挥怎样的作用,应该如何进一步培育、发展、壮大社会,从"小社会"到"大社会"的发展过程中,如何培育社会机制。所谓"小社会",通过民生相关的政策救助帮困可以实现,但"大社会"目标的实现相对更加困难,因为它凸显出人与人之间关系的协调,特别是在这样一个新形势下,在这样的背景之下,我们如何还能实现社会秩序,完成社会整合? 作为社会学研究者,我认为冯老师在理论层面上的区分,这样一个方向是非常清晰的。

随后冯老师谈的问题就是如何培育和发展所谓的"衔接处"。"衔接处"的实现最终体现在什么方面? 今天的社会治理已经达到了一个更高的水平,比如实现美好生活、高质量发展,但如何证明目前社会已经实现更高水平的发展? 冯老师讲的第二个点就是公共性,因为当我们提及"小社会"或者一般意义上的"社会"的时候,通常来说是大家基于自身的利益、立场出发的,所以"社会"一定是从自身的本位出发。

这种对社会的理解是名正言顺的,具有很大合理性。在现代社会,每个个体自然有自己的利益诉求。经济学也讲每一个人是有自己的私利的,这是具有正当性的,也是现代社会、现代性最基本的权利特点。但是从社会学的角度来说,这是不够的。正如冯老师所言,如果只讲"私",只讲个人的利益、个人权利,会导致社会的危机,引发社会冲突等问题。所以他就讲,我们也需要落到公共性中"公"的点上去。大家在讲求自己利益的同时,还需要实现一个公共性的表达和公共性的共识,且大家能共同接受它们。

所以这就是现代社会治理和发展的目标:公共性。当然,如果按照冯老师的观点,以及他自己管理的经验、体验,我们社会目前在公共性这一块是比较弱的,并没有真正形成一种有效的机制来实现公共性的表达。至于具体怎么实现,冯老师又讲了几个重要的观点,比如说他讲到增强交涉性,不能够简单地替群众做主。原先治理里面可能更多地把群众作为一个"治理"对象。冯老师讲到社会治理的几个转型阶段:从最开始的松散社会,到后来的全能型社会,再后来又市场化,之后又放任不管,今天又开始重新再组织,这是一个发展的过程。但不管怎么样,在现代社会的治理过程中,不能够简单地把群众作为管理对象。

目前我们还是习惯把群众视为单纯的顾客、消费者,这样的进路是有问题的。冯老师更多的是说,如何在治理的过程之中,让群众相互之间形成一个角色博弈和妥协,引导出各自对对方利益的理解。冯老师说,这样一个结论的前提就是,一方面,要让群众间彼此信任,给个体一个空间让其进行沟通;另一方面,建立一个程序框架步骤,通过这个过程,让大家能够以协商的方式最终达到公共性的理解、公共性的共识和认同。

但对于这个脉络,我也有些困惑。假如我们产生了一个很大的冲突利益,这时候通过此过程还能够实现协商的结果吗?关键问题在于,即使我们能在上述理想化的场景中实现主体间的沟通,但如果放到另外一种场景中,就可能会变得很难。比如当涉及核心利益的时候,矛盾就会很激烈。例如在过去几年里面,社会学对业主委员会的建设抱有很大的期待,业委会让业主们自己组织起来,然后他们自己来表达,自己来实现。甚至有一些研究赋予其更高的期待,把它作为一个未来公民社会的构想。学界认为业委会建设是现代社会建设非常重要的一环。但现实的情况是,在很多社区居委会里,上述的措施反而导致了很多矛盾和激烈冲突。有些学者在讨论居委会中上级政府该怎么参与进去,这反而是把它原先的空间给缩小了。这个缩小说明什么? 当我们让社会自己去协商讨论的时候,它不一定讨论出一个公共性的结果,它的冲突结果导致了国家重新介入,于是又把它的空间给缩小了。实际上这涉及前面那个问题:从"小社会"到"大社会"的发展过程中,所谓的"大社会"到底有多大? 理想的"大社会"应该是怎么样的? 我们是不是有一条清晰的、线性的逻辑? 起初不大不小,然后不断壮大,是这样的吗? 还是说可能有别的路径?

我近些年主要关注社会组织、社会实践等相关研究。我国在社会建设方面的特色是先放开后收紧。比如治理放开后,先有大量社会组织登记注册,但过段时间就开始收紧了。市场竞争与此不同,市场应发挥更大的作用这一点较为清晰,争议点在于如何发展壮大市场。社会建设方面,我国总是放两步退一步,所以"大"和"小"始终在这个过程中摇摆,业委会就大体是这样一种形态。

从规范性角度而言,冯老师讲的应该是一种大家对公共精神的理解、对公众心声的尊重,然后在这个过程中形成大家对别人价值的认可,培育公共性的内容。我的疑问是:这种理论上的构想如何在现实中实现? 目前可能的具体路径其实就是前面讲的程序框架,那么程序是社会自身能够讨论出来的,还是通过一个外部的权力界定呢? 我们刚刚的讨论也涉及了这个主题,其本质上涉及让社会自身来解决这些问题,它是否具备这种能力。

最后主要是我自己的一些体会,我结合我们这几年在做的一些社会治理的干预实验来讲一下。因为上海有社会治理创新的导向，且相关要求比北京更强一点。比如，我们经常会和上海的政府部门合作。来上海以前，我不做社会治理研究，主要做农民工研究，但2015年之后开始做社会治理研究，因为这方面的需求特别大，政府经常会邀请老师们过去帮忙做社会治理创新研究，形成中国特色社会主义社会学，然后再落到社会治理中去发挥一定的作用。我们如何培养相关的能力，并去推动构想的实现呢？

　　政策通常会倡导放开社会组织，但一般而言，作为主体的政府部门都会面临一些现实问题，例如，在业委会的物业管理方面，怎么解决物业问题，如何用社会学的方式和视角解决这个问题。目前仍没有有效的解决方式。实践中曾尝试搭建平台，通过协商的方式推进，但仍存在难题。"大社会＋公共性"的理念如何实现呢？一些理念最终没有落地。我最近在研究落地的最后一环，即社会学应该怎么来做社会学科。社会学科培养的学生，做研究的人毕竟还是少数，更多的人在实践部门，所以实务中他需要一些工具教他怎么去做。

　　虽然冯老师前面讲了很多管理方面的方式和方法，但如何把它变成一般化的、可操作的一套路径呢？比如，上海街道原本有经济功能，要进行招商引资，但后来经济功能被取消了，成立自治办，专门抓社区自治，而这个自治办就不知道该怎么做了。最后自治办只能发包一个项目，然后让居民来做项目。现在又开始重新推动营商了，自治办可以先到企业那边去，再跟老板座谈，把企业的资本拉到这边来，A负责抓手，B负责做工作，C负责推进路径，相对来说大家还是明白的。但当社会学的学者做自治的社会建设、社会治理的推进，需要具体指导的时候，就缺乏清晰可操作的路径。

李峰教授：

在目前的学界，"社会治理"应该是近几年最热门的一个话题，有很多学科都在参与。冯老师认为，过去的"社会治理"更多的是从行政管理的角度被研究。那么我们在做社会治理研究的时候，可能就要盯着"治理"这个词。但我们往往忘掉了很多修饰语，那么就出现了两个问题。第一个问题，出现了大量的"一案一模式"，目前很多文章就选取了一个点，做一个对应的个案研究，然后提出一种治理的模式。中国这么大，如果存在这么多治理模式，我们的社会治理就相当完善了。也就是如冯教授说的，我们可能更多的是盯着所谓的"小社会"，盯着一些具体的、民生性的问题。

第二个问题，中国特色社会治理模式中的"治理"不一定是治国理政，它可能有两个内容：第一个内容是社会性社会的治理，第二个内容是中国特色的社会。我们要站在社会的本位和立场来考虑问题。

孔德认为，社会学学科和其他学科相比，最重要的特征是综合性。经济学学科是一个解析式的学科，而社会学可以把一个问题梳理出来，自成系统。我们在探讨各种社会治理问题的时候，要把它放在整个社会的土壤当中。当然，放到不同的土壤中，所长出来的花花草草是不一样的。另外，若气候不合适，我们栽上再美好的花，也就是行政、群众再怎么样在治理上做精细化的努力，也没办法发展出真正的创新。这个是我得到的最大启发。我们需要从一个"大社会"的角度去看问题。

那么社会是什么？与"小社会"相比，"大社会"更多的不是"小政府 & 大社会"，而是指社会之间的连接，也就是从宏观角度考量社会的有机体是怎么连接起来的，例如，怎么建立起乡土中国结构，就如同建立起西方社会结构模式。

我认为冯教授提出了一个很重要的"大社会"建设关系。再往前走一步,就是这个关系是什么关系。它不是一种空泛的关系。人是不同的个体,那么在一个高流动性的社会中,不同的个体之间的关系表现出一些新的特征,这就令我想到了冯教授在《社会学研究》中提出的"社会性"和"公共性"。之所以人和人之间的关系表现出这样的特征,是因为社会的高流动性带来的整体分离倾向。我们社会的连接要求建立起一个交涉性的、公共性的社会,这就需要团结性。

冯教授最后提了一些怎么去做的问题,答案就是组织起来。关于组织起来,其实近代中国就是一个组织起来的过程。毛主席在讲中国怎么实现富国强兵时提出,将各种不同的群体组织到军队。我们在不同的时期,形成了不同的组合方式。今天是高流动性的社会,在这样一个新的社会发展阶段,社会治理怎么样将基于个人利益的、非常强调个人私利的个体组织起来,参与各种社会治理,从而建立起有效的社会连接,是一个重要问题。

我非常关心一个问题:冯教授讲的"明分使群"这个概念,里面有一点说它既能够"私"也能够"公"。我不知道所谓的"公"和"私"在这里具体指什么,我认为它既能"私"又能"公"。

接下来,沿着公共性而展开,我想请教一个问题:在中国社会当中,或者在中国的基层群众的组织化形式当中,能不能够内生出公共性的问题?

中国特色的中国一定不会只是 1949 年或者说 21 世纪后的中国。中国近代是一盘散沙,那么组织起来,建立起公共性,除了通过外在的行政力量,我们今天还非常强调技术治理。在我们内生于自身的文化之类的"道"中,有没有一个"道"支撑着我们能够自发,乃至通过外在的引导,自发地形成一个公共性的问题? 这是不是在我们后面的研究中可以继续深入探讨一下? 我就简单谈这么多,要是存在没有理解正确之处,也请冯老师谅解!

冯仕政教授：

刚才非常感谢有财和李峰两位教授,这些问题都很尖锐,也很有洞见。

第一个问题是社会演化。社会是不是一直稳定存在的? 过去这个问题的答案是肯定的,因为这里面涉及社会学作为一个学科的根本世界观,就是演化的过程不会有崩盘破局的时候。但是马克思主义的思路很多时候认为这个社会一定要破局,并且有的时候我们还要促进它的破局,通过革命来跃上一个层次。所以仍存在我们怎么理解社会演化、革命和改良的问题。我刚才讲的是由国家制定一个框架,推着往前逼近终点就可以了。但这个框架能否内生,国家框架从哪里来,这些问题我确实也没有仔细想过。以及第二个问题:"公"和"私"之间的矛盾,该怎么化解? 能有一个理想的解决模式吗? 我认为,理论给出的是一个完美的过程,但落到实践中肯定会遇到各种各样的障碍。

很多时候不能指望会有一位圣贤给定一个终点,我们看到就直接奔着终点去了。这其实就跟两口子过日子一样,日子有个终点吗? 没有。两个人先过,拉着车往前走,这是一个互动演化的过程。

刚才讲到"公与私",怎么才能"公",怎么才能"私"? 分界这个过程,在交涉过程中交涉出来,社会张力永远免除不了。底线是不出现颠覆性的错误,不崩盘。在此基础上尽量往前走、不断完善,有矛盾、有张力是常态,完全花好月圆反倒是异态。

所以我们若能立足于这么一个思想,在面对很多问题的时候,心态就会平和得多。我还是主张,不要怕吵架拌嘴、拉拉扯扯,只要不打死人、不撕破脸就可以。如果要是没矛盾、没张力,存在一个所谓的给定终点,生活反而是无趣的。这个框架实际上也是整个社会的各个部分,是在磨合和交涉的过程中逐渐生成的。可能到一定时候,原来的框架整个都不行了,必须要通过一场革命来形成一个新的框架,在新的框架下我们再互动一阵子可能又不行了。就像马克思的理论所指出的,社会发展是一个改革和革命不断交换的过程。美国宪法学家阿克曼(Bruce Arnold Ackerman)讲,当到了一个高级时刻,宪法就得重构,人们就得起来革命,平时都是修订案、修正案就能够修正过去,但到一定时候只能重新来,在原则上重构。

社会学不太愿意相信革命,在社会学的理论框架里确实也不怎么纳入革命,这是社会学从西方习得的社会理论的一个根本性缺陷。马克思主义社会学怎么才能有一个更好的角度去理解革命,这一问题值得考虑。

第三个问题是理论落实的"最后一公里"怎么实现,有没有一个模板。说实话,我持怀疑态度,因为社会学的困难之处就在于,脱离了实际,社会理论能进行分析,但具体的操作方案只能是一事一议。社会工作做个案研究,不能将对待张三的那套手法用于对待李四。社会学只是提供一套基本的理念,大概应往哪个方向去做,但制定具体方案的时候必须因地制宜。但是也不能因此就说社会学是虚无主义的,如果缺乏这套社会学的思维,我们也难以实践。

思维是很重要的,具体的思维给社会学研究社会建设提供了一个精神气质,但具体的手法就要看造化了。我们不能持有如下的思维,即只要拼命地建设工厂,等工程完工,GDP肯定能上去,这是不现实的。为什么社会容易成为短板?因为社会需要依赖个人主观的发挥。就像搞技术的,你照顾机器有一条规程。社会就是人所处的环境,你得把环境给维护好了。

因此,我们要让大家清楚,不要因为社会学没有一个具体的实践操作技术就觉得它没用,有价值关怀和精神气质底色还是很重要的。就像人文素质,在生活中有人会说学哲学没用,但如果没了哲学思维,很多东西你就越弄越拧巴。一些高智商的人为什么精神抑郁? 因为他们没有通过哲学思维建立起稳固的"三观"。

我认为,在这方面很少存在一个像工具包一样拿去就能用的通用的、可复制的规程。但这并不是说社会学没有用,反而是更有用。因为假如企业不能按部就班地做事,那"道"就更重要。如果没有一个"道"把"气"管住的话,那事情就更容易被搞砸。

四、 闭幕致辞

陆宇峰教授:

感谢桂兵、冯仕政教授、唐有财校友、李峰院长! 今天听了这场社会学讲座,我作为法学研究者,有四点共鸣,在这里与大家分享。

首先,冯老师说五大建设,社会建设是短板。法学界对此有共同的看法。改革开放以来,我们制定了那么多法律,但是法社会仍未完全形成。根本原因就在于,法治社会的土壤有待改善。社会土壤不改善,法治国家建设和法治政府建设就是无本之木。所以党的十八届四中全会提出要"把法治教育纳入国民教育体系,从青少年抓起,在中小学设立法治知识课程"。

其次,冯老师强调社会治理要从关注小社会转向关注大社会,从聚焦角落里转向聚焦衔接处,从设施建设转向社会建设。这样的说法富有社会理论气质,令人想起结构主义的理念——关键不在于单个的社会要素,而在于各种社会要素之间的连接,"社会不是由人构成的,而是由人与人的关系构成的,所有人相加并不等于这个社会"。从我研究的系统论法学角度看，这就涉及社会组织模式，亦即作为系统的全社会如何再分化为若干子系统。这些子系统之间的冲突，是社会矛盾、社会冲突的根源，是法学与社会学共同面对的深层问题。没有社会理论的眼光，就无法发现这样的问题。

再次，冯老师所讲的"大社会"概念尤其有意思，"一切皆社会"。卢曼认为，互动、组织、全社会，构成了致广大、尽精微的三层次社会系统，而政治、经济、文化、法律、传媒、科学、医疗无不是社会系统，无不在社会之中。就此而言，如果不考虑诸如社会制度、社会连接以及系统际冲突等"大社会"问题，也就无法从根本上解决现实民生等"小社会"问题。

最后，冯老师以"增强交涉性"理解"社会共治"，也与当前的"反思型法"的学说不谋而合。"反思型法"理论提出，在高度复杂的当代社会中，国家和国家法不宜对社会加以直接的实质性干预，而应侧重于设定程序、搭建平台、赋予权力，激活社会的自我治理、自我反思潜力。

在社会治理方面，未来更大的挑战源于数字社会的兴起。信息不对称、算法介入决策、平台垄断和权力滥用可能导致更严重的社会不公，造成对公民基本权利的更严重侵犯，这些问题需要法学与社会学携起手来共同解决。

数字法学的理论表达

主讲人：
马长山（《华东政法大学学报》主编 华东政法大学
数字法治研究院院长、教授）
与谈人：
左卫民（四川大学法学院院长、教授）
蒋传光（上海师范大学哲学与法政学院院长、教授）
张凌寒（北京科技大学文法学院副教授）
致辞人：
陆宇峰（华东政法大学科研处处长、教授）
主持人：
彭桂兵（华东政法大学科研处副处长、教授）

讲座时间：
2022年3月12日 晚18:30-21:00
讲座地址：
B站直播ID：24413014，直播链接：http://live.bilibili.com/24413014

华东政法大学"东方明珠大讲坛"致谢"问渠源"基金支持

华东政法大学第34期 "东方明珠大讲坛"

数字法学的理论表达

主讲人：

马长山（《华东政法大学学报》主编 华东政法大学
数字法治研究院院长、教授）

与谈人：

左卫民（四川大学法学院院长、教授）
蒋传光（上海师范大学哲学与法政学院院长、教授）
张凌寒（北京科技大学文法学院副教授）

致辞人：

陆宇峰（华东政法大学科研处处长、教授）

主持人：

彭桂兵（华东政法大学科研处副处长、教授）

讲座时间：
2022年3月12日 晚18:30-21:00

讲座地址：
B站直播ID：24413014，直播链接：http://live.bilibili.com/24413014

华东政法大学"东方明珠大讲坛"致谢"问渠源"基金支持

第 34 讲　数字法学的理论表达

时　间：2022 年 3 月 12 日

地　点：线上

主持人：彭桂兵（华东政法大学科研处副处长、教授）

主讲人：马长山（《华东政法大学学报》主编，华东政法大学数字法治研究院院长、教授）

与谈人：左卫民（四川大学法学院院长、教授）、蒋传光（上海师范大学哲学与法政学院院长、教授）、张凌寒（北京科技大学文法学院副教授）

致辞人：陆宇峰（华东政法大学科研处处长、教授）

一、　开幕致辞

彭桂兵教授（主持人）：

　　尊敬的马长山教授、左卫民教授、蒋传光教授、张凌寒副教授，以及各位老师和同学，大家晚上好！

　　"东方明珠大讲坛"是科研处主动请缨"科研抗疫"、践行"有组织科研"的产物，2020 年 3 月开坛。大讲坛由科研管理者与热心师生利用业余时间举办，有心传承爱岗敬业的服务观念与追求真理的学术理念，在全校凝聚无私奉献、迎难而上、苦中作乐的"科研抗疫"精神。此外，为了隆重纪念华东政法大学建校 70 周年，围绕"勇担时代使命、繁荣法治文化"主题举办"学术校庆",让"东方明珠大讲坛"惠及更多校内外师生,本次讲座主办方将通过网络全程直播。

　　本次活动有幸邀请到《华东政法大学学报》主编、数字法治研究院院长马长山教授主讲"数字法学的理论表达"。马长山教授兼任中国法学会法理学研究会副会长,是中组部"万人计划"哲学社会科学领军人才、人社部"新世纪百千万人才工程"国家级人选、中宣部文化名家暨"四个一批"人才、享受国务院政府特殊津贴专家。同样荣幸的是,本次活动也邀请到四川大学法学院院长左卫民教授、上海师范大学哲学与法政学院院长蒋传光教授、北京科技大学文法学院张凌寒副教授担任与谈嘉宾。同时莅临"东方明珠大讲坛"的还有华东政法大学科研处处长陆宇峰教授。接下来,我们就把话筒交给马老师。有请马老师!

二、 主讲环节

马长山教授:

　　很高兴有这个机会来跟大家交流汇报我最近的一些理论思考,稍后会形成一篇较为系统、严谨的论文予以发表。在这里,首先要感谢左卫民老师、蒋传光老师和张凌寒老师对"东方明珠大讲坛"的大力支持,也感谢科研处的精心安排和辛苦工作。我今天汇报的主题是"数字法学的理论表达",其实我在几天前参加山东大学博士答辩会后的学术活动时,就已经围绕这个主题做了简单交流。今天再请三位老师和在线的同学们多加批评指正。

　　我的报告分为五个部分:第一部分是"数字法学的时代诉求",主要讲作为新兴理论的数字法学是数字时代的产物;第二部分是"数字法学的演进路径",主要阐述应运而生的数字法学的三条演进路径;第三部分是"数字法学的研究范围",主要讲数字法学有哪些研究内容;第四部分是"数字法学的底层逻辑",主要讲数字法学与目前的法学相比,究竟演绎着哪些不同的深层逻辑;第五部分是"数字法学的建设策略"。我的核心观点是,随着数字时代的到来,经过几百年演变发展的"现代法学",到了更新换代的关键时刻,它将全面转型升级为"数字法学"。这并不是空穴来风,而是时代变革发展的必然。

（一）数字法学的时代诉求

众所周知,法学是一门应用性较强的社会科学。任何一个时代的法学都是其所处的时代生产、生活规律的反映,都是其所处时代的社会秩序的客观要求。作为新兴的法学理论,数字法学是当今信息革命所催生的重大理论突破,它源于三个时代要求:

一是数字经济秩序的要求。人类经历了从原始时代的采摘经济、封建时代的农耕经济、资本主义时代的工业经济的演进过程。几百年的工业社会已经创造了丰富的物质文明,而新一轮信息革命又带来了全新的数字经济形态。数字经济无疑会形成数字经济秩序,它不同于工商经济的秩序,更不同于农耕经济的秩序。这不仅会对法律产生新的要求,也会促动信息革命背景下的国家发展转型。于是,我们国家2015 年提出了"数字中国"战略,后来写进了党的十九大报告。2019 年发布了数字乡村发展战略纲要。2021 年,制定了《中华人民共和国国民经济和社会发展第十四个五年规划和 2035 年远景目标纲要》,在纲要的第五篇提出了四大方面:发展数字经济、建设数字社会、打造数字政府、营造数字生态。这里的数字生态不是指环境,而是指整个社会生产生活的生态。由此观之,这个规划基本上是全面数字化。2022 年,国家又发布了《"十四五"数字经济发展规划》。也就是说,中国未来的趋向是从商品经济、市场经济全面地转向数字经济。

与国家战略相对应的,就是地方的创新探索。中国改革开放40多年,既有宏观的统一规划,也有地方的不同探索,这是非常成功的一种做法。特别是京津冀、长三角和珠三角,这些地方既有技术支撑和经济基础,还有配套的社会环境等优势。因此,北京、上海、浙江纷纷发布了数字化转型的措施和方案来打造"数智"治理新范式。其目的在于以数字化转型来整体驱动生产方式、生活方式和治理方式的变革,进而实现整体性转变、全方位赋能和革命性重塑。如此,便形成了巨大的、新型的数字经济秩序重建的过程。而我们所熟知的现代性法学理论,很多的原理、规则都没有办法回答和解释这个重建的过程之中产生的新问题。

二是数字法治转型的需要。"数字法学"不仅是数字经济秩序的要求,也是当下数字法治转型的需要。

首先,数字化转型兴起。从一定意义上说,信息革命直接导致了现代法治基础的瓦解,比如作为现代法治基础的市场经济、民主政治、理性文化,面临着全面的数字化重建。事实上,现代法律规范、法律原则反映的是物理空间中人/物/事的行为逻辑、互动关系和秩序状态,不论是合同法、侵权法还是刑法、经济法,涉及的主要是物理性、生物性要素环境,几乎没有数字性因素。如今数字经济、数字政府、数字社会、数字生态,就对现代法治、现代法学产生了"釜底抽薪"效应。这就出现了重大的数字化转型,需要新的法学回应。

其次,数字立法时代开启。在网络法理论发展的初期,有个很有名的"马法"的故事,核心观点是讲,网络法所要解决的问题,用原来的法律都可以解决,不能因为一匹马就制定一部"马法",因为马的归属可以适用物权法,买卖可以适用合同法,马踢人了可以适用侵权法,这些问题都能解决。类推下来,还需要制定一部网络法吗? 但今天再看一看,哪个国家不在大量制定网络法,哪个国家不在进行数字立法? 在我国,近年来同样颁布了许多重要法律,如《网络安全法》《数据安全法》《个人信息保护法》,还有许多行政法规、规章。最高人民法院也确立了"三大规则",即《在线诉讼规则》《在线调解规则》《在线运行规则》,这会使得整个司法的运行机制都发生改变。

再次,数字法治呼之欲出。国家刚刚颁布了《法治政府建设实施纲要(2021—2025 年)》,其中提出了全面建设"数字法治政府"的目标。法治政府和数字法治政府,完全是两个时代的产物,加上的"数字"两个字,本质上是数字时代中的"数字"迭代意义,不是一般的数字含义。数字法治政府会有其独特的原则、规则、机制和运行方式。浙江省高级人民法院的数字法院建设方案中也提到,要建设"全域数字法院",这是"从数字赋能到制度重塑的革命性变革"。这些指向的都是数字法治。

最后,数字法治需要法学回应。立法与司法的巨大变迁,反映出正在形成的数字法治。这就需要新的法学理论来回应和解答这个问题。

三是新文科和新法学的呈现。新文科概念 2017 年由美国希莱姆学院提出,其核心是信息技术背景下的学科重组和文理交叉。2018 年8 月 24 日,中办、国办联合下发《关于以习近平新时代中国特色社会主义思想统领教育工作的指导意见》,要求优化学科专业结构,发展新工科、新医科、新农科、新文科。2019 年 4 月,教育部、中央政法委、科技部等 13 个部门启动"六卓越一拔尖"计划 2.0 版,全面推进新工科、新医科、新农科、新文科建设。2020 年 11 月 3 日,教育部在威海召开新文科建设工作会议,提出现代信息技术与文科专业深入融合,积极发展文科类新兴专业,推动原有文科专业改造升级,打造文科"金专"。其中新法学的前沿领域就是数字法学，它反映了新法学国家战略、中国话语与新时代发展，体现了我国交叉学科建设的守正创新。

（二）数字法学的演进路径

数字法学已经默默地成长了一段时间，它有三条不同的演进路径。

一是方法论的路径。方法论的路径是将数字法学视为现代法学的一种扩展方法，也就是说，它仍然处在现代法学的框架之内，并不是现代法学之外的东西，而是现代法学自身的一种扩展方法、革新策略或者优化路径。这种路径相对比较保守，其核心观点就是把科学技术、信息技术、人工智能更好地融入现代法学之中，进而解决现在我们面临的数字时代挑战。这些学者认为，计算法学是计算思维和法学思维的融合。比如，中国计算机学会计算法学分会的《计算法学宣言——迎接文理交融新法科的时代》指出，如果对计算法学的概念作出最宽泛的表述，可以界定为以信息通信技术和计算机系统为主要方法，对法律、权利以及社会现象进行研究和模拟的学科集群，其力图通过守成转型、守正创新，为现代法学提供一种新思维、新策略和新方法。可见，在方法论的路径看来，新兴技术和数字法学无非是现代法学的一种新的工具。

二是认识论的路径。认识论的路径要比方法论路径更进一步，其基本取向是将数字法学视为由归纳演绎向数据分析、由知识理性向计算理性、由人类认知向机器认知的范式转型。此种路径的核心观点是，计算和算法的观念为人类提供了一种认识和理解世界的方式。它是过去几千年的经验认知（实验、描述）、过去几百年的理论认知（模型、归纳）、过去几十年的计算认知（仿真、模拟）之外的第四种范式。机器从认识论的边缘逐渐走入认识论的中心，形成了非人类中心认识论的新形式，人类也会越来越多地依赖机器认知，信任算法决策，进入便捷自动的智能社会。比如人脸识别、自动驾驶、智慧医疗，都可以完成自动化研判。这无疑是非常深刻的变化。

三是本体论的路径。它比认知论的路径更进一步。该路径的基本取向是将数字法学视为伴随"物理时代"转向数字时代的本体重建和代际转型,是从前现代法学、现代法学迈向数字法学的变革发展新阶段。该路径认为数字法学将成为数字时代的主导形态,其核心观点是,通信技术是世界的再本体论化,而虚拟世界则是个更具自主性且与物理世界在本体论上具有某种对等性的新世界,它带来的乃是根本的、史无前例的转换。

事实上,古典的法学理论、中世纪的法学理论、近现代的法学理论,都是当时那个时代的社会生产生活规律的反映与规则表达。人类已经从物理时代迈向了数字时代,现代法学一定会面临重大的挑战。因为现代法学是基于物理时代的生产生活规律进行归纳、提炼、概括的理论,一旦其基础与条件发生变化,便会面临总体性的本体重塑。从某种意义上说,计算理论之于数字化社会,就像牛顿力学之于工业化社会,是一场"法学革命"。

就这三条路径而言,我个人比较倾向于本体论的路径,即认为数字法学是整个法学的转型升级与革新,并不单是研究方法和认识论上的革新。

（三）数字法学的研究范围

就数字法学的定义和名称而言,我认为不能从文理交叉的意义上来界定,而应该以它的性质和功能来界定;不应当以它的内容新旧来界定,而应当从代际交替的角度来定义;不应当以新兴问题来认定,而应当从核心和本体的角度来界定。因此,我认为数字法学是以数字社会的法律现象及其规律性为研究内容的科学,是对数字生产生活关系、行为规律和社会秩序的学理阐释与理论表达。

在名称上,目前有关数字法学的名称繁多,比如互联网法学、信息法学、人工智能法学、数据法学、计算法学、认知法学、未来法学等。国内也增设了好多研究机构,比如中国人民大学的未来法治研究院、清华大学的智能法治研究院、中国政法大学的互联网法治研究院,还有华东政法大学和浙江大学的数字法治研究院。但我并不赞成这样的定位和名称,因为这些名称的涵盖面都太窄。比如互联网法学和人工智能法学概括不了数据法学,数据法学概括不了计算法学,计算法学概括不了认知法学,但是数字法学就能将它们全都概括进来。因此,统称其为数字法学,概括力会更强。

从总体的研究对象内容看,数字法学可分为三部分:第一部分是迁移承继。任何法学变革都不可能完全抛弃现有的制度规则和知识体系,特别是在婚姻、侵权、传统犯罪等人身属性较强的领域,现代性法律依然是可靠有效的,需要迁移承继。第二部分是更新重建。即在既有理论和制度的基础上,对法律概念、原则和规则予以拓展,在人格领域纳入"数字人"概念,在经济法领域纳入数字竞争,在行政领域纳入数字行政,在诉讼领域纳入在线诉讼,等等。第三部分是新兴数字法学。这部分是既有法学理论和制度之中欠缺的,比如平台治理、数据治理、算法治理、AI规制等,这些很难通过既有规则的扩张解释或者类推解释来囊括和解决。

就具体的法律概念、原则和规则而言,需要在迁移承继仍然准确有效的法律概念、原则和规则理论的基础上,进行数字导向的体系化重构。这主要包括三个方面:

第一,扩张重释。这涉及异步审理、智能合约、电子搜查、算法裁判等。异步审理在不同的时间、不同的地点开庭,需要对过去直接言辞的原则予以重释。智能合约究竟是否是合同,存有争议。电子搜查并不需要进入物理空间之中，它是否需要搜查证来进行合法性确认，算法裁判是否具有法律效力，它的合理性、正当性在哪里，这些都需要重新解释。

第二，理论创立。这涉及数据竞争、算法合谋、数字主权、元宇宙规制等。诺伯特·维纳（Norbert Wiener）说，信息就是信息，既不是物质也不是能量，不遵守能量守恒定律。一方的数据多了，并不一定导致另一方拥有的数据变少；但在功能上，数据流通产生的法律后果是不一样的。数据必须共享，不共享就没有数字经济和数字社会。如果共享，它的边界又在哪里？各方的权益如何界定和保护？此外，过去的主权可以通过领海、领土、领空来判断其边界，但现如今的数字主权并不存在这些边界。最近比较火的是元宇宙，它肯定存在着与现实世界不同的规则和理论，需要创立很多新的规则，所以要完成理论创立。

第三，原理探索。这涉及数字权利、数字行为、数字关系、数字正义等。数字权利的出现，需要我们对过去的权利理论予以重构。权利理论讲意志论和利益论，但很难解释如今的数字权利；现有的因果关系理论很难解释数字行为，现有的法律关系理论很难解释数字关系，现有的正义理论很难解释数字正义，这些都需要进行原理性的深入分析和探讨。

这里有一个问题，那就是数字法学和现代法学究竟是什么关系。我认为，数字法学并不是现代法学内部刚刚兴起的交叉学科或者二级学科，而是对它进行替换和转型升级的新形态，也是现代法学发展变革的下一阶段。

（四）数字法学的底层逻辑

数字法学的逻辑源于数字社会的逻辑，那么数字社会是什么逻辑？我认为主要包括四个方面：

第一个逻辑是信息中枢。人们常说,信息就是新时代的石油,其根本上是一切的中枢。因为万物信息化已经成为时代的趋势,其伴随的必然结果就是信息权力化。有观点认为,谁掌握了信息,谁就掌握了权力,掌握了分配,掌握了控制,掌握了所有的资源。通过信息中枢,可以控制财产、行为与社会秩序。事实上,网格化治理的本质,便是通过信息中枢来进行控制。

第二个逻辑是数字行为。目前每一个人都身处虚实交互的生活世界,人的行为已经很少是纯物理性、纯粹生物性的行为。也就是说,人类大量的行为都在数字化。人们携带着手机,每天走到哪里都会有定位,叫外卖则涉及喜欢吃什么、什么时间吃、吃多少钱的、给送到哪个位置、大概什么消费水平、大概什么阶层,这些都能通过数字分析出来。这些都是数字行为的呈现,都属于数字交往的社会关系。

第三个逻辑是算法秩序。数字时代是一种智慧时代,人工智能不再是一种简单的工具,而是可以辅助人类进行决策的伙伴。这意味着,自动化决策会更多地出现在日常生活中,其背后就是算法。从古到今,人类社会有三种规则:宗教塑造着人类的精神秩序,道德塑造着人类的伦理秩序,法律则塑造着人类的世俗秩序。当今数字时代的算法决策,采用了代码规制的新范式,建构着新型的算法秩序。其关键就是把法律认知转换成机器认知,把法律逻辑转换成计算逻辑,进而变成人工智能法律的自动执行系统,如电子交警、凤凰智审等等。

第四个逻辑是节点治理。在过去的物理空间架构中,强调的是层级治理,重视地域和级别。而数字时代的到来,则使层级化转向了节点化。节点治理主要是依托访问权和处理权,什么样的权限就有什么样的访问权。其特征是全程留痕、全场景可视、全过程回溯、扁平化和去中心,运用控制范式,贯彻社会效果原则,形成跨时空治理。

上述这些数字逻辑,需要转换成法学的表达。首先,我们需要进行数字逻辑的法理表达,完成命题提炼、原则归纳和原理探究。之后,要完成数字逻辑的理论正当化,即以核心价值、发展方向、数字正义观为基准,完成正向证成、中性厘定和反向否证。例如,数据/信息确权需要正当性证成,平台治理需要中性厘定,算法歧视则需要反向否证,这样数字法学才能有理论支撑。

通过对数字逻辑体系化的构建,数字法学可以形成一套新的概念、范畴、原则和方法,最终形成它的体系构架。这主要包括三个部分:一是理论体系。其包括继承发展的现代法学理论、全新崛起的数字法学理论,以及法学立场的技术规制理论。二是价值体系。其包括数字正义、数字人权和数智人文。三是学科体系。其包括很多传统的现代性法学的因素,比如法理学、法史学、比较法学、宪法学、行政法学、民法学、刑法学、经济法学等等,当然还有很多新的学科,比如信息法学、互联网法学、人工智能法学、计算法学等等。

（五）数字法学的建设策略

第一,确立数字法学理念。我们需要立足数字立场,顺应数字时代要求,革新观念和改革课程体系。华东政法大学的数字法学学科就准备开设"数字法治导论"(本科)、"数字法治概论"(硕士)和"数字法治专论"(博士)等课程。此外,我们也要关注社会实践创新,注重命题提炼。

第二,强化交叉融合研究。交叉融合是法学维度的知识融合。这种融合并不是开设不同的课,比如分别开设法律和人工智能的课,让学生在脑子里完成知识交叉,这其实是不对的。我们应该让老师完成知识交叉,形成一个交叉融合的课程后再给学生开课。此外,要促进 AI 系统的专业合作,这样才能实现制度创新的跨界互动。

第三,创新法学教育模式。在生源上,增大本科、硕士、博士招生中的复合专业背景和跨学科教育比例。在学位上,推行双学位、主辅修、微专业,以及跨院校、跨专业、跨行业、跨国界的协同育人。在课程上,走出"法学＋X"的课程平行相加模式,增进学科交叉和知识融合,而非简单、碎片化地开设学科。在实践上,加强高校与头部企业、政府部门、司法机关、律师事务所等机构合作。

第四,深化国际交流合作。数字化转型是全世界面临的共同问题,需要全球协作来共同治理。人工智能的伦理规则也需要世界共同交流,而非单纯争夺话语权来主导这个规则。只有这样,才能更好地保护世界的人类数字文明。

数字法学不是一代、两代法律人,更不是一个人、两个人所能完成的任务,但我坚信这是一个必然的发展趋势。我们越早进入这个行列,就越能在这场变革中作出更多的努力和贡献。以上就是我的一点简单看法,请各位老师和同学多加批评指正,谢谢!

彭桂兵教授（主持人）:

感谢马老师一个多小时的精彩演讲!马老师构建数字法学的不懈努力和创新精神,令人钦佩!实际上,数字法学能否称得上一门学科也是目前经常引起争议的一个话题。我前不久跟宇峰处长闲聊的时候说,有一篇法学文章对未来法学的命名和是否能成为一门学科进行了批评性的回应。但是今天听了马老师的精彩演讲,我茅塞顿开,也有了很多的新体会。马老师从为何要建立这个学科开始,深入分析学科的体系与架构,并详细阐述了该学科的理论基础。马老师的讲座让我印象最深刻的观点是,现代法学可以被纳入数字法学之中,成为数字法学的一部分。之前我也看过一些探讨数字法学与现代法学关系的文献,马老师刚才提出的观点,可能和有些观点与理论还是有碰撞的。接下来,我们想听一听三位与谈人对马老师演讲的看法,希望能擦出一些学术的火花。首先有请四川大学法学院的左卫民教授。

三、　与谈环节

左卫民教授:

刚才听了马老师一个多小时非常精彩的学术报告,受益匪浅。我自己也长期从事实证研究,实证研究是关于数据的法律研究,而这个问题延伸开来就势必涉及大数据、人工智能等对于法学的影响,以及在此基础上展开的数据法学、未来法治、信息法学等。

第一个感受是马老师非常敏锐地对中国社会正在发生的变化进行了思考。变化是偶然的,但也是非常深入的、正面的、全方位的,马老师也是如此思考数据/数字法学一系列的相关问题的。

第二个感受是马老师非常鲜明地提出了要打造"数字法学"的理论体系,而且做了系统论述。当然这和马老师的学术背景有关联,马老师本科是研究哲学的,在转向法学以后,则从事法理学方面的研究。这样的背景使他更具有整体性和思辨性。

第三个感受是我与马老师"英雄所见略同"。中国社会在当今时代正发生一种深刻的变化,用马老师的话来说叫作"数字时代""数字社会"的到来。数字时代的到来影响了社会,当然就要求或必然要求法律和法学的变化。比如马老师刚刚提到的,以及待会儿凌寒老师会提到的算法,通过算法我们可以发现,现有互联网科技公司的大规模商业行为中,正在大量使用自动化算法进行商业的决策运作。时代的变迁当然要求法律的介入,同时也要求法学的变化。马老师的基本观点我深以为然,但我们今天也不能仅仅局限在正面地谈马老师的理论多么正确,我们要在马老师的基础之上展开一些讨论。

我觉得要思考的是:传统的法学,或者马老师提到的现代法学,能不能面对这些问题? 能不能解决这些问题? 是用现代法学来面对数字时代、数字社会的问题就够了,还是要另辟蹊径、另起炉灶,提出一个全新的数字法学? 这是一个过程,我们还要去认真地研究。

目前来说,在法的层面有些新的思考,也有些新的提法,比如个人信息保护法,包括最新的关于算法的规定。现有法学的立法和理论有些变化,但是整体上来说还没有根本性的变化,而且甚至传统的法学理论,例如宪法理论,民商法的理论、经济法的理论、行政法的理论已经可以充分地概括了。因此,是否可以在某种程度上将数字法学视为现代法学的新使用,以及面对新问题、新挑战的一种新发展? 在这样的背景之下,如果我们要提出"数字法学",我们能提出哪些不同于现代法学、现代法治的新的理论与观点? 这些理论与观点是不是根本性的,以及有多大程度上构成根本性和系统性的数字法学体系? 以上问题也许还有待时日去解答。

当然我并不是认为数字法学完全不可能构成新的法学,只是现在的实践还没有充分显示这一点。我们在未来还需要做很多工作把它落实。马老师的研究本身也有这样的含义,即构建一个初步的框架。这种框架已经有一些大的概念,一些地方有中型的构架,但是细节、具体的内容,法理学家们还没有去构建。需要像凌寒这样一些新锐的青年学者,尤其是研究经济法的学者,从算法等角度去展开研究。我个人的看法是,这个问题不管结果怎么样,都是值得去深入研究的。

同时今天我又看见另外一个消息:美国白宫在 Tiktok 上面请了 30

个"大 V",希望他们去宣传与美国政府一致的观点。网络时代会有新的变化,也正因此,我们始终要关注世界,以此为基础来思考问题。所以就像马老师刚才系统论述的,聚焦在细节层面、操作层面以及构建层面,数字法学在未来会有更丰富的内容。下面还有两位优秀的老师,我也期待听听他们更精彩的论述。以上的看法仅供马老师参考,谢谢!

彭桂兵教授(主持人):

谢谢左老师高屋建瓴的与谈!刚才听了左老师的与谈,可以看出他的学术观点与马老师稍有差异,但总体上是同意马老师关于构建数字法学的观点和理论的。接下来,我们再请上海师范大学哲学与法政学院院长蒋传光教授与谈,有请蒋老师。

蒋传光教授:

谢谢陆宇峰处长!感谢讲坛的邀请,这次学术活动给我提供了一次难得的学习机会。数字法学是近年来法学界研究的一个热点问题,也是法学学术研究的一个重要的、全新的知识增长点。马长山教授在数字法学研究领域成果丰硕,对数字法学研究起到了重要的推动作用,也作出了重要的学术贡献。

我个人不像今天参与研讨的其他各位学者那样对数字法学都有一定的研究。我在数字法学领域几乎是一个门外汉,缺乏这方面的知识积累,因而对这个问题没有太大的发言权,也谈不出太多的东西。但是我听了马长山教授的学术报告,确实也感到很有收获、很受启发,享受到了一场丰富的精神盛宴。他的报告主体是数字法学的理论表达与构建。随着数字时代的到来,数字法学的构建是时代的需要、实践的需要。它适应了数字时代的要求,适应了数字经济秩序的要求。作为适应数字时代需要应运而生的一门新兴学科,数字法学其现实的理论和实践基础。

数字法学的构建是数字经济秩序的需要,是数字法治转型的需要,也是目前新文科和新法学建设的需要。马长山教授从五个方面系统论证了数字法学建构的必然性、必要性、可能性、可行性,对数字的定义进行了界定,详细阐释了数字法学的研究对象、概念、原则、规则的构建,论证了数字法学的理论体系以及数字法学体系的架构等,为我们清晰勾勒和描绘了数字法学建构的未来图景。虽然这个报告总体比较短暂,时间不是很长,很多内容也都没有进一步展开,但我觉得在短短的一个多小时里还是获得了海量的信息。最近一两年来,我也在试图学习数字法治或者说数字法学的相关知识,今天的报告让我获益匪浅。

听了马长山教授的精彩讲座,我觉得有这样几个问题需要进行讨论。如果将数字法学作为一门新的学科体系来构建,其是否能够得到大家的认同,这需要进行认真的学理论证。

第一个是这门学科的研究对象问题。数字法学如果要成为一门独立的学科,它的研究对象、研究领域是什么,这要进行认真论证。各学科以及研究对象因其所具有的矛盾特殊性而同其他学科区别开来,成为具有独立性的一门学科。那么,数字法学要和现在的传统法学加以区分,其研究对象的独特性以及和其他学科相应的界限划分是非常重要的。所以数字法学如果要成为独立的学科,我们要明确它的研究对象、范围,概括、总结这门学科的框架体系,明确它在法学学科体系当中的地位以及意义。

第二个是概念和范畴体系的构建问题。每个学科都要构建自己的学科理论和概念。学科理论体系的构建,包括两个方面,一是学术理论体系,二是学科话语体系。一门学科只有具备一系列具有专业性、系统性的概念范畴命题,揭示客观对象的本质和规律,形成学术体系和话语体系的统一体,才能被称为是一门成熟的、健全的学科。数字法学如果要作为一门独立的学科、新兴的学科,不是现代法学的分支,而是一门超越现代法学学科体系的新兴的学科,就要创建一系列概念和范畴。通过这一系列的概念和范畴来构建数字法学的话语体系,表达数字法学的基本原理,这是学科建设非常重要的任务。学科体系、学术体系以及话语体系的构建是一门学科安身立命的根本。听了马长山教授的学术报告中对数字法学学科体系构建论证的介绍和阐释,我相信他在这方面已做得非常好。

　　第三个是数字法学与传统法学和现代法学体系的逻辑关系的论证问题。马长山教授提出了一些具有颠覆性的观点、一些很超前的理论。比如数字法学是对现代法学的突破,而不是现代法学的一个分支或者一部分,现代法学恰恰是数字法学的一部分。这些理论逻辑关系确实是富有挑战性的。

　　第四个是随着数字化社会的到来,在数字化造福人类,为我们带来便利,为社会带来颠覆性变革的同时,我们怎么限制或者防止数字化对社会带来的冲击与挑战,也即我们如何面对数字社会的挑战,法律又要如何应对? 刚才马长山教授提到了数字鸿沟、数字歧视等数字化带来的问题,这就涉及如何避免数字化的弊端。比如我们现在广泛应用的人脸识别技术,新冠疫情期间学生和老师进出校园要反复刷脸。但美国国会通过立法,规定除了特殊目的,严禁人脸识别技术的广泛应用。前不久美国的一位电视节目主持人访谈中国驻美大使,他问的主要问题之一就是人脸识别技术广泛应用的问题。既然全世界都在讨论,我们就要重视如何正当地使用这项技术的问题,对它进行合理的限制,做到公共利益的维护和私权利的保护两者之间的平衡。这些都是将来数字法学要重点探讨的问题。

总的来说，我在数字化问题上主要是个学习者，上面所讲的只是我所认为的学科建设应该关注的问题，讲得不当或错误的地方，请大家批评指正。

马长山教授在长期的法学研究过程当中一直具有开拓性，这是他的一个学术特点，也是他能够很敏锐地发现问题的独到之处。我也希望马长山教授在今后的数字法学领域，比如数字法学学科的建构方面，能够作出开拓性的贡献，成为一个奠基者。任何一个新生事物的产生，从一开始提出到被人们认识和接受，都需要一个过程。我相信随着数字化的发展，数字法学建构的今日之梦能够变为现实。将来数字法学在整个法学学科体系构建当中，不仅有它的一席之地，而且肯定会占有非常重要的地位。希望马长山教授能给我们提供和分享更多这方面的基础理论知识，以及具有引领性的理论支撑成果。

再一次感谢讲坛的邀请，谢谢马长山教授，谢谢主持人！

彭桂兵教授（主持人）：

感谢蒋老师！蒋老师从学科对象，哲学社会科学的学术体系、话语体系、学科体系，数字法治与现代法治的关系，以及如何应对数字社会的挑战等方面谈了自己的学习体会，也提出了一些请教性的问题，我们待会再留时间请马老师回应。接下来请北京科技大学文法学院张凌寒副教授与谈。张老师在《法律科学》等期刊发表了多篇关于算法的论文，一直聚焦于算法的理论创造。现在有请张老师！

张凌寒副教授：

感谢主持人，感谢华东政法大学和马老师的邀请！今天非常荣幸，马老师第一次在公开场合讲这篇文章,让我有机会能够认真地学习。在我看来,马老师的讲座实际上非常有力地回应了对于数字法学一直以来的质疑,很像是 20 世纪末在美国发生的"马法"之争,这里简单讲讲这个故事。

1996 年,芝加哥大学法学院举办了一个关于网络法的论坛,当时网络法的这些开山鼻祖们,包括写作《代码 2.0》的劳伦斯·莱斯格(Lawrence Lessig)等学者都在现场。美国有个著名的法官叫弗兰克·伊斯特布鲁克(Frank Easterbrook),他在论坛上发表了一个观点:研究网络法的人,实际上都是在研究"马法"。

什么叫"马法"? 好比说一个法学专业的人,他将来要做与马匹的养殖和贸易相关的法律业务,于是法学院就开了关于马匹买卖合同、马匹所有权、马匹伤害侵权责任、涉马匹诉讼程序等的专业课。他认为与其学这些,还不如老老实实去学合同法、财产法、侵权法、程序法,这样还能更完整、更全面地去理解制度原理。由此我们可以看到这简直就是一个踢馆式的演讲。

这个演讲当然引起了网络法学者的不满,包括我们非常熟悉的网络法鼻祖,写《代码 2.0》的莱斯格。1996 年的演讲之后,网络法发展的标志性事件是"1998 年千禧版权法案"的诞生。网络法研究了这么多年,是不是"马法"之争已经盖棺定论了? 实际上并不是这样。即使现在有这么多的美国常青藤大学开设人工智能法学专业的课程,或者我们现在有这么多的学者在做这方面的研究,数字法学学科的独立性和成立的必要性也一直都在受到质疑。首先我要向马老师表示感谢,作为从事这方面研究的学者,我非常希望我们能够有一个像马老师这样的开山学者去详细地阐述这个学科不同于其他传统的法学学科的地方究竟在哪里,以及它成立的意义究竟是什么。

马老师总结的三点特别好,第一是数字法学不在文理交叉,而在性质功能;不在内容新旧,而在代际交替;不在新兴问题,而在核心本体。在我看来,数字法学和马老师所说的现代法学最根本的区别就在于,现代法学是基于工业社会的生产方式创立并且发展起来的,而数字法学是基于数字社会的生产模式创立和发展起来的。同学们从上初中的时候就开始学马克思主义政治经济学,学过的一个最基本的原理就是生产力决定生产关系。生产力的发展阶段已经从农业时代到了工业时代,现在又到了数字时代,那么自然而然基于社会生产力的上层建筑最终也会发展到数字法学的层面。即使在工业时代,整个法律制度和社会生产关系也在不停地随着社会生产模式的变化而变化。

以侵权责任制度的发展为例。在大规模工业生产时代,整个侵权责任法也从传统的过错责任原则迅速发展到公平责任、过错推定责任等等。在因果关系的认定方面,随着一些大规模的环境侵权案件和一些毒物侵权案件的出现,因果关系认定模型发生了改变。数字社会生产方式已经迅速发展起来了,我们应该拥抱数字法学的发展而非否认它的存在。对于数字法学和现代法学的关系,马老师也提出了一个重要观点。他认为数字法学既包括对于现代法学的迁移继承,也包括更新重建,同时可能还有一个新兴和颠覆。我是非常赞成这个观点的。

数字法学的出现不代表它要全面取代和颠覆现代法学,反而有大部分的制度是要从传统的法学当中去继承的。我举个简单有趣的例子,比如在汽车刚刚出现的时候,马车还是社会的主流,街道其实并不是为汽车而存在的,而都是为马车设计的。同学们如果去过纽约,会发现在纽约的曼哈顿,街边的台阶有半层楼那么高。这是因为当时的街道都是为马车的行驶设计的,街道上有很多的马粪,一到下雨的时候,整个街道污水横流,如果把门槛设置得和地面一样平,污水就会倒灌到室内。汽车刚出现的时候,有的人认为汽车跑得太慢了,还不如马车跑得快,所以就拿马车去拉汽车在街上跑,这也是一道奇景。然而现在,整个道路系统都是为汽车设计的,如红绿灯、斑马线,而这样一种基础设施的替代过程经过了 200 年的交替。这种新旧的交替和冲突,实际上是要经历一个漫长的过程,而在这个过程中,各种混乱、不适甚至倒退的力量是非常强大的。

我本人是学民法的,在民法领域我也深刻地感受到了各种传统规则在受到数字时代的挑战。比如在合同法领域,前段时间发生过这样一件事情,元气森林在做活动的时候,把一款饮料错误定价,瞬间就被"羊毛党"发现了,用机器下单了几千箱。对于这样一种合同定价错误,我们也可以用传统的合同法规则去解决吗?再比如大数据杀熟,在传统的合同法看来可能也就涉及价格欺诈,可是为什么普通消费者维权那么难?大数据杀熟并没有表现出什么错误的地方,却让广大消费者群体觉得那么不舒服。在侵权领域,数据泄露算损害吗?大家都知道曾经某学生因为自己的学费被电信诈骗而自杀,最后数据泄露方承担了责任。如果普通的老百姓在一个银行或者一个平台存储的数据泄露了,现在这些数据还没有被用来电信诈骗,或者说用来侵害个人信息,作出身份伪造等等侵权行为,那么是否泄露数据的人就不用承担侵权责任了?也就是说,处于悬而未决状态的个人信息被泄露是否算损害?

除了我们上面说的这些民事法律规则,人的生存样态也在数字时代有非常大的改变。马老师刚才提到了,数字时代的主体要有双重属性的主体身份,数字交往的社会关系可能比社会交往还要重要。比如对很多有千万级粉丝的微博"大 V"来说,我们并不关心也不了解他们在现实生活中是个什么样的人,可是如果将其微博账号封号了,那可能他在微博上所有的收入都没有了。再比如,为什么"大 V"在朋友圈、微博上诋毁他人,能让他人"社会性死亡"?"社会性死亡"和我们之前所说的侵害名誉是什么关系呢? 西班牙曾经有一个案子,一个人起诉到法院,说他在一款游戏里被杀了30多次,他认为杀他的玩家对他构成了侵权。在游戏当中这种故意反复杀玩家的游戏账号要承担侵权责任吗? 在物权领域,虚拟财产算是财产吗? 数据权属是个真问题吗? 这些新兴的问题很难完全用传统的法律规则去解释。

最近两三年出台了很多与数据相关的立法,大家都有一种"跑步进入数字时代"的感觉。在网络法研究的学术圈里,大家开玩笑吐槽,一到周末我们的立法、行政、监管机关就开始"留作业"。这实际上侧面反映了整个国家的治理和运行方式在悄悄发生变化。例如,现在全国有3000多个地、省、县、市级的市场监督管理部门,将来如果经济活动大量地转移到网络平台上,那么是不是有中央对于电商和网监的这一级监管就够了,而省、市、县的市场监管部门会相应萎缩? 再如刚才马老师提到的,现在我们都可以有自动驾驶的汽车,人工驾驶还可以超速,将来自动驾驶的汽车连超速的可能都没有,因为所有的规则都已经被设定到了自动驾驶的代码当中。

马老师提出现代法学应该成为数字法学的下辖学科,我虽然不敢做这样大胆的设想,但是也想和从事数字法学研究的年轻学者及在座的同学们聊一聊。

第一,研究数字法学是非常需要勇气的。就我个人经历而言,头几年投稿的时候经常会遭到退稿。当时退稿的理由都是"研究的不是一个法学问题"。现在数字法学已经成为一个法学的研究热点,但无论你何时加入,都需要具备坚持下去的勇气。

第二,研究数字法学还要有不畏人言的勇气。很多人应该听到过数字法学是投机取巧、追热点之类的质疑。我们还是要坚信自己是在做一件正确的事情,而且要敢于提出自己的观点。我的一位好朋友,也是数字法学的一位年轻学者。他认为数字法学是一门非常新的学科,这个领域总要有一些人像马老师一样领着我们去认真地做一点事情,做一点有质量的工作,这也是一种坚持的力量。研究数字法学的学者们会面对很多传统的学科建制的质疑。所谓的"敢为天下先"就一定会有很多的非议和坚持,相信自己做的事情有价值,是十分重要的。

第三,从属数字法学领域的工作也是未来司法实务中的一片蓝海。律师去做数据合规、个人信息保护,从事信息技术风险管理、企业的信息安全体系建设等,都是未来很好的发展方向。不管怎么样,我始终对于数字法学的发展抱有非常良好的期待,我也相信在马老师这样的学者的带领和开拓之下,数字法学一定会有更好的未来,谢谢大家!

四、 问答环节

彭桂兵教授（主持人）:

谢谢张老师! 刚才三位与谈嘉宾已经就马老师提出的数字法学议题谈了自己的想法和学习体会,以及一些想请教的问题。有请马老师对刚才老师们提出的问题进行简短的回应。

马长山教授回答:

非常感谢三位点评专家对我报告内容的指导! 蒋老师甚是谦虚,其实他在这方面很有研究;凌寒老师是青年学者的代表,参与了算法推荐的立法活动。他们提出的问题和见解都很深刻,特别是左老师、蒋老师提出：倘若认为数字法学可以取代现代法学，到底有哪些根本性、系统性的依据？能否获得认同？其具体地位、对象、体系究竟如何？

其实，这次报告的是我近期将要发表的论文，我也预感到会遭遇一些批评，比如论文中没有提出系统性的概念、范畴、体系等。但我写作的主要目的在于对未来趋势的展望，从而提供一种思路、一个框架、一种理论基础。完整的体系、具体的范畴、确定的概念则需要国内外几代人共同的努力才可能逐渐形成，而非我个人力量所能成就。换言之，唯有随着时代的变迁，当法律人普遍意识到这一问题后，才可能共同创造出完整的理论体系，共同将现代法学成功地转化成数字法学。

彭桂兵教授（主持人）：

我个人非常佩服马老师对新理论的研究和创造。马老师早年研究市民社会，如今又着眼于数字社会，体现出法理论大家对学术研究的持续性深耕、挖掘，以及持续性的学术激情。谢谢马老师的精彩演讲和与谈！线上的老师和学生也提了一些问题，有请马老师和其他三位老师回答。

马长山教授回答：

第一，数字法学要解决的核心问题在于：数字权利和数字义务之间的关系，以及数字权力与数字权利之间的关系。换言之，一个是权利和义务，另一个是 power（权力）和 right（权利）。

第二，从目前来看，没有专门介绍数字法学的期刊，但各个期刊尤其是主流期刊分别设有专栏、专题发表此类文章，比如《东方法学》《华东政法大学学报》等。研究内容也很广泛，分别从互联网、智慧司法、区块链等不同领域进行分类研究。此外，还有一系列有关数字法学的学术会议、学术论坛。我期待更多年轻人加入数字法学的研究,该领域的研究前景是非常广阔的。

第三,元宇宙这一问题肯定是数字法学将来要面对的非常重要的问题。元宇宙是在平行世界之上发展出来的一种新兴技术构架,因其沉浸式体验而形成一个"新的世界"。元宇宙的应用场景很多,最开始在游戏里边,以后可能应用于会议形式,就像在实际会场上一样,还有在各种商业场景、办公场景中都会得到广泛适用。由此就会形成新的社会关系,比如人和人之间的财产关系、人身关系、交易关系,甚至还有管理关系。这些关系的处理规则与现实物理世界的规则肯定是不一样的,但又并非完全分离。过去,我们称之为"双重空间",现在称之为"虚实交融体"。在元宇宙语境下,亦会形成以虚拟为主的规则,那么这就是数字法学所要面对的重要问题。

当然,元宇宙作为新兴事物,对于大多数人而言还较为陌生和新奇,我也在学习和研究之中。但不容否认的是,元宇宙必定会对人的思想观念产生深刻影响,比如在元宇宙中可以"编辑世界",这就对很多法律理论产生了巨大冲击,改变了现代法学中主体和客体、主观和客观、国家和社会这样的二元构架。可见,这不仅仅是一个重要的法律问题,还是重要的哲学问题、政治问题和社会问题。

彭桂兵教授(主持人):

要和线上的老师和学生说抱歉了,由于时间关系,我们只能选三个问题请专家回答。接下来,有请科研处处长宇峰教授就本次讲座的主题发表看法并做闭幕致辞。

五、 闭幕致辞

陆宇峰教授:

谢谢桂兵,谢谢各位专家! 由于华东政华大学松江校区突然封校,科研处为了缓解同学们的紧张心情,举办特别活动,以此帮助同学们静下心来,了解最前沿的知识,开阔视野,愉悦身心。

回忆我的大学时代,有一年"非典"疫情肆虐,全国学校也封校管理。那时王人博教授在中国政法大学举办草地读书会,同学们在读书会的陪伴下度过了最难熬的时光,留下了弥足珍贵的回忆。想到这一点,我找到了马长山教授,因为他既是法学名家,也和王人博教授一样,是同学们的学术偶像。虽然准备时间仓促,但我们依然注重讲座的规格和质量。为了形成重要法学专家之间的互相对话,我们还托马长山教授特别邀请了四川大学法学院院长左卫民教授、上海师范大学哲学与法政学院院长蒋传光教授,以及人称"算法女王"的北京科技大学文法学院张凌寒副教授与谈。今天上午,我跟王人博教授说起本次活动,王老师感慨道,在那段艰难的时光与同学们一块儿围坐在草地上举办读书会,是他一生中难以忘怀的"高光时刻"。另一位朋友马上说,这才是"大学应有的样子"。再次感谢马老师、左老师、蒋老师、张老师在这个特殊的时刻,为我们带来这场有关数字法学的精彩讲座!

对于数字法学,我也做了一点相关研究,就此谈一些个人体会。马老师开篇提到,社会发展到怎样的阶段,就会有怎样的法学,这是颠扑不破的真理。他立足马克思主义法学的立场,从经济基础的改变,即从农耕经济、工商经济到数字经济的改变出发,思考上层建筑的变化。

　　我从另一个视角讨论这个问题:首先,进入信息社会之后,社会组织模式并没有改变。从古代到现代,简而言之就是三种主导的社会组织模式,或者社会分化模式。第一是分割分化,人类社会被分成块状的、同质性的氏族、部落;第二是分层分化,人类社会被分成不同的阶层;第三是功能分化,也是当今社会的组织模式,即分化出政治、经济、法律、科学等不同的功能系统,各自承担一项社会功能,解决一个社会问题。信息技术为分化开来的各功能系统赋能,使政治的控制更加有力,经济的运转更加快速,法律的覆盖更加全面,科学的创新更加深入。各社会领域的专业化程度持续提升,功能系统之间的分化以及相互之间的冲突进一步加剧,整个社会变得更加复杂。从这个意义上来讲,现代社会还是现代社会,但在数字技术条件下,它进入了高度复杂的发展阶段。

　　其次,我同意马老师的观点,社会结构确实因社会基础环境的变化而发生了改变。如果说社会最重要的环境一直是我们这些有血有肉的人(碳基生命),未来社会则可能面对更多像我们一样能够思考的非人类智能(硅基生命)。社会环境的变化使得社会基础设施发生改变,从原先的钢筋水泥的物理性基础设施转变为数字化基础设施。我们生活在被数字技术编织的全新架构之下,这种社会结构与线下的实体社会结构完全不一样。我们需要认识到,互联网是一个全新社会,产生了一个全新的社会系统。哪怕是相同的主体,在线上和线下也会有所不同,因为其行为模式发生了变化。甚至同一主体处于不同的网络空间,也会有不同的行为模式。比如,有些人在微博上因为网络的匿名性而表现为"键盘侠"形象,在相互熟知的朋友圈营造出"乖乖女/仔"形象,在抖音中又是网红形象。究其原因,是社会结构不同。在不同结构的社会空间中,不同的评价标准迫使个人采用不同的行为模式;在不同结构的社会空间中,人们的行为后果、人们之间的相互关系也会不同。正如我们都知道,微信好友的关联程度较高,微博好友之间则是较为松散的连接关系。

左卫民老师和我都是四川人。四川人吵架时爱说:"我要让你从社会上消失!"现实中,并没有人具备这样的能力。但在网络空间中,平台企业真的可以通过禁言、封号等方式,让人在网络空间中销声匿迹。之前百度"竞价排名"之所以导致严重的问题,原因也在于,在信息泛滥的网络社会之中,只有少数信息能够很快被人看到,只有排在前面的信息才可能被人关注,而排在后面的信息就实际效果而言,相当于在社会上消失了。这仅仅局限于互联网范畴,还未涉及大数据、云计算、人工智能,但我们都已经感受到了巨大变化。社会环境和社会结构改变了,社会关系、行为主体、行为模式、行为后果也相应发生了很大变化。

面对这些变化,一开始我们显得非常捉襟见肘。之前有一个关于网络诽谤的讨论:什么是网络诽谤?《刑法》中的诽谤罪是指故意捏造并散布虚构的事实,足以贬损他人人格,实施破坏他人名誉,情节严重的行为。那么,在网络空间中,捏造事实的行为该如何认定?情节严重的标准又为何?2013年最高人民法院出台了相应的司法解释,倘若同一诽谤信息实际被点击、浏览次数达到五千次以上,或者被转发次数达到五百次以上的,可以认定为情节严重。

试想一下,在线下世界中,行为人所捏造的信息被五千人知晓,或者被五百人口耳相传,可能导致被诽谤者所在小区或者所在学校都了解这一信息,对个人的负面影响而言,其严重性是很直观的。但在网络世界如微博中,除了个别明星名人,普通个人之间的人际关系是较为松散的,加之微博热点切换频繁,甚至五百个转发者都不知道当事人具体是谁。这种负面影响与线下负面影响的程度是否可以相提并论,仍有讨论的余地。另外,线下社会结构决定诽谤信息散布以后便脱离了行为人的控制,行为人无法掌控信息的传播面,无法控制事态的发展。但在网络空间则不同,网络结构允许传播者、转发者通过删帖等方式控制传播面。

利用网络技术还能规避法律。只要造谣者控制转发量或者点击量,即在数据即将到达五百、五千时删除帖子,便可逃避法律的处罚。这样一来,网络诽谤处罚与否成了一场执法者与造谣者之间的猫鼠游戏。又比如,如何认定"实际被点击"? 点击了就是点击了,没有什么实际不实际之分。不小心点击也是点击,刻意点击依然是点击。还有"浏览",网络空间的浏览概念与现实生活中的浏览概念完全不同。比如吃饭时,我在饭盒下垫一张报纸避免弄脏桌面,此时我并没有浏览报纸,我看的只有我的饭盒。但是,我空闲之余随手打开一个网页,实际上我可能并没有看,此时"浏览"与"不浏览"之间的界限就较为模糊了。

换言之,线上、线下世界中,看似相同的行为,可能导致不同的法律后果。传统法学对此缺乏相应思考,因此对特定网络行为加以定性时,就会出现各种不适。信息技术造就了新的社会空间,而农耕文明、工商经济都只在物理空间发生。如今我们所面对的是不同于以往的由信息技术造就的数字空间(过去称之为虚拟空间)。这是现代法学所要直面的问题。

我认为,未来可能面临着法学范式的转型问题。第一方面是本体论问题,第二方面是认识论问题,而认识论以本体论为前提。这让我想起库恩(Thomas Kuhn)的范式理论,范式的变革不可能是知识的直线积累,而是一种创新和飞跃、一种科学体系的革命。在当今社会背景之下,观察法律现象的方法、研究法学的方法都可能发生变化,法学的本体也会随之变化。这就意味着法学范式的转型,但此种转型不是一蹴而就的,需要时间的积累。

理论之间没有绝对的对错,只有随着社会发展而无法容纳新状况的问题。起初,一个理论解释了众多新现象并得到普遍认可,当遇到无法解释的现象时,它会试图通过扩大解释,将新现象包容进旧理论。但随着例外的增多,现有理论无法包容所有的新现象,就逼迫着人们发生思维方式的改变。这不意味着过去的理论是错误的,就像牛顿的物理定理并不随着爱因斯坦相对论的提出而被否定。与爱因斯坦不同,维纳提出了强调不确定性的学说,并因此成为控制论的奠基者和现代计算机先驱,但这也不妨碍今天的物理学家们仍然追随爱因斯坦的理论。数字法学与现代法学的关系也是如此,这就是范式转型的体现。

再次感谢四位老师,也请封闭在校的老师、同学保重自己,我们定能渡过难关!

彭桂兵教授(主持人):

谢谢宇峰处长饱含深情的闭幕致辞,非常感谢马老师、左老师、蒋老师以及张老师在特殊时刻支持"东方明珠大讲坛"的举办,也感谢线上所有师生的参与。本次讲座到此结束!

华东政法大学第35期"东方明珠大讲坛"

健康权在人权体系中的地位

★ **主讲人：王晨光**

清华大学法学院教授、卫生法研究中心主任

★ **与谈人：解志勇**

中国政法大学钱端升讲座教授、卫生法研究中心主任

★ **与谈人：满洪杰**

华东政法大学教授、公共卫生治理研究中心主任

★ **致辞人：陆宇峰**

华东政法大学教授、科研处处长

★ **主持人：彭桂兵**

华东政法大学教授、科研处副处长

讲座时间：
2022年3月17日（周四） 18：30-21：00

讲座地址：
B站直播ID：24514225
直播链接：http://live.bilibili.com/24514225

华东政法大学"东方明珠大讲坛"致谢"问渠源"基金支持

第 35 讲　健康权在人权体系中的地位

时　间：2022 年 3 月 17 日
地　点：线上
主持人：彭桂兵(华东政法大学科研处副处长、教授)
主讲人：王晨光(清华大学法学院教授、卫生法研究中心主任、万科公共卫生健康学院特聘教授)
与谈人：解志勇(中国政法大学钱端升讲座教授、卫生法研究中心主任)、满洪杰(华东政法大学教授、公共卫生治理研究中心主任)
致辞人：陆宇峰(华东政法大学科研处处长、教授)

一、　开场致辞

彭桂兵教授（主持人）：

尊敬的王晨光教授、解志勇教授、满洪杰教授,各位老师、同学,晚上好!

我是华东政法大学科研处的彭桂兵,这期活动我们有幸邀请到清华大学法学院教授、卫生法研究中心主任、万科公共卫生健康学院特聘教授王晨光担任主讲嘉宾。王老师主讲的题目是"健康权在人权体系中的地位"。

王晨光教授曾任清华大学法学院院长,现任国家卫健委突发事件

卫生应急专家咨询委员会专家、国家药品监管总局法律顾问、国家新冠
病毒肺炎专家组成员、联防联控机制疫苗专班专家组成员、卫健委应急
办专班组成员、中国法学会法理学研究会副会长、中国卫生法学会常务
副会长；参与《基本医疗卫生和健康促进法》和《疫苗管理法》的制定以
及《药品管理法》等法律法规修订工作；著有《健康法治的基石：健康权
的源流、理论与制度》、《国家治理体系中的传染病防控法治——现状、
问题与完善》（主编之一）、《全民防控新冠肺炎法律导读》（主编之一）、
《中华人民共和国基本医疗卫生与健康促进法专家解读》（撰稿人）等。

　　今天我们的特别活动也有幸邀请到中国政法大学钱端升讲座教
授、卫生法研究中心主任解志勇以及华东政法大学教授、公共卫生治理
研究中心主任满洪杰担任与谈嘉宾，华东政法大学科研处处长陆宇峰
教授担任致辞人。我们先有请王晨光教授主讲！

二、 主讲环节

王晨光教授：

　　各位老师、同学，大家好！我们在网上相聚，共同探讨"健康权在人
权体系中的地位"这一议题。我的发言只是一个初步的思考，并不一定
很全面，有一些不太准确的地方希望能够通过此次讨论，交流各自的看
法和认识。

　　我将从如下几个方面来展开，首先先做引导讨论，而后再就健康权
的由来、健康权在人权中的特殊地位等几个话题进行讨论。下面我就
开始先做简要的报告。

　　疫情防控政策给我们带来了非常多的思考。在疫情刚开始的时候,包括我在内,都觉得我们做法律研究的要闭门造车了。因为在疫情防控中,我们既不懂传染病学,又不懂医学,也不懂药学,可能我们有劲使不上,只能回到法学的圈子里潜心研究。

　　可事实恰恰相反,疫情防控使我们碰到一系列的法律问题,我也有幸参与到国家卫健委疫情防控的相关工作当中。正在面临的新冠疫情告诉我们,有很多新的法律问题亟待解决。换句话说,自然界在提醒我们,人类处在一个风险社会之中。我们原来讨论的风险社会主要包括传统风险,比如社会动乱、地震自然灾害等,但现在非传统性风险越来越多。传染病,尤其是不明原因传染病,具有不可预测性和突发性,就是一种典型的非传统风险。我们虽然意识到这是一种在历史上不断重复的风险,但是往往忽略了这种非传统风险也会引致一系列的生物安全问题,甚至威胁人类社会的生存。

　　在 2003 年的“非典”之后,人类社会不断地面对诸多重大传染病或者突发公共卫生事件,世界卫生组织也因此开始高度关注突发的公共卫生事件。2005 年《国际卫生条例》修订以后,增加了一个“国际关注的突发公共卫生事件”的概念,这种事件特指国际范围内的大面积突发性公共卫生事件。在 2005 年修订该条例之后,我们已经经历了 5 次世界卫生组织宣布的“国际关注的突发公共卫生事件”。

　　2020 年年初,世界卫生组织宣布“新冠肺炎”也是“国际关注的突发公共卫生事件”,而且该“新冠肺炎”的影响范围拓展到了全球。这样的“大流行”出现之后,给我们带来了非常严峻的考验,迫使各国仓促应对。我们不仅仅需要从医学出发讨论我们如何控制住传染病,更需要从整个社会角度出发,直面很多人类社会深层次的理论问题。例如,什么是风险社会? 什么是传统风险? 什么是非传统风险? 面对全球大流行,各国的治理体系能否有效应对? 全球的治理体系应如何建构? 突发公共卫生事件不仅仅是一个如何应对疾病的科学问题,也不仅仅是病毒给人类社会造成哪些健康危害的问题,更是整个人类社会的治理体系包括法律体系需要如何对此作出回应和如何运行的问题。同时全球大流行也使我们深刻认识到全人类确实是一个休戚与共的命运共同体。西方对新冠疫情有一个概括性的表述:No one is safe until everyone is safe。这也就是说,没有一个人是安全的,直到所有人都安全。这与"人类命运共同体"的概念是相通的。

我们可以看到各个国家对持续两年多的"全球性疫情"采取了不同的防控措施。从 2020 年疫情开始,我们国家一直把民众的生命和健康置于首要考虑的战略地位。但是其他一些国家则有所不同:有些国家把政治上的权利例如选举权放在首位,特朗普竞选总统时便说这就是一个"大号流感",不需要严厉的防控措施;有些国家将社会经济的发展摆在首位,认为采取严格的防控措施,经济就要停摆,失业率就会攀升,因此防疫要让位于市场运行和经济利益。

我们国家把人民的生命和健康放在首要考虑的战略地位,同时也综合统筹疫情防控与经济社会发展,疫情防控具体策略不断调整和优化。随着毒株的变异,病毒的感染性增强了,但是其致重症率、致死率降低了。通过接种疫苗能够形成一定的免疫力,与此同时也有人通过感染形成了抗体,基于此,人群中就形成了一定程度的免疫屏障。

疫情防控的实践使我们考虑到一个深层次的理论问题,那就是人权的理论与实践。保障人权早就写进了宪法。人权是一面旗帜,其分量甚至高于很多其他社会和经济考量。但这次疫情防控使人们看到,对人权的研究不应仅仅局限在抽象的概念层面,而应当深入它的具体内容之中。人权是一个大概念,包含了各种不同的具体权利,包括健康权、生命权、财产权、言论权、自由权、迁徙权、工作权、受教育权等等。原来我们并没有很详尽地分析这些权利之间的关系，但这次疫情防控使我们对人权的理解、对人权的分析、对人权在实践中的运用有了更深入的理解和认识。

健康权由何而来？"二战"前各个国家对健康权的认知都是有局限的，只在少数国家的宪法中有过相关的规定，如智利、苏联等国的宪法。"二战"中种族灭绝、活体试验等践踏人权的行为使我们认识到生命权、健康权的重要性。"二战"后，从纽伦堡审判开始，自然法学派开始复兴，在纽伦堡审判、东京审判中，大家开始重新倡导自然法中的"人生而平等""人生而具有一些最基本权利"等观点，对种族灭绝等违反人权的行为进行审判。人权理论的兴起与自然法的复兴紧密相连。

在联合国成立过程中，世界卫生组织一并成立，并制定了《世界卫生组织法》，最先提出了健康权的概念；《世界人权宣言》中也提到了健康权的概念，健康权成为人权的重要组成部分。在联合国成立之前，也有世界性、区域性的卫生组织，而在联合国的筹备过程中，世卫组织作为联合国的一个重要机构的想法被提出来。在《世界人权宣言》《世界卫生组织法》等国际规范的示范和指引下，越来越多的国家意识到健康权是一个真实的权利，是一个应该引起高度重视的权利，各国的宪法纷纷将健康权纳入其中。根据统计，世界上有 83 个国家批准了有关健康的区域性公约，在宪法中直接或者间接规定健康权的国家已经达到了 109 个。

我们可以认为，健康权是在国际组织的推动下逐步扩展到了各个国家。"二战"之前有个别国家关注到了健康权。健康权和生命权是人最基本的权利之一。尽管美国并没有真正将其写入宪法和权利法案当中，但是并不意味着美国就不存在健康权和生命权。1944 年罗斯福总统在著名的炉边谈话中针对美国社会的问题进行了探索、酝酿,希望能产生包括健康权在内的"第二权利法案"。也就是说,美国宪法的前十条宪法修正案并没有涵盖所有应当涵盖的权利。罗斯福总统在新政实施过程当中意识到这个问题,于是在"第二权利法案"中提出"四大自由",其中包括充分的医疗条件、有机会获得并享有健康的权利。可惜的是,罗斯福在将其付诸实施前就去世了。法国在"二战"之后制定的新《人权宣言》中也提出了保障人健康的权利,但是由于法国的政府更迭频繁,该《人权宣言》最终没有生效。

世卫组织把健康权作为一项基本人权写入《世界卫生组织组织法》,并在推动将其纳入《世界人权宣言》。其中,中国人张彭春对《世界人权宣言》的起草作出了贡献,他是起草《世界人权宣言》三人小组的成员之一。当时的中国基本没有充足的食物、衣物、住房、医疗等必要的物质基础和社会服务,在这种情况下,张彭春作为一位知识分子提出健康权这项需要着力保障的权利,在东西方就健康权的争执中起到非常好的调和作用。虽然罗斯福在任期间没有实现其提出的"四大自由",也没有把健康权、获得医疗服务的权利等一系列新的权利纳入"第二权利法案",但是他的夫人作为三人小组的组长,在联合国将以上权利纳入了《世界人权宣言》草案。

健康不仅涉及每一个个体,而且涉及每一个家庭,甚至整个民族。如果整个民族的体质都很弱,这个民族就无法真正自立于世界民族之林。健康问题涉及全球,西方倡导"one world"——一个世界,"one species"——一个人类,"one health"——同一健康,实际上和人类卫生健康共同体有相通之处。"No one is safe until everyone is safe",大家的命运都是联系在一起的。从这个意义上讲,健康对于最微观的个体以至最宏观的人类社会整体而言,都是一个重大的问题。

我国现在对于健康问题越来越重视。我们曾经是走过弯路的,我们在推进市场化进程中,曾把医疗卫生领域纯粹当作一个市场领域,其实这是一个重大的失误。没有任何一个国家会把医疗卫生事业完全交给市场。我们的宪法虽然没有明确"健康权"这三个字,但是有一系列条文实际上都体现了要保障公民的健康权。2019 年 12 月 28 日通过的《基本医疗卫生与健康促进法》第四条提出,"国家和社会尊重保护公民的健康权"。

人权概念包含健康权。理论上曾有二元划分,即人权是二元化的人权。西方传统的人权理论根据不同标准对人权进行划分,例如根据人权内容是否变化的标准,把人权划分为永久性人权、条件性人权,永久性人权即这种权利永远存在,条件性人权则是指其受制于某种特殊的条件。也有将人权划分为民主性人权、庇护性人权,民主性人权指在纯粹的个人自由主义基础上产生的民主性安全,东方国家基于社群基础上产生了庇护性人权。还有以是否需要政府干预为标准,把人权划分为消极人权、积极人权,消极人权指不需要政府和社会作为就可以建立和保障的人权,积极人权指需要第三方积极帮助才能实现的人权。消极人权自始至终存在,它和永久性人权有共通之处。消极人权是"真人权",积极人权是"伪人权"。

这种简单的二元划分由于太过机械,在西方越来越不受欢迎,并且这个划分也不够准确,其实在消极人权中,也包含政府的积极作为。例如,涉及个人隐私保障,如果政府没有提供一系列的法律法规和保障措施,建立治安警察等机制,就无法保障公民的人格权;再如选举权,在美国,如果没有政府的一系列制度安排,没有各种社会资源的投入,个人就无法真正享有选举权。西方很多学者认识到二元划分方式过于简单,消极人权的实现也离不开政府、社会以及其他人提供的资源和服务。因此消极人权和积极人权的绝对对立是站不住的。否定积极人权真实性和重要性的观点,在国际人权学界虽然已经式微,但是它长期形成的影响,特别是在宣传西方的价值观和意识形态领域之中,还有相当深厚的根基。在这次疫情防控当中,可以看出,西方不少人认为自由权更重要,西方国家存在各种各样的对防控措施的抗议、游行和反疫苗运动。把人权当中的其他个人权利与健康权、生命权进行对立的做法实际上是西方绝对二元对立的人权观的影响和体现。此次疫情防控使世人对健康权的理解有了进一步的深化,认识到健康权特殊的重要性。

此外,疫情防控中健康权的实践让我们认识到理论推陈出新、深化拓展的必要性。尽管有一些国家自誉人权传统非常深厚,甚至是"人权的灯塔",具有健全的人权保障体系,在这次疫情的考验当中却频繁败退。尽管我们国家经历了磨难,但是整体上,我们从全面的严防死守到动态清零,再到现在的精准施策、分类对待,从逐步复工复产到经济社会生活逐步全面复苏,这样一系列的措施带来了显著的成果。绝大多数人都认为我们国家的抗疫是成功的。我们为什么能够取得比较好的成绩?这是因为我们把《基本医疗卫生与健康促进法》里规定的"以人民为中心,为人民健康服务和尊重保护公民的健康权"这个核心理念放在优先发展的战略地位。很多人认为这是一个空泛的概念,难以落实。但这次疫情防控让我们看到,法律并非一纸条文,不是空泛的概念。我们在疫情防控中真正秉承了我国法律的基本方针:一切为了人,以人为中心。尤其在疫情防控中,面对一场突如其来的全球大流行,我国真正把生命健康放在了第一位。

法律上的规定如何落实?最重要的就是各级政府、各地基层、各个社会组织乃至我们每一位公民都要履行法律规定的基本方针,落实每一位公民的健康权保障。我觉得很多国家疫情防控中的表现和后果都值得认真分析，从而考察这些国家是否真的把健康权作为人权中最基本的权利。

健康权理论上的拓展意义何在？人权概念是个集合概念，其中包含了很多具体的人权，保障什么样的具体人权，在什么样的条件下优先保障什么样的权利，这是我们在这次疫情防控中要深刻思考的人权理论问题。习近平总书记说健康是 1，其他是后面的 0。这很形象，有了 1，后面可以加上十倍、百倍、千倍甚至百万倍；但如果开头的是 0，其他的成果都会落空。我们可以看到，健康权和生命权处于权利体系的首位，至少在人类面临重大公共卫生危机的时候是这样。如果它处于首位，财产权就会降至较次要的地位上。在这样一个意义上，我们能不能说"健康权优位"？这是值得我们认真考虑的。在法律正义的天平上，一系列权利并不是都只在一边，而是在某些情况下相互对抗或矛盾的。那我们又应如何衡量人权当中的各种权利？这需要再开拓一下思路，深入分析各国政府的做法。例如，美国宪法理论认为，政府在公共卫生领域一直存在治安权或警察权，治安权英文名为 police power。长期以来美国被认为是一个自由社会，一成立就有个人自由，这个观点仅在一定程度上是正确的。美国的创立者乘坐"五月花号"到达北美，建立了最早的殖民地。他们有一个契约，契约赋予政府行使治安权——只要人类社会存在、人类聚集，就要把这个权利赋予一个特别的机构来行使。所以从建立北美十三州殖民地开始，治安权就一直是政府权力的内在部分，无需单独证明。北美十三州公共卫生领域的治安权如何行使？美国著名的公共卫生法学者劳伦斯·高斯汀（Lawrence Gostin）的《公共卫生法：权力·责任·限制》一书中提到，尽管大家都认为美国最初的十三州是一个非常自由的社会，但是经过历史考察，事实并非如此。他提出，当时是一个 well-regulated society，即被良好规制的社会。

美国学者在大量事实基础上研究那个阶段的公共卫生领域的法律状况,当时的屠宰场、制革厂、造纸厂、印染厂建造在何处,垃圾应该丢弃在何处,都被广泛关注。

接种疫苗在美国社会引起了广泛的争议,而且甚至有把拜登政府提出的疫苗强制接种令诉至法院乃至联邦最高法院的情况发生。美国联邦最高法院长期以来对于疫苗强制接种持何种态度呢?最早的1905年雅各布森案件就支持强制接种,认为这是公民相互之间以及社会整体都负有的义务。雅各布森案中的一个基础理论就是社群导向理论,该理论认为我们都在一起,相互依存,因此大家都对社会负有责任和义务。在100多年前,美国雅各布森案的判决清楚写明,公民有义务接种疫苗,政府可以强制进行。

2022年1月13日,美国联邦最高法院作出的判决推翻了其100多年前的判例。100多年前的这些判决支持政府为公共卫生目的采用治安权,而此次判决认为不能强制接种,这是美国宪法史上在疫苗接种问题上的一个重要判决。但该判决没有全部推翻雅各布森案的结论。法院面对的是两个诉讼:一个是起诉拜登政府要求联邦政府雇员强制接种的决定,美国联邦最高法院支持了拜登政府的决定;另外一个则是起诉要求有100人以上员工的企业必须强制接种的决定,美国联邦最高法院以政府不能干预财产特别是私人企业的行为作为理由否定政府的决定。为什么美国联邦最高法院在一定程度上改变了美国政府长期形成的在公共卫生领域的政府治安权呢?大家可以再从另一个角度观察,就是美国联邦最高法院法官构成的变化,其时,联邦最高法院中共和党色彩的法官已经占据多数。

在此问题上欧盟的做法是什么呢?欧盟制定了《欧洲人权公约》,规定在紧急情况下,缔约国可以采取某些措施减损其在本公约下的义务，但是不能违反其在国际法下的其他义务；而且若作出减损，则需要向欧盟委员会报告。《欧洲人权公约》同样也规定了严格的法律审查程序。

各国都在进行疫苗接种。疫情防控不仅仅依靠医学、药学、传染病学，更是一场人民战争，需要全社会动员。其他国家也都制定了强制接种等紧急措施，以及减损其他公民权利的决定。欧盟各国在作出决定时，需要向欧盟理事会报告。欧盟秘书长曾于2020年3月24日回复匈牙利首相时说，"采取某些防控措施，可能会减损公民权利"。欧洲理事会的回复其实意味着必须要采取和本组织的基本价值相一致的强制性措施，这里的基本价值是民主、法治和人权。概言之，就是不鼓励采取会影响其价值观的强制措施。

尽管西方很早就开始研究人权理论，也有相对完善的理论，但是很少有学者认真分析人权内在的一些权利之间的关系，包括它们在不同时期所发挥的不同作用。欧盟的态度是可以采取防控措施，但是不能违反民主、法治、人权等价值。问题恰恰在于人权概念中的某些权利可能会产生矛盾和冲突，此时的保障人权是指保障哪些具体人权。

我们把生命健康权放在首位的做法是值得提倡的，那能否在这个基础上，进一步拓展人权理论，包括生命健康权在特定时期的首要性？"财产权优位"能否让位于"生命健康权优位"？这是我提出的一些假设，需要进一步论证。

未解决和需要继续讨论的问题有：统筹协调疫情防控和经济社会发展、健康权与经济社会权利之间的关系为何？自2020年度过疫情最危急的阶段之后，我国开始提倡统筹协调疫情防控和社会经济发展。虽然健康权和生命权优位，但是也要统筹协调。人权中的不同权利也需要统筹协调，那么它们之间是什么关系？健康权高于人权中其他权

利的条件和限制是什么？健康权是否永远高于人权中的其他权利？健
康权在何种条件下高于人权中的其他权利？

我国不断推动人权理论研究的深化，在实践当中要落实人权保障。
但是我们不能亦步亦趋、原封不动地照搬西方的概念，而应采纳其有益
的方面，不断深入拓展人权的内容和内在价值取向即可。中国在疫情
防控方面作出了非常多的贡献，我们在人权理论上，甚至整个法治理论
上也要有自己的见解和拓展。健康权理论的拓展对实践产生了巨大影
响，指引我国抗疫取得决定性成果，也使得我们对人权的理论有更加深
入的探讨。

立足中国，特别是在中国抗疫实践的基础上，进一步延展我们的眼
光，审视现有的人权理论并推动其创新，审视全球的疫情防控措施并思
考在新的世界格局下如何推动人权理论的发展，是我们人权理论的研
究者可以为之努力的方向。我先讲到这里，谢谢大家！

三、　与谈环节

彭桂兵教授（主持人）：

感谢王老师一个小时的精彩演讲。首先，王老师从我们正处于风
险社会的背景引入，在此背景下很多人放弃个人财产权、行动权、娱乐
权来捍卫自己的健康权。其次，王老师从国际法、宪法，尤其是宪法的
角度带领我们回顾健康权的历史背景。在此基础上，王老师提出了一
个最基本的观点，即健康权是基本人权之一。王老师从几个方面讲述
了人权概念，提出健康权优位的观点。再次，王老师进一步谈到在我国

目前抗疫实践中人民健康优先发展的战略地位。最后,王老师谈了健康权理论如何拓展。我印象最为深刻的是王老师谈到美国政府在公共卫生领域强制公众进行疫苗接种的问题。另外,王老师提出了一些有待继续研究的问题,比如如何统筹协调健康权与经济社会权利之间的关系。感谢王老师的精彩演讲!

我们接下来请中国政法大学钱端升讲座教授、卫生法研究中心主任解志勇老师与谈。解老师是《比较法研究》杂志的主编、中国政法大学比较法学研究院院长,主攻方向之一就是卫生法研究。有请解老师!

解志勇教授:

好的,谢谢! 我非常荣幸能够被邀请参加"东方明珠大讲坛"。刚才王老师深刻解读了人权理论,以及抗疫实践中健康权和基本人权体系的关系。我从中也受益匪浅,借着这个机会,尤其今天这个主题与我们现在的抗疫行动有着深度联系,我和老师们、同学们简单分享一些个人感受,一是听了王老师的精彩演讲的感想,二是对人权、健康权等重要话题的浅显思考。

最近几天,在联合国人权理事会上,中国发布了一份关于美国对儿童权利的侵犯的重要报告。因为之前美国为了实现自己的目的,把人权作为一个被政治化的武器,妖魔化其他国家。实际上美国人权问题是很严重的。

在这里我想提醒同学们,人权理论不仅是人类法治文明的重要发展成果之一,也是人类文明进化当中的重要成果之一。但很不幸的是,人权被少数怀有不轨目的的国家、政治集团利用,它们把人权当作政治武器去打压别的国家。我们可以看到它们利用西方世界的话语权遮蔽许多东西,这也导致我们很难理解人权理论和人权实践,尤其是对人权不是特别了解的同学，会疑惑为什么西方那样讲，中国这么讲，难道人权是一个主观性的话题吗？

很多人都会提出这样的问题，除了人权理论本身存在的一些争议之外，其实问题归根到底就在于，有的国家在实践中曲解概念，或者理论和实践呈现得完全不一样，有的国家拿着放大镜看别国的人权，这样就容易让人对理论产生疑惑。

人权理论是否有客观性？是否有所谓的共同人权价值观？这个问题在世界范围内是存在很大争议的。1991年，中国第一次对全世界发布了《中国人权状况白皮书》，这个白皮书实际定义了在中国人眼里人权或者基本人权的内涵。我们在白皮书里面就明确提到人权的定义，也就是说最基本的人权是生存权与发展权。

其实中国一直在实践这样的人权内涵，就是我们首先要让人民有生存的机会。生存是最本质的东西，只有在生存的基础上才会有发展的可能，也就是说这两个权利是密切结合的。健康权实际上依附于生存权。如果没有生存权，财产权等权利也就无从谈起。这其实也是在表达这样的一层意思，即生存权会衍生出一些发展权，我们可以说健康权是发展权的一部分，也可以说健康权是生存权的内容之一，是发展权的基础。健康权属于基本人权的领域这一观点，我大致上是认同的。

首先，健康权以生命权为前提，生命权又需要以生存权为基础，这样的逻辑应该是成立的。我们在谈论健康权之前需要有一个大背景，每一个人要有生存的机会，然后才谈得上健康。如果连生存的机会都没有，连生命都没有了，健康这个词也就不存在了，"皮之不存，毛将焉附"？

战乱国家的人民的生存权堪忧，有人会去关心他们的健康状况，一些国家会提供人道援助：中国向乌克兰提供了几十吨人道援助物资，有些西方国家则提供 2 亿美元的武器。其实从人权这个角度去考虑的话，是能分出来优劣的。中国更关注的是另一个国家人民的生存权和健康权。中国对基本人权的理解和实践，在国内和国外是一致的，均体现了中国的人权观。

其次，对于健康权的第二层含义，我的解读是具有公共属性。这一属性在此次疫情中体现得很明显，健康权不同于其他人权，例如我们通常说的生命权、财产权、尊严权等等，它与这些权利不同的一点是其具有公共属性。刚才王晨光老师也特别强调了这一点：它有一定的公共属性。我们以前可能认为健康与医学密切相关，因此它是个体的问题。但是现在可以看到，健康的很大一部分内容指向了公共健康，每一个人的健康必须依赖别人的健康而存在。我们可以看到在当代疫情频发的背景之下，健康权有一个新的特点，那就是人与人之间互相依存。如果把"人类命运共同体"做下一位的解读，健康实际上也是一个命运共同体的问题，所以作为群体的健康权，或者健康权当中指向群体性的一项内容，应该引起我们高度的重视。其实这也正是我们在抗击疫情的过程当中对秩序有如此高的诉求的原因，我们会被要求接种疫苗、戴口罩，在不同的城市、不同的区域之间流动的时候，会有各种各样的隔离要求。在实现健康权的过程当中，个人属性和公共属性之间的冲突，其实是对立统一的。我们每个人的健康基于公共健康之上，公共健康又基于我们每一个人的健康之上，所以说健康权的公共属性决定了抗疫的形式。

最后，在人权体系当中是否可能会出现健康优位的情况，我认为人权体系本身就存在很大的争议。在中国，我们强调最基础的人权就是生存权，具体到每个人就是生命权，我们往往把生命权排在所有权利或者基本人权当中最高的位置，如果哪种权利和生命权发生了冲突，那么就应该居于次要的位置。而目前的卫生法研究则是想要从生命权之中分化出健康权。《中国人权状况白皮书》提到,从生存与发展的角度来看,健康权与生命权现在还没有分离。从卫生法的角度看,想要把健康权从生命权当中分离出来,把健康权凌驾于生命权之上,我想可能还有很长的路要走。在一部分人群当中可能真有这样的认知,健康可能比生命本身还要重要,因为现在对健康的界定是指生命体的健康、精神的健康、良好的社会适应度,从这个角度谈论,它又包括了生命这一项内容。所以我们究竟是把生命权和健康权进行二元化处理还是一元化处理,仍有探讨的空间。如果把生命权和健康权一元化,大家很容易理解;如果进行二元化,把健康权提到很高的位置,就需要做更多的解读。

根据现在中国的实际情况,健康权在基本医疗卫生、基本医疗保健、基本医疗服务提供等方面的体现是使公民能获得基本的公平,比如医药的价格是公民可接受的,不论贫富都能获得治疗疾病所需要的药物,在做手术、住院治疗等方面,公民享有知情同意的权利,此外还有一些伦理上的要求。这些组成了健康权概念中的一些具体事项。这些事项越来越重要,在学理研究中越来越清晰,在法律上也越来越明确,在实践中可操作性越来越强,所以中国的健康权在人权当中的地位正在得到巩固,也受到越来越多的重视。公民与健康相关联的权利的实现程度也越来越高。

2021 年,习近平总书记就宣布中国已经历史性地消除了绝对贫困的问题。我们可以认为这是对中国人民生存状况的高度肯定,所以其实我们的生存权问题已经不存在了,我们已经实现了小康社会并且正在向共同富裕迈进。在迈进的过程当中,健康权会越来越重要,也会成为我们国家现代化建设中一个越来越重要的话题。其实未来产业的发展,以及立法领域法律的制定、政策的选择,都会和人民的健康权息息相关。不过我们也有理由相信,中国人民的人权、健康权都会得到实质性的提升。如有不妥之处,请王老师、满老师、陆处、彭处多多批评,谢谢大家!

彭桂兵教授(主持人):

感谢解老师的精彩与谈!首先,解老师赞同王老师所提出的健康安全是基本人权的观点。其次,解老师提出健康权以生命权为前提、以生存权为基础的观点。对于王老师提出的健康权优位的问题,解老师认为生命权可能还是要放在健康权的前面考虑。最后,解老师对"人类命运共同体"更下位一层进行了解读,认为健康实际上也是一个共同体的问题。可见,解老师非常强调公共健康的重要性,这是解老师的基本观点,等会我们再请王老师进行回应。接下来先请满老师与谈,满老师是华东政法大学公共卫生治理研究中心主任,发表了许多卫生法方向的论文,也担任过多年的法官。有请满老师!

满洪杰教授:

感谢王老师在百忙之中能够莅临"东方明珠大讲坛",我们代表华东政法大学的各位老师和各位同学对此表示诚挚的感谢!

今天晚上我听了王老师和解老师的讲座和与谈,个人收获很大,我对健康权在人权体系中的相关问题有了更加深入的理解,下面分享我粗浅的认知。

第一点,正如王老师所谈到的,健康权在整个中国特色社会主义法治体系中扮演着越来越重要的作用。由于疫情防控,卫生法学科也越来越受到关注,不仅仅法学界如此,各行各业更是如此。大家也逐渐认识到防控工作、疫苗的研发和接种、防疫政策、药物实验等都要在法治的框架中展开。《民法典》《医疗管理法》《医师法》等多部法律的修改，都回应了法治建设在疫情防控中的必要性和重要性。对法治建设的需要在理论上带来一个挑战，卫生法作为一个新兴的学科，与民法、刑法、宪法等传统学科相比，能够以什么样的理论逻辑贯穿其中？这些传统学科都有一个一以贯之的逻辑体系，而卫生法似乎没有任何的内在逻辑关系。经过学术界多年的研究和立法实践，我们逐渐发现贯穿于整个卫生法体系的核心，就是健康权利。

作为基本人权的健康权，在各个领域中的实现方式不同。在医疗服务中，这可能是一项个体的健康权利。在疫情防控、突发性公共卫生事件中，它体现为一项公共的健康权利。在药品、疫苗、器械等物质性的保障中，体现为健康权利所需的物质性保障。各种科学技术，比如远程医疗，给医学带来的机遇和挑战，实际上都是科技与健康权之间的关系问题。所以健康权恰恰给整个卫生法学科提供了一个逻辑主线和逻辑体系，这也说明了对于健康权的研究是非常重要的。

第二点，健康权本身是一个非常复杂的问题。王老师从人权的理论和人权的国际立法角度出发，阐述了健康权的历史和背景。健康权伴随着人权的理论而出现，但是健康权本身是有很大争议的。健康自然是和生命权密切联系在一起的，是一项受到绝对保护的人权。在区分消极人权和积极人权时，传统观点把它归入消极人权中，即我不损害你的健康。举例而言，不能违背一个健康人的自由意志去做人体试验；不能污染环境，从而剥夺一个健康人获得良好的饮用水或者食物的权利。从这个角度而言，生命权是一项消极人权。但是从另一个角度来说，健康更需要社会物质保障，社会资源应能够为每个人所追求的健康状态提供基础性保障。

刚才王老师也提到了，《经济、社会及文化权利国际公约》第十二条要求各国承认人人有权享有能达到的最高的体质和心理健康的标准，但什么是最高的体质和心理健康呢？身体和精神的健康，本身就是由多方面因素构成的，受基因与生长环境影响。那么健康权是不是就意味着我们每个人都可以无灾无病，每个人都可以免除疾病，每个人都可以获得无止境的健康资源呢？显然这不是健康权所表达的含义。健康权到底是 right to be healthy 还是 right to health care 还是 right to health？这本身就是一个非常复杂的问题。如果我们把健康权理解成 right to be healthy，那是不可能实现的，没有一个人可以主张必须要去保障自己健康的这样一项权利。如果我们仅仅把健康权说成 right to health care，仅指获得医疗保障的权利，显然降低了健康权所能实现的目标和保障的范围。我们现在把它理解为 right to health，此种情况应当依社会资源的整体分配情况将健康权放在非常重要的位置，正如刚才王老师所言，当前疫情防控背景下，健康需要放在首要位置，以实现对人权的基本保障。

第三点，健康权与其他人权的关系。人权并不是单一的权利，而是多重的复杂权利。健康权本身也包含了各种各样不同的权利，其中包括个体的健康权利和公众的健康权利，我们每个人都或多或少有不良的饮食习惯，比如说高油高盐的饮食让我们更容易患上高血压或者高血脂这样的疾病，但是我们很难限制个人的生活方式。个体环境下健康权与其他权利的关系和公共环境下健康权与其他权利的关系是完全不一样的。在这个问题上，我特别赞成王老师提到的 "no one is safe until everyone is safe"，每个人都不可能脱离社会生活，当出现健康危机时，每个人都不可能独善其身，都需要与社会发生关系。这种情况下若想对每个人的健康权进行保障，必然要对其他权利作出限制，但这种限制究竟要做到多大程度，这对于法学是一个非常重大的问题，值得我们深入学习和探索。即使是个体的健康权，比如个人的暴饮暴食、放纵似乎只是侵害了自己的健康权，也不能没有任何制约，因为对个体健康的侵害会造成公共医疗资源被浪费。因此我们不是去限制个体，而是督促每个人实现健康生活，这也是《基本医疗卫生与健康促进法》中所倡导的理念之一。

第四点，疫情防控给原有的健康权理论体系和实践都带来了新挑战。健康权体系中的权利与义务主体是各国，从国际公约上讲是各缔约国。各缔约国有为国民提供医疗保障及从经费上提供支持的义务。在全球疫情大流行的背景下，没有一个国家可以脱身，各个国家并非只处理好本国的事情就能实现其保障健康权的义务。"人类卫生健康共同体"的理念扩展和发展了健康权与人权，能够促进我们从更宽泛、更深入的角度理解健康权和我国为全人类健康事业作出的贡献。

彭桂兵教授（主持人）：

谢谢满老师！满老师从四个方面讲解了他对人权与健康权的看法。第一，他认为健康权在整个卫生法体系中处于核心地位；第二，健康权本身具有高度的复杂性；第三，健康权和其他人权的关系问题；第四，当前的疫情防控对健康权体系的挑战问题。接下来有请王老师作出回应。

王晨光教授：

非常感谢两位老师的点评！他们从学术角度提出了很多新问题和见解，值得我们进一步思考，我也从他们的点评和提问中获得了新的启示。

疫情让大家都认识到了卫生法学的重要性，它关系到千家万户，关系到民族、国家,关系到全人类。卫生法学绝不仅仅是要不要戴口罩、要不要保持距离、要不要用公筷这些细微的、鸡毛蒜皮的、形而下的问题,也不仅仅是医患关系、医疗纠纷等现实具体问题,而且是形而上的、重大理论层面的学术问题。我们应当大力推动卫生法学的发展,这是涉及重大民生、涉及全面推进依法治国的伟大工程,应当体系化地搭建完整的法律框架。

健康权和生命权到底是什么关系?生命是每个人生存的基本物质形态,而健康是生命的最佳状态。没有身心健康就无法充分享受个人的权利,得到全面的发展,也无法全面有效地参与社会活动。虽然健康依赖生命而存在,但有了生命并不一定就有健康。生命追求的最高和最完美境界就是健康。从法律角度而言,健康权与生命权既有重合,又有区别。虽然健康权的外延小于生命权,其内涵却比生命权丰富和复杂得多。著名哲学家笛卡尔说:"人不仅需要技术,而且最重要的是需要保持健康,因为它确实是首要福祉,是人生所有福祉的基础。"笛卡尔一生都在和疾病斗争,"我思故我在",有了健康才能保障思维不断绽放生命之花。在现代社会中,健康权已然成为独立于生命权的一种新权益,成为广大人民群众的追求;健康权也推动卫生法学脱颖而出,丰富和健全现代法学,是推动依法治国的"杠杆"。随着现代医学的不断发展,《民法典·人格权编》中规定了生命权,包括生命的尊严。细想一下,当人的生命没有尊严时,我们能否处置生命权?这就带来了"安乐死""姑息疗法"等医疗手段引发的新的伦理和法律问题。解老师讲得非常好,生命权与健康权之间的关系,值得我们认真思考。

满老师以健康权为核心,构筑了一个新的法律领域。在此我不多论述。在健康权的基础上,医患之间的关系就是一个简单的等价有偿合同关系吗?我认为不是,我花费三元挂号,医生只给我看三元的病,我花费三百元挂号,医生就会给我看三百元的病,有这种等价关系吗?
医患之间形成的关系是一种特殊的法律关系,其中包含了大量以生命
健康相托的成分,而不是简单的等量计算的损害赔偿关系。例如医生
看病,开刀一厘米叫治病救人,一厘米多一点或者两厘米就是损害吗?
什么是损害? 在医学这样一个高度不确定、高度技术化的领域,需要留
有一定的空间让不完善的医学继续往前推进。

　　当涉及生命、健康时,原有的那些法律关系开始变化。我们知道,
知识产权是一个硬性的、不得侵犯的权利,但知识产权中有一个强制使
用制度:在涉及生命健康时,药品不支付或少支付专利费用也可生产。
健康权、生命权,在民法、行政法甚至刑法当中都带来了对原有法律概
念的突破。刑法中临床试验数据造假入刑,是因为大家开始认识到临
床试验数据造假具有潜在的社会危害性,而且这种危害性会非常大。
若要整治临床试验数据造假的现象,就需要突破原来的犯罪结果论。
因此,要真正扩展健康权,就需要形成一个自洽完善的健康权的逻辑体
系。以上两位老师所做的点评中都提出了我们应该更进一步观察和思
考的问题,需要进一步深耕,把它开拓成良田沃土。

四、 问答环节

提问一:
　　我国在辨析健康权性质的时候,多用社会权和自由权的概念,这里
有无异曲同工之妙?

提问二：

我国提出的健康入万策和 health in all policy 是不是一致的，可以看作健康权优位的基础吗？

提问三：

可否请王老师谈谈"健康法的概念大致是可以代替现行卫生法"？

提问四：

健康权的问题从 19 世纪开始就随着工业社会爆发的劳工运动展开了，为什么到现在健康权还是权利束，没有确定的概念和范畴呢？

王晨光教授回答：

关于问题一。今天我所讲到的健康权本身是一种很独特的权利，它既包括了自由，也包括了 entitlement，即社会权，所以这两者不能完全分开。社会健康权利包括两部分，当然最主要的是自由权，比如说"我的身体我做主"或不接受临终时的过度抢救等以患者为中心的理念就体现了自由权。同时，健康权依赖国家和社会以及第三方的积极服务和保障，因此也具有社会权的内容和特色。

关于问题二。健康入万策和 health in all policy 是一致的，实际上是一回事。健康入万策，就是英文 health in all policy 的中文翻译。但是请大家注意，我们在《基本医疗与卫生与健康促进法》里面用的是"将健康理念融入国家各项政策"，而没有用"万策"一词。

关于问题三。健康法概念大致可以替代现行卫生法。此前，也有很多卫生法学者为推动我国卫生法事业作出了努力，并取得了一定的实际成效。但不得不说，原来的卫生法没有体系，总是聚焦在医患关系、医患纠纷上，脱离不出侵权责任法、民法等范畴，其他社会问题依旧没有解决。因此，我们以前在讲课的时候，把《红十字组织法》讲一点，把《传染病防治法》讲一点，零打碎敲地，无法构建一个好的卫生法发展方向。新的卫生法，或者说健康法——为了保持一致性，我有时用"卫生健康法"的概念——构建了一个更庞大的以健康权为基础的体系化法律系统，非常值得我们深入探讨和研究。

关于问题四。我认为当前健康权已经很明确了，除了刚刚几位老师都讲到的《世界卫生组织组织法》《世界人权宣言》《经济、社会及文化权利国际公约》，还有很多具体的权利，我们在此没有时间细讲了。大家如果要讲健康权，一定要把所有的文本找来认真分析一下什么叫健康。先确定一些大家基本认同的定义，由此我们才能不断去拓展。时间关系，我就不再详细围绕劳工运动展开了。进入自由资本主义时代后，劳资纠纷尖锐，由马克思和恩格斯开始推动的社会主义运动使劳工的权利不断扩大。在这种冲击下，西方社会开始吸收对劳工的福利保障等诉求。这里存在一个历史演变因素，当代西方社会已经不是纯粹的垄断资本主义、纯粹的自由市场了，因此随着资本主义社会对各种权利保障的不断加强，人们对劳工乃至社会所有人的保障意识，尤其是健康权保障意识不断加强，对健康权在人权体系中的地位和作用的研究也一定会深化并形成新的成果。

彭桂兵教授（主持人）：

谢谢王老师的精彩回答！下面有请华东政法大学科研处处长陆宇峰教授致辞。

五、 闭幕致辞

陆宇峰教授：

谢谢王老师及两位教授精彩的讲座！在此我要向王老师致敬，感谢他为依法抗疫事业作出的巨大贡献！接下来我简单回顾一下今天的讲座，并谈一点我的启发。

第一，健康权的普适性与中国性问题。健康权当然是具有普适性的，王老师刚才也讲了，它是先从国际组织然后扩展到各个国家的，这代表它的普适性一面。但王老师的分享切切实实让我们感受到在不同的国家，健康权在人权中的地位是不同的，它和选举权、财产权、行动自由都有不同的关系，它取决于不同的政治体制、不同的社会文化，更根本的是取决于社会发展的阶段。

第二，王老师向我们传达了健康权不仅关乎个人，而且事关整个治理体系、法律体系、"人类命运共同体"的观点。它是关系到家、关系到国、关系到民族、关系到人类的。我赞同王老师和满老师的观点，在这个基础上可以建立一个评价的标准。虽然说健康权因认知体制、社会文化、社会发展阶段而有不同，但至少在当下这个场景中还是可以评价的。从个人的角度来看，"生命诚可贵"，但既然解老师谈到公共属性问题，那么就涉及以防疫的视角去讨论健康权在人权体系中应该占据什么地位的问题。我觉得解老师提得很好，至少在集体层面上，在公共属性的层面上，健康权是有一个客观标准的。

第三，王老师还提到一个很重要的理论问题，各位老师对此作出了很好的回答。西方学者将人权简单区分为积极人权与消极人权。消极面向存在一些问题，比如它的来源可能是纳粹的人体实验，那么要排除政治权力的干预和介入，这也是一个消极面向的问题。但是现在看来，也不仅仅是政治权利会导致健康权被损害。满老师提到，处于经济系统中的企业所造成的环境污染，一样可以损害健康权。刚才还谈到过度医疗问题，科学系统和医疗系统同样也可能对健康权造成损害，这实际上涉及横向效率的问题。至于积极面向，人权问题以前主要集中在丧失劳动力的工人这一群体，所以有工人权利运动。美国最早遇到这样的问题，当工人遭受事故后，怎么保障他们的健康权？其中涉及他们能不能在社会中继续生活的问题。这个问题发展到今天，也有了一些新的变化。在南非宪法法院对艾滋病人平等权的保护案——"霍夫曼诉南非航空公司案"中，法院针对跨国集团给艾滋病药物定价过高的问题作出了精彩的判决，体现了经济利益和基本权利之间的抗衡。如今我们还需要站在人类命运共同体这一层面去考虑这一问题。

经过王老师的提示，我真的感受到健康权是一个非常复杂且丰富的问题。我同样赞同王老师所讲的不能用积极还是消极来判断一个基本权利的真伪，因为如今我们可以看到许多权利不仅有积极面向，还有消极面向，不可能以此区分真伪。因此，我认为基本权利实际上是一直在发展的，很多问题都不能现在作出回答，特别是涉及基本权利与人权的问题。

在不同的社会演化阶段有不同的基本权利，我们知道封建社会的基本权利是因人而异的，是身份的特权，其中土地财产权是最重要的，为了保证社会组织模式的稳定，产生了组织模式的分层分化。现代社会不一样，现代社会要保证社会分化为不同的功能系统，能够自行运转，科学的、市场经济的、法律的系统都要有自己的自治，所以增加了一系列基本权利，而且这个基本权利名单会一直扩展。一是制度性的权利，要维护很多社会制度的完整性，比如婚姻自由、宗教信仰自由、崇尚艺术的自由；二是我们作为各种人格体——作为法官，作为教师，作为记者，作为科学研究者，作为医生——能参与到各个系统去自主运转的这样一项权利，这是人格体的基本权利；三是作为有血有肉的人，我们身心的完整性，包括生命权、健康权等身体的完整性，言论自由、思想自由、人格尊严等心灵的完整性，共同构成了基本权利群或人权群，以保证社会有序运转。健康权变得越来越重要，以至于解老师提出有没有可能有一天健康权会超过生命权的问题。我觉得如果真的有这一天，那一定是社会发展的结果。

　　谢谢王老师、各位老师和同学们，本期讲坛到此结束！

第36期 东方明珠大讲坛

辩思解释与
据法阐释的融贯

主讲人 陈金钊
华东政法大学科学研究院院长、教授

与谈人 雷 磊
中国政法大学法学院副院长、教授

孙光宁
山东大学（威海）法学院教授

致辞人 陆宇峰
华东政法大学科研处处长、教授

主持人 彭桂兵
华东政法大学科研处副处长、教授

2022年3月22日 18：30-20：30
直播链接：HTTP://LIVE.BILIBILI.COM/24585258
B站直播ID：华东政法大学科研处官方B站号24585258
华东政法大学"东方明珠大讲坛"致谢"问渠源"基金支持

华东政法大学科研处主办

第36期东方明珠大讲坛

辩思解释与据法阐释的融贯

主讲人 **陈金钊**
华东政法大学科学研究院院长、教授

与谈人 **雷磊**
中国政法大学法学院副院长、教授

孙光宁
山东大学（威海）法学院教授

致辞人 **陆宇峰**
华东政法大学科研处处长、教授

主持人 **彭桂兵**
华东政法大学科研处副处长、教授

华东政法大学"东方明珠大讲坛""致谢""问渠源"基金支持

2022年3月22日 18：30-20：30
B站直播ID：华东政法大学科研处官方B站号24585258
直播链接：http://live.bilibili.com/24585258

华东政法大学科研处主办

第 36 讲 辩思解释与据法阐释的融贯

时　间：2022 年 3 月 22 日

地　点：线上

主持人：彭桂兵(华东政法大学科研处副处长、教授)

主讲人：陈金钊(华东政法大学科学研究院院长、教授)

与谈人：雷磊(中国政法大学法学院副院长、教授)、孙光宁(山东大学[威海]学院教授)

致辞人：陆宇峰(华东政法大学科研处处长、教授)

一、 开幕致辞

彭桂兵教授（主持人）：

　　尊敬的陈金钊教授、雷磊教授、孙光宁教授，其他各位老师和同学，大家晚上好！

　　本期我们邀请到了华东政法大学科学研究院院长、法律方法研究院院长陈金钊教授。陈老师是上海市社会科学创新研究基地首席专家、博士生导师，也是中国法学会法理学研究会常务理事、中国儒学与法律文化研究会执行会长、上海市法理法史研究会会长，是 CSSCI 来源集刊《法律方法》的主编。陈老师先后获得了第三届"全国十大杰出青年法学家提名奖""全国师德先进个人""山东省十大优秀中青年法学家""山东省高校十佳青年教师""山东省优秀教师"等荣誉称号。陈老师长期致力于法律解释学、法律方法研究。在陈老师的引领下,研究团队孵化出了一批青年才俊,研究实力在全国都是佼佼者,同时也创立了独特的法律解释学派。

陈老师今天给我们分享的主题是"辩思解释与据法阐释的融贯"。我的理解是据法阐释更多的时候是规范法学的,我们在维护法律的安定性时,首先要考虑到法的规范性,依靠法律来进行解释。但是现实生活又是千变万化的,如果僵化地使用法律,可能会导致法律很难适应鲜活的现实。

所以从本次讲座的主题里可以看出,陈老师采用了一种独特的法学思维方式——辩思解释。使用这种方式可能会带来法律的灵活性,但我们也不能过于依赖这种解释方式,还要依据法律的范围、法律的尺度——用陈老师的话就是"持法达变"——来获得解决问题的最佳途径。陈老师获得上海市社科联 2021 年年度推荐的论文《民法典意义的法理诠释》,实际上也融入了今天要讲的主题。

今天我们也很荣幸地邀请到了中国政法大学法学院副院长雷磊教授。雷教授曾莅临"东方明珠大讲坛",给我们讲了法的规范性与法社会学的主题。雷教授是位很高产的作者,仅 2021 年就发表了十几篇论文,其中顶级的期刊就有《中国社会科学》,另外还有法学类核心期刊《中外法学》《清华法学》。我自己也购买了雷教授翻译的《纯粹法学说》(第二版)。

本期"东方明珠大讲坛"同时也请到了山东大学法学院(威海)孙光宁教授。孙老师也是一位青年才俊、高产的学者。值得一提的是,孙老师最近在《中国法学》(2022 年第 1 期)上发表了论文《社会主义核心价值观的法源地位及其作用提升》。

现在我就把话筒交给陈老师,有请陈老师!

二、 主讲环节

陈金钊教授:

感谢两位教授以及华政科研处的宇峰处长、桂兵副处长,他们的组织使得我们今天有机会聚在一起探讨这个问题。我今天想讲的主题,也是我近几年一直在思考的问题,主要目的是和大家分享我的初步想法,并聆听雷磊教授和光宁教授对这个问题的看法。

虽然这个问题早就被提出了,但我最近对其格外关注主要是因为洪汉鼎先生去年在上海的一次讲座。在那次讲座中,洪先生提出了一个重要的问题:"为什么你们法学界使用法律解释而非法律阐释?"他认为,"解释"相较于"阐释"具有更大的开放性。他以一个生动的例子说明:"如果我们两人发生矛盾,我们可以通过解释来理解彼此,甚至可能消除矛盾。因此,'解释'具有很大的开放性。"当这种"解释"与我们中国传统的思维方式"整体辩证思维"结合时,这种开放性得到了进一步的增强。在我看来,"解释"与"辩思"紧密相连。在我进行的一些研究中,我发现过去的法理学教材中包含了大量的关于法律与科技、经济、政治、文化、精神文明和宗教等关系的思辨内容。由此可见,我国学者在构建法理学时,将其自觉或不自觉地建立在"辩思"的基础上,这使得"解释"具有很大的开放性。这种辩思解释的优势何在?

辩思解释的优势在于其灵活性。例如原本死板的法律,经过辩思后变得灵活。如果法律能够被灵活地理解,就可以产生丰富的实践智慧。然而,辩思解释也存在一个问题,即其开放性可能导致原本清晰的概念变得模糊。因此,有人断言在辩思基础上无法实现法治。这引出了我们今天要讨论的命题:在辩证思维的基础上能否形成法治思维?作为中国人,我们的思维方式是辩证的,那么在这种思维方式的基础上,我们有可能走向法治吗? 如果辩证思维无法实现法治,那将是一件非常悲哀的事情。法治已经成为人类文明的标志,尤其对于我们这些学习法律的人来说,无论是作为理念还是目标,法治已经深入我们的骨髓和血液。因此,我认为中国的法律学者有一个重要的使命,那就是论证在辩思的基础上可以实现法治。当然,我认为这个问题不仅是中国法理学具有的问题,西方也存在类似的问题,只不过路径不同。

我最近在研究"据法阐释的意义探究"时,阅读了麦考密克的一篇关于"修辞与法治"的论文。他认为对法治的关切是文明社会的标志之一,公民独立、尊严、自由、权利等都以法治为基础。然而,如何实现法治呢? 我们都知道富勒提出了法治八原则,包括法的一般性、法的体系性、法的权威性、法的稳定性等。但我发现,国内很多从事法理学研究的老师和学生过去都难以理解这些原则为何能成为法治的基础。现在看来,这其实是一个非常重要的问题。

法的一般性和明确性是法治的前提,没有它们,法治就无法实施。然而,从德国自由法学开始,经过批判法学、现实主义法学到后现代法学,这100多年来西方法学走的是一条反对基础法学的道路。反基础法学学者批判法律的明确性、一般性、体系性、自主性和规范性,认为这些都不是正确的。这100多年的反基础法学思潮,基本上系统地、完整地推翻了法治的命题。

后现代法学带来了一个基本问题,即法律在运用中是可以废止和修正的,在具体的语境中,法律的意义是流动的,因此作为法律推理的大前提是不确定的。后现代法学家从动态运动的角度否定了静态法治的可能性,通过瓦解法的一般性、法的自主性来确定法治是不可能的。后现代法学和法律现实主义通过对关于法律一般性命题的批判,认为构成法治的核心思维和法律推理的大前提是不可能靠得住的。法律的一般性、明确性、自主性等都是虚构的。通过这种解构式的作业,后现代法学指出了法治的不可能性。当然,还有一些法学家称之为法治的危机。

面对法治危机,一大批严肃的大法学家都在思考重构法治的问题。实际上,西方人所谓的"重构法治",与我们中国人思考的是同一个问题,其实就是在辩证思维的基础上能不能实现法治。后现代法学的哲学基础是哲学解释学,它用辩证思维瓦解了法治,认为法律自主性是虚构的,法治也像神话一样具有不可能性。传统观点主张法律的意义是确定的,但在辩证思维的语境之中,法律的意义是流动的。辩证法认为世界是物质的,物质是运动的,运动是有规律的。但后现代法学就是看到了事物的运动性,并且把这个运动性绝对化,然后提出整个世界都是不确定的。后现代法学的哲学基础是哲学解释学,而哲学解释学的理论基础就是辩证法,它对事物的看法恰恰跟建立在形式逻辑基础上的传统西方法学不同。

现在中西方面临着相似的问题。西方人在后现代法学之后需要重构法治,而中国虽然理论储备不足,但在后现代主义传到中国以后,我们接受得很快。现代法治的很多东西,我们没学到,但我们接受了大量的后现代的东西,恰恰是因为我们现在的思维方式基本上和后现代是相同的。所以现代法治没有学到家,但是破坏法治的这些后现代的东西,我们学了很多。西方人重构法治,他们要再论证法治的可能性;我们要论证的则是在辩证思维的基础上能不能实现法治。

后来我研究了尼尔·麦考密克编写的《重构法治》，我觉得如果西方目前要重构法治，那么我们则是要开启现代法治。不同之处在于西方需要在后现代的基础上论证法治的可能性；我们则需要论证在辩证思维的基础上能不能实现法治。正如麦考密克所说，"要协调"。现代法治的重构需要协调，但是中国也得出一个结论：我国法治要中西结合。这个问题其实已经提出 100 多年了，但是中西怎么结合，有没有方法结合，这么长的时间里，其实没有人提出过一个可靠的答案。

在我看来，东西方的结合论和协调论并不是对立的。西方所强调的协调论与中国人所主张的结合论在本质上是一致的。20 世纪末，一些西方哲学家提出，21 世纪西方人应该到孔夫子那里寻找智慧。他们之所以这样做，是因为他们意识到需要从思维方式的角度向孔子学习辩证法和整体思维。100 多年前，中国开始学习西方，主要学习的是现代化的各个方面，如工业、农业、国防和科技等。今天，我们在这些方面取得了显著的进步，创造了许多"没有设计的奇迹"。然而，10 年前，我们党又提出了一个新的现代化方向，即制度现代化。制度现代化并不仅仅是模仿西方的立法和法典。如果没有相应的思维方式变革，单纯的法典化并不能实现法治。我认为在实现其他现代化之后，法治现代化的核心是将逻辑思维的方式学过来，我们需要尊重逻辑。西方人需要学习中国的辩证法，中国也需要学习西方的逻辑。西方法治的危机是由过度依赖逻辑导致的，而我们的问题在于法律的权威性有待加强。西方人对法律的僵化处理表明需要对法律进行灵活处理，而我们的问题则在于法律的灵活性过度。在这种背景下，我认为应该将东西方的思维方式结合起来。不过，西方可能需要更多地学习辩证思维，而我们则需要更多地学习形式逻辑思维。当然，也有人认为西方人早已学习了辩证法，例如黑格尔和马克思。但在我看来，辩证法并非西方文化的主流,其主流文化是建立在形式逻辑基础上的。

法治危机在持有辩证思维的人看来并非真正的危机。例如,法律的不确定性和流动性是正确的,因为法治就是在动态变化中实现的,静态无法实现法治,而纯粹的动态也没有可行性。后现代法学提出的一些观点,在我看来有以下几个方面的理解:首先,后现代法学指出了法律的碎片化和不确定性。其次,法律是不确定的,其确定性是一种拟制。后现代法学提出的观点从辩证的角度来看并不构成法治的危机。然而,在中国出现的法治危机应以另一种思路解释。西方所讲的法治危机有两种含义:实践危机和理论危机。理论危机源于形式逻辑的思维方式,而由于中国传统的思维方式不太强调形式逻辑,我们会认为法律由静态到动态的转化是正常的。西方人和我们的差异在于他们更多地从逻辑层面进行思考。对于上述问题,西方人会根据逻辑思维推导出答案。对于法律的不确定性、模糊性和流动性的问题如何解释,西方提出的解决办法是"法律论证",即协调规范性的法律、正式法源与非正式法源。麦考密克提出的论证方法主要是试图将法律外的因素引入论证中。他将法律论证分为内部证成和外部证成以解决不同的问题。解决逻辑以外的问题时,外部证成可能发挥非常重要的作用。

今天我想与光宁教授和雷磊教授探讨的问题是:我们是否能够使用法源理论或法源思维来解决上述问题? 法律渊源概念的特殊作用在于其能够结合中国人的思维方式特点,即整体性、辩证性和实质性。这三性应该与逻辑结合起来:在整体思维中加入体系思维,在辩证思维中加入逻辑思维,在实质思维中加入形式思维。

在中国的思维方式中,辩证思维、整体思维和实质思维是其三大显著特点。这些思维方式在很大程度上是基于中国传统哲学思想的,并与现代法治理念相结合,成为推动法治进程的重要因素。

首先，在整体思维中引入体系思维。整体思维强调天人合一的观念，即人与自然的和谐共存。天人合一的整体思维、对立统一的辩证思维，以及不用看现象就能知道本质的本质主义思维，这些特点是建立在辩思的基础上的，其只有和现代法治所需要的逻辑相结合，我们才能走向法治。在整体里边加入体系，"整体"跟"体系"的区别在于中国人对整体进行认识的时候，往往只看两个——天和人。比如法理学中讲整体的时候，一般不讲整体与体系，而讲法律与道德、法律与经济、法律与政治，这实际上是把整体、体系做了简单的拆分。这种整体观念在法理学中往往被简单地二分，例如在分析法律问题时，人们更倾向于将法律与其他社会因素（如道德、经济、政治等）进行对立统一的分析。这种思维方式虽然有助于理解法律与其他社会现象的相互影响，但也可能导致对整体性的忽视。体系思维则更注重整体性，认为整体由一系列要素构成，而这些要素之间应存在逻辑关联。在整体思维中引入体系思维，体系实际上也是逻辑，有助于弥补我们在整体观上的局限性，使我们对整体的理解更加全面和深入。

其次，在辩证思维中引入逻辑思维。逻辑主要是指形式逻辑，对中国来说主要是指演绎推理的逻辑。法治的实现不能光讲对立统一，仅仅用对立统一来分析事物，还需要讲究"据法思考"，即据法阐释、依法办事等。分析案件时，应该以据法阐释为基础，当据法阐释解决不了问题的时候，方可以进行辩思，而非将辩思作为出发点。如果解决法律问题都以辩思为出发点，那么法治根本无法实现。

最后，在实质思维中引入形式思维。实质思维强调对事物本质的认识。在法治实践中，我们需要在实质性思维中融入形式要素。法律渊源其实就是法律的表现形式。然而，我们不能随意将常理、常情、常识视为法律，也不能将高尚道德作为法律。我提出一种观点：可以将法律渊源作为修辞,作为一种意识,作为一种话语,进而在形式化层面把价值、政策等附条件地拟制为法源,并通过论证的方式将其融入实质思维中。当然,借用法律渊源的概念时也需要进行改造,因为我们不能仅仅从司法领域来理解法源,而应该从更宽泛的角度来理解它。

例如党内法规体系,其与法源理论的结合对于实现法治至关重要。若脱离法源理论,它与法律之间的关系将变得复杂和困难。因此,我认为在中国的情境下,辩思解释与据法阐释需要紧密结合。在西方,人们需要学会辩思,以使封闭的法律具有一定的开放性。然而,对于我们来说,过于开放的法律需要有限制,以确保据法阐释成为塑造和构建法治思维的基础。

"阐释"与"解释"之间的主要区别在于,解释更倾向于辩思的方向,并基于辩思产生;而阐释则存在一定的限制。阐释需要承认法律规范的存在,即使在开放性的情境下,也必须承认法源的存在。这里所指的阐释与禅宗的阐释是不同的,禅宗强调顿悟,而阐释则是一种有对象的诠释,即法律阐释必须根据法律规则进行。如果没有具体的对象,解释就可能转变为造法。同样,我们对法律进行阐释,意味着在阐释之前,法律是被假定存在的。因此,法律阐释强调的是法律决断论,而法律解释则更倾向于认为,只要意思可以接受即可。但阐释并非如此,阐释需要有文本依据。

与西方不同,目前中国的法律文本权威性有待提高。这主要是由于长期以来我们对法律采取对立统一的认识。在中国,法律没有权威性,它不是经过理论论证产生的。有一种常见的修辞说法是"仅靠法律是不够的",这实际上削弱了法律的权威性。"徒法不足以自行"这句话是正确的,但人们在理解这句话时,往往关注其言外之意,这直接消解了法律的权威性。然而,我认为法理学需要研究这个问题。根据洪汉鼎老师的观点，"法律解释"这个词应该被"法律阐释"所取代。使用"阐释"比"解释"更为恰当，因为"解释"的创造性过多，而在我们的法理学中，对创造性的东西没有设置过多的限制。

三、 与谈环节

彭桂兵教授（主持人）：

陈老师刚才从麦考密克的《修辞学与法律规则：一种法律推理理论》，谈到了中西方对于法治的重构呼声实际上是一样的，只不过西方更多强调法治要走向开放：法治本来是封闭的，现在要走向开放。而中国法治现在更多的时候体现开放的思维，现在则要走向封闭，这种封闭指的是用法源的思维来统合，而西方是用法律论证来重构法治。陈老师进而提出了三个观点：第一个是整体中介入体系，第二个是辩证中介入逻辑，第三个是实质中介入形式。

谢谢陈老师，接下来有请青年才俊雷磊教授！

雷磊教授：

首先非常感谢陈金钊老师的精心组织，让我有幸参与这次"东方明珠大讲坛"。陈老师在学术界一直被视为楷模，近年来他从方法论的研究转向了对更为宏大的主题如中国法治的探讨。尽管本次讲座涉及的理论话题较为抽象，但陈老师真正想要传达的是对现实的深度关切。

当然，由于本次主题极为丰富，远非简单的标题所能涵盖。接下来，我将继续就他未竟的话题，分享关于这一主题的三个思考方向。

　　首先,我想从洪汉鼎先生的论文谈起。洪先生是国内著名的哲学家,特别是对法律诠释学者汉斯-格奥尔格·伽达默尔(Hans-Georg Gadamer)有深入的研究。在 2021 年《中国社会科学》上发表的论文《论哲学诠释学的阐释概念》中,他沿袭了伽达默尔的传统,并在某些方面与法律语境中的见解更为契合。洪先生的论文以诠释学早期代表性人物狄尔泰(Wilhelm Dilthey)的一句话为出发点:"我们说明自然,我们理解心灵。"这句话将"自然"与"说明"相对应,将"心灵"与"理解"相对应。"理解"这样的活动更多地对应于意义的阐释活动,而"自然"主要是一种因果式的说明活动。这导向了人文社会科学中一对最经典的概念:explanation 和 explication,即"说明"和"阐释"的区别。

　　洪先生反对我们使用"解释"(interpretation)这个词,因为 interpretation 同时包含了"说明"和"阐释"两个意思。在人文社会科学中,"说明"主要指揭示个别自然现象背后的一般性规律,而"阐释"则是要揭示意义问题。这种对意义的揭示仅在人文社会科学中存在。芬兰著名哲学家冯·赖特(Gerog Henrik von Wright)在《说明与理解》一书中采用了类似的标题,其核心思想一致,即"解释"可以同时包括这两层意思,可见日常用语中的"解释"一词过于宽泛。

　　在洪先生看来,法律解释活动属于人文社会科学领域,它揭示的是意义,而非说明法律现象背后的因果关系或规律性。陈老师今天的主题并未聚焦于这一区分,尽管它是诠释学的前提。陈老师提出了"据法阐释"这一概念,认为我们常用的"法律解释"一词未能体现出法律解释活动遵守法律的意义。法律解释不能通过辩证思维或其他方式随意抛弃法律本身,这实际上与洪先生的观点相呼应。洪先生在论文中对"阐释"(explication)的意义性质进行了深入探讨。实际上,法律解释学或阐释学最早源于古代的解经学,特别是在西方传统中,它源于虔信派的解经学。虔信派明确提出,"阐释"首先应是一种虔诚的理解,即对被阐释的文本保持虔诚,而不是随意扩大其意义。

关于如何解读文本——不论是法律文本还是宗教文本,诠释学区分了三种理论。首先是作者意图论,主张根据作者的意图来解读文本。其次是读者意图论,即读者可以将自己的理解融入文本中。最后是文本意义论,认为文本具有独立的含义。这种文本的独立意义也是洪汉鼎所坚持的文本意义,它的意思并不是文本语词的客观意义,而是指我们通过阐释这种"碰撞"或者"遭遇事件"而生发出来的意义,这种意义在诠释学的传统看来是一种客观的东西。

有些人可能会质疑:文本除了其词汇意义外,是否还具有其他意义?如果具有,那么这种意义是否具有很大的主观性?但是诠释学不这样质疑,因为它认为全世界的意义指向的都是辨识文本的事物本身,既不是对隐藏在文本背后的作者心理意图进行的说明,也不是读者在文本面前的任意创造,而是阐释者在现实的情境中,根据现实问题对于文本本身的一种所谓的"在世存在"的揭示,所以它是存在于时间中,并在时间中延续变化的。当然这是非常哲学化的一个用语,洪先生还使用了比如"所谓阐释是一种文本与阐释者之间的共识性的效果""历史事件是作者和读者的视域融合"等表述。这也就造成了阐释其实是一种"理解自我",或者是理解存在者本身的一种活动,而不是单纯的语言文字活动。

将这种观点应用于法律语境中,诠释活动需要实现三种假定或均衡,即三种诠释学循环。第一种均衡或者说循环,即所谓的作者(或者说作者的前理解)和文本之间的循环。当我们在理解文本的时候,不是与文本构成纯粹的主体和客体间的关系,也不是在对客体进行镜像式映射,其过程一定是解释者带着某种前理解进入文本中,接受文本的反馈,不断调整前理解从而与文本达成一致,这也叫反思性假定。威廉·狄尔泰和法学界的约瑟夫·埃塞尔(Josef Esser)等学者提出了这一观点。

第二种均衡或者说循环,指的是文本内部的整体和部分之间的循环,即所谓"欲理解整体首先得理解部分,但是如果要准确理解部分,也必须把它放在整体中去加以理解",这就是一个文本内的诠释学循环。最早提出这个循环的是弗里德里希·丹尼尔·恩斯特·施莱尔马赫(Friedrich Daniel Ernst Schleiermacher)。这就是整体和部分之间的融贯性假定。

第三种均衡或者说循环,指的是文本和事实之间的循环,法律解释或者说法律阐释活动尤其涉及这种循环。我们在解释一个法律文本的时候不仅要面对文本本身,还要面对案件事实,所以要达成的效果是既要用法律文本或者规范去锚定事实,又要通过对事实的理解反过来修正对法律文本的理解。引用卡尔·恩吉施(Karl Engisch)最著名的一句话,"裁判者法律适用的活动,就是在法律规范和生活事实之间,眼光的往返流转的过程",这叫作充分性假定。在法律诠释学看来,这种阐释活动其实是一种客观活动,它受制于理解的结构问题,不是随便就可以展开的。

因此,三重循环的假定就限定了我们理解得以发生的基本场域。但是诠释学主要解决的是认识论问题(或者走向哲学诠释学,就是一个存在论的问题),而不是一个方法论的问题,它要解决的问题是"理解如何可能"或者说"阐释如何可能",它揭示理解的客观结构或者真实结构,但它没有告诉我们,拿到一个具体文本的时候,我们该如何去理解或该如何去阐释。

如何进行法律文本阐释,这涉及方法论的运用。方法论在落实阐释过程中起着关键作用，它不仅是一个技术问题，而且与法治建设密切相关。例如，陈老师和其他学者曾就"法治反对过度解释"的主张展开讨论，这背后实际上涉及了方法论的合理性问题。

在阐释法律文本时，我们需要区分"法律是什么"与"法律文本是什么"。法律文本具有两层含义。

第一，法律文本是一个语词系统，每个语词都有其特定的语义，即"meaning"。法律文本首先表现为语言的存在，并遵循一定的语言使用规则，这通常包括日常语言使用规则和专业共同体的语言使用规则。这些语言使用规则涉及习惯性的用法，除非有特殊理由，否则应予以尊重。这也是对阐释活动的重要限制。在阐释过程中，我们需要确保其与共同体或普通语言的预期相符。例如，当法律文本中提到"狗"时，我们不能将其解释为"猫"，否则就违反了基本的语言使用规则和预期。

第二，法律文本不仅是一种语言存在，而且是一种精神存在。在精神存在物的意义上，很多时候我们需要把目光投向语言使用规则之外，原因在于：存在比如法律文本的开放结构、阴影地带等规则本身无法解决的情况，因此，我们要深入所谓的"意义"层面，而不仅仅停留在"语义"的层面。这里自然而然就会运用到通常所说的一些解释方法，像发生学解释、体系解释、历史解释、比较解释、客观目的的解释等解释方法。

前四种解释方法——发生学解释、体系解释、历史解释、比较解释——从某种意义上会对阐释活动造成限制。

首先是发生学解释。发生学解释主要取向于法律文本的制定者，也就是立法者的目的或者主观语义，即立法者在写下条文/文本时所想要表达的意思，或所要达成的目的。法律阐释与哲学阐释不同，在哲学诠释学的传统里讲的"阐释"不能够借助作者意图和读者意图，而要忠于文本。但是在法律阐释学中，作者意图即立法者意图起到了重要作用,这也是它的特殊性所在。法律论证与纯粹的道德论证是不一样的,它具有非常强烈的权威论证色彩。刚才陈老师提到了法源。站在法律论证的角度,法源的一个最基本的作用就是提供权威性的依据,"切断"不断回溯的论证链条。举例而言,假如一个判决最后判处罪犯有期徒刑10年,法官找到的法源依据是刑法的一个条款,此案的论证就到此为止,不能进一步再去论证为什么这个条款要这么规定(当然,可能在某些时候,例如该条款的含义不清,会有接续论证)。因此,所谓论证的权威性主要就体现在立法意旨上,它起到的就是权威性论据的作用。无限地去回溯,进而怀疑立法意旨,不是法律论证该有的样子。作为法律论证主体的法官应该对立法者的意志保持尊重,这同时是由现代法治运行的基本结构决定的。司法者之所以为司法者,而不是"造法者",就是因为必须保持这个基本态度。

其次是体系解释,意义在于要保持整体上融贯性的理解,与"融贯性假定"一致。也就是说,理解部分的时候,必须要将部分放在整体中加以理解,而不能创造出一种与体系不相容的意思。

再次是历史解释,其实就是要对传统保持尊重,法律传统赋予了它历史生成的含义。

最后是比较解释,主要涉及的是运用普遍的或者人类共同的一些理念和价值来解释文本的问题。同样一个制度,尤其是身处同一个法律传统、同一个法系中的制度,应该大体保持一致的理解。它涉及对某些共同性核心价值的一种关怀。

有争议的是客观目的解释,即依据法官自己的价值论证来展开,从法律文本应发挥的社会功能或者应实现的价值理念的角度进行的解释。这种解释方法可能脱离了前面所谈到的"立法的意图""体系的结构""历史的制约"以及"比较的传统",它是取向于实质价值的论证。而这恰恰是有争议的,因为它非常接近于读者意图论,这个时候读者就是法官了,他会把自己的见解加进去,也就造成了陈老师说的"辩思解释",甚至可能当根据前面几种解释方法得出来的结果令他不满意时,他会说这些结果不合乎法律的客观目的。而"客观目的是什么"则是由他自己来进行论证的。所以有的学者,像科赫(H. -J. Koch)和吕斯曼(H. Rüßmann),在 1982 年出版的代表作《法律证立论》里,就极力反对所谓的客观目的解释。他们认为,这个时候法官已经在进行造法了,是"假解释之名行造法之实"。这就不是一种阐释活动了,因为"阐释"(Auslegung)一词在德语里的表面含义是"把一个东西拿出来",要把一个东西拿出来的话,前提是这个东西本身存在才行。他们认为,客观目的解释不是"阐释",而是"嵌入"(Einlegung),这个词在德语里的表面含义是"把一个东西放进去",也就是法官把自己的想法放进去,所以这就不是阐释活动了。从方法论角度看,我们也可以看到它其实是对于"应和"或者"符合"阐释的理解方法,背后都是有自己的价值诉求的,所以方法不仅仅是一个技术的问题。

此外,我想谈谈对于法治和法本身的理解。

第一点来谈谈法治的问题。陈老师刚才的话题其实把很大一部分重心放在了法治这个方面,在我看来,这已经从纯粹的存在论进入了伦理学的领域。因为如果我们不否认"法治是人类的一种政治理想或者道德理想",那么它就是一个伦理学问题。

法治这个话题非常大,我跟陈老师有这样一些相同印象:在中国多年来的讨论过程中,法治话题的确存在泛化现象,以至于到了后来,关于法治的基本内核是什么也没有达成一致的观点。当然没有达成一致的观点并不可怕,可怕的是我们从一开始就认为不可能达成一致的观点。这不仅会使得我们的讨论没有任何的聚焦和目的,而且会造成非常严重的后果,因为它会把大量反法治的东西,假法治之名来实施。不管是在法治前面加上什么样的限定语,都可能会造成"法治的危机"。如果"法治"在概念上没有任何(哪怕最低限度的)固定内核的话,这个概念就最多只能成为一种贬义的修辞了,这会导致法治概念的工具化,被用来对政府的某些行为进行"包装",进而使得后者获得正当性。

我在这里只想谈一个小问题。刚才陈老师谈到了法源,他认为可以通过法源的范畴来对法治进行阐释,使得它在一定程度上被固化。陈老师的一个想法是把实质和形式融合、衔接起来。对于这一点,我想做一个补充或者叙述。从前年开始,我也是一直在写和发表一些关于"法的渊源"的论文,在去年年底结集出版了一本小册子《法的渊源意味着什么?》。我在此书中的核心观点之一是:在我们这个社会中,存在很多与司法裁判相关的规范,它们都可能假借法源之名进入司法裁判之中。陈老师的想法是要附条件,并不能让所有的东西都作为法源来发挥它的作用,我对此是完全赞同的。我的基本想法是把法源区分为两类,一类叫作效力渊源,另一类叫作认知渊源。

效力渊源其实就是法,在当代社会的背景下主要指的是制定法。至于其他的法,尤其是习惯法,从近代以来,随着法律的制度化色彩越来越浓(我把它叫作法律的"国有化"色彩越来越浓),法律其实已经丧失了独立的效力基础,它必须借助制定法才能获得自己的效力基础。比如说《民法典》第十条规定"处理民事纠纷,应当依照法律;法律没有规定的,可以适用习惯,但是不得违背公序良俗"。这个时候的习惯其实就不是严格意义上的(习惯)法了。之所以法官可以根据一条习惯去裁判案件,效力基础是作为制定法的《民法典》第十条,这是它的授权基础或者说效力基础。此时,习惯能够提供的是司法裁判中裁判依据的内容。当我们问一个法官根据一个习惯作出的判决为什么能够成立、为什么有效时,他可以回答说判决的效力基础来自《民法典》第十条的规定,但是作为裁判依据的内容则来自习惯。

在做了这样一个结合之后,我的观点是:首先,效力渊源是一个形式概念,而提供内容的认知渊源是一个实质概念。哪些东西能够成为法源或者成为作为内容的认知渊源,主要是由效力渊源也就是由制定法决定的。例如除了《民法典》第十条,当然有其他一些民法条款也规定了习惯,比如邻里关系。再例如某些法律规定了法官在特定情况下可以适用政策。只要制定法做了类似的规定,习惯或政策就可以成为裁判依据内容的提供者,但归根结底要看形式标准——以制定法为代表的效力渊源。所以这不仅是一个纯粹的学理问题,也是一个国家的制度性实践问题。通过这种方式,我想要把陈老师所说的形式和实质结合起来,形式是提供效力标准的,提供效力基础的同时划定了实质的范围。

一个国家法律的认知法源有哪些,得看这个国家的实在法和它的制度性实践是什么。社会中有很多东西都非常重要,规范不只有法律这一种,也不只有法源可以划定规范的范畴,还有很多规范都对我们的行为进行调整。但是只要实在法里没有做这样的规定,它们就不能够起到法源的作用。在裁判书里它们也许能够增强说理的效果,但不能作为裁判依据。

第二点我想谈一谈对于法是什么的理解。在概念论的传统中,最主要的阵营有两个,一个是自然法,另一个是法律实证主义。双方展开了长久的交辩,主要围绕的问题,从正面来讲,就是"法律的性质是什么",这是一个社会事实,还是说也需要具有理想的维度;从反面来讲,就是所谓的联结命题和分离命题,也就是法律和道德在概念或者效力上有没有必然的联系。

今天出现了一种自然法理论,其已经不是站在概念争议的角度,而是主要站在伦理学的角度来看待"自然法学"的立场了。最主要的代表有约翰·菲尼斯(John Finnis),他提出一个观点,即认为法律本身的确是一种社会事实,也就是他赞同实证主义的界定。但是最主要的特点在于,他认为如果法律不能够扮演决定性行动理由的角色,那它就是具有法律瑕疵的。"决定性的行动理由"是指法律应该起到实现基本善或者共同善的作用,基本善是对个人的,共同善是对共同体的。他列了一个共同善的清单,法律只有满足了这些条件,才能扮演决定性的行动理由的角色。所以他的命题不是古典版本的强自然法命题,即只要法律有瑕疵,不能扮演决定性理由的角色,就不是法律,就没有效力。菲尼斯没有支持这个观点,他的观点是,没有满足这些基本善、共同善,不扮演决定性理由角色的法律依然是法律,同样具有法律的效力,但是它不能在我们的实践推理中、在我们的行动中扮演决定性的角色。所以,他已经从概念的层次过渡到了伦理学的层次。

当然在这里面又会有一些不一样的观点,比如另外一位当代美国自然法学家马可·墨菲(Mark C. Murphy)提出了一个功能的论据,并做了这样一个比喻:如果把法律想象为一个闹钟的话,闹钟有它的正常功能,那就是应该按点把我叫醒。这个时候可能会出现两种情况:一种情况是,闹钟本身有瑕疵,比如说它不会响铃或者响铃的声音太小了,这种情况下它就不能把我叫醒,它就是有瑕疵的闹钟,而且这种瑕疵是闹钟基本功能上的瑕疵。这个时候,法律就没有扮演决定性的角色。另一种情况是,闹钟根本就没有响铃的设置,此时它成了一个摆设,很难被叫作"闹钟"。换到法律的语境中,就可以区分为两种情况:第一种情况是,法律依然是法律,但是在其基本功能上具有瑕疵,这不仅是一种道德瑕疵。第二种情况是,法律已经不再是法律了。

　　总的来说,法律当然会有一套最基本的功能。今天我们在对于法律进行界定的时候可以有不同的观点,不同的文化可以有不同的观念,但法律必须要有一个核心性的功能存在,即法律会扮演个体行为的决定性行动理由的角色。但是在某些情况中,它根本就不具备这样一种功能,这个时候我们就会否认它是法律。比如,如果不具备一般性的、可预期性的命令,通常不会被认为是法律,因为它无法发挥法律的基本功能——对个体的行为进行指引,扮演决定性行动理由的角色。所以在这个过程中,我们还是要秉持阐释的态度,而阐释结果是有一些核心性的东西存在的。我就简单谈论这三个方面,谢谢陈老师,谢谢各位!

彭桂兵教授（主持人）：

　　雷老师从陈老师对于"阐释"的理解,以及洪汉鼎先生在《中国社会科学》发表的《论哲学诠释学的阐释概念》一文出发,认为洪先生以及伽达默尔对阐释学的理解,更多是从认识论的角度来谈的,所以他接下来主要是从方法论角度来阐明法律。首先,雷老师认为需要从文本的两个方面考虑,一个是语词的系统方面、语义方面,另一个是语义之外的意义方面。其次,雷老师谈及了法治,结合他对法的理解,尤其重点谈到了对效力渊源的定义问题。最后,他谈到了如何从伦理学的角度来理解法治。谢谢雷老师! 接下来有请光宁老师!

孙光宁教授：

　　各位老师,各位同学,非常感谢华东政法大学科研处、陈老师的邀请!

　　陈老师这几年更多关注中国法治宏观层面的问题,特别是从思维领域、管理理念领域关切中国法治的运行。刚才陈老师也提到了《修辞与法治》,我和烟台大学的程朝阳老师合作翻译了这本书。虽然我当时作为专门的译者看这本书看得非常细致,但是思考的内容和陈老师的层次还是有很大差距。由此我也想到另外一个问题,刚才雷磊教授提到了读者、作者、文本这种三元的结构,对此进行扩展可以想到,文本翻译者可能处于三元结构中的特殊位置,因为译者既是一个读者,同时在翻译的过程中又对原有的文本作品进行了重新阐释,在一定程度上也是创造,所以三元结构可能还不能完全说明"阐释"的基本结构,还需要增加一个"译者"。刚才雷磊教授与谈的内容非常丰富,也展示了"只要有理解,理解便会有不同"这样一种哲学阐释学的基本观点。

我更多关注的是身边的、中国的事情,所以我的理解或者对陈老师刚才发言的一些解读可能更加具象化或者说具体化,更多地希望站在中国的语境之中,特别是站在中国的法治语境之中来理解陈老师刚才发言中所提到的一些问题。我从以下几个问题入手,对陈老师刚才的发言进行一些扩展和丰富。

第一个问题仍然是需要说明或者解释一下"解释和阐释"之间的关系。二者之间有着非常复杂的关系,刚才雷磊教授和陈老师都提到洪汉鼎先生的理解,他们都关注了洪先生 2021 年在《中国社会科学》上所发表的重量级文章。我在检索洪先生的其他文献时,看到在 2020 年的《哲学研究》中,洪汉鼎先生也有一篇文章,涉及诠释学、解释学和阐释学的意义及其翻译问题,实际上和我刚才提到的译者特殊身份问题也是相关的,就是如何进行翻译的问题。在这篇文章中,洪先生认为,一般意义上的解释,包括阐释、解释、说明等,它们具有接近的语义。从比较严谨或者说便于展开分析的角度来说,广义"解释"的概念包括阐释、说明,当然会很容易扩大自身范围。这种界定并不对应种属概念,特别是从学术研究的角度来说,很难进行有效比较。所以,我倾向于对二者进行一种狭义理解,特别是结合中国法学的语境进行狭义理解。比如我们已经在法学研究中非常普遍地接受了"法律解释"这个概念,那么在这种情况下,可能从命名发展的角度来说,最初我们不那么了解阐释学或者诠释学的基本原理,不那么足够重视区分解释和阐释的时候,就直接用了"法律解释"这一名称表述,主要是从一般文义、一般语义的角度使用这个词语的,这是一种偶然的行为。从命名过程的角度来说,它更多体现了"先天偶然命题"。当我们不断使用这一术语,并且固化进而使其成为一种常识、一种普遍接受的概念术语的时候,它就变成了一种"后天必然命题",即你这么用它,可能就会造成理解上的误解偏差,甚至会阻断有效的理解和交流。那么,在这个时候,我觉得法律解释作为概念本身还是应当继续被使用,当然"解释"和"阐释"在我们新近的学术研究中应当进行区分,但是这种区分应当置于中国法学的语境之中。另外就是要注意采取狭义界定,因为广义上的解释又包含了阐释。所以不管是出于学科的独立性、自主性,还是出于研究分析和沟通的便捷有效性,我觉得都应当对解释和阐释采取一种狭义的理解。

陈老师和雷磊教授特别关注司法过程,因为司法过程非常明显地展示了解释和阐释的区别。如果从狭义的角度,特别是结合现有的相关法学研究成果来说,"解释"还是比较侧重"文义"的,即对文本赋予相应的含义;而对于"阐释",我的理解和陈老师的理解略有不同,我觉得阐释反而有更强烈的创造性。解释是从文义尤其是法典的条文或者条款中获得对个案的意义;而阐释并不局限于这些抽象的规则。对于后案的法官来说,从裁判文书以及相关的辅助资料中能够获得关于以往判决结论的很多正式理由,但是无法重现或者明确以往案件中法官具体的思考过程,也就是阐释的过程。因为阐释是一种精神现象,只能用一种定性的方法展开研究,基本上不太可能采取定量的方法展开研究。

而且,后案法官不太需要重新审视那些普通案件或者常规案件,这就意味着能够被后案法官看到的、参考的往往是那些疑难案件。由此,前案法官所进行的阐释就带有很强烈的创造性,产出的新文本以裁判文书为典型代表,虽然在实质意义上是先案的法官对疑难案件作出了阐释性结论,但是在形式意义上它只是一种解释,所以这也是形式和实质的差别:表面上是解释,但实际上还是阐释,越难的案件创造性越高,阐释的程度也应该越高。

当然刚才雷磊教授提到了文义解释这种方法,文义解释的射程或者范围,与解释和阐释有着密切的联系:如果法官所理解的意义没有超越抽象的范围,那么大概这种理解、这种赋予的意义基本上处于解释的层面,但如果超越了文义的范围,更多就体现了阐释的色彩。这种创造性的程度也不是一种绝对意义上的划分,它们就像光谱一样不会是绝然分开的,只是程度上的差别。司法者,尤其是那些疑难案件的法官,不能、不敢或者不愿意明确"造法"或阐释的行为,只是强调解释,并且这种解释没有僭越立法者的权力范围,此时的修辞也是含糊其辞的。当我们批判中国裁判文书写得过于简单、不注重说理的时候,其实这种无言的修辞也是一种修辞,因为没有直接的言辞具体描述阐释的过程、创造性发挥的过程。对于"解释"这个概念,法官是可以公开论证的,在裁判文书中既可以说也可以做。但是,对于创造性更强的阐释来说,不管出于权力结构的限制,还是对于法官造法的警惕或者预防,疑难案件中的法官往往就是只做不说,采取了一种"于无声处听惊雷"的做法:不会全面或者没有完全公开阐释过程,而是留给后人去联想、去猜想,当然这里的"后人"既包括后案的法官,也包括学者。

这里可以举一个比较有意思的例子。最高人民法院的指导性案例20 号是一个专利法的案件,在实质意义上进行了漏洞补充,对于没有规定的问题创造了新的规则。但是，最高人民法院案例指导工作办公室在《人民司法》上所发表的对这个案件的理解和适用的文章中说"根据相关的法律规定、司法解释，我们解释出如下规则……"，这意味着这个案件仍然不具有那么强烈的创造性。当然，直接明确的创造也不便公开宣扬，对案件的解读仍然停留在解释阶段，这意味着该案仍然是以既有的法律规定为依据和前提。但实际上，在没有相关法律规定的情况下是不可能展开体系解释、文义解释的，这一案件的处理更多的是创造或者阐释，更多体现了目的解释。正如刚才雷磊教授提到的，这种客观目的解释，可能就带有很强烈的法官造法的含义。需要补充的是，2020 年年底配合《民法典》实施的《最高人民法院关于部分指导性案例不再参照的通知》（法〔2020〕343 号），专门提到指导性案例 20 号不再具有指导作用，这说明在一定意义上指导性案例 20 号所进行的"阐释"或者创造性尝试不那么合适或成功，特别是在《民法典》已经实施的情况下，其部分规定与《民法典》存在一些冲突或者矛盾之处，所以这种创造性的阐释活动并没有长久维持自身在形式上的有效性。

　　还可以再举一个例子。在美国的宪法学研究中也有"阐释"这个词，我最初接触到这些翻译过来的作品的时候，先看到了相关的中文表达，然后再去追溯其在英语中对应的词语，发现"宪法阐释"这个中文词语相对应的英语原文是 constitutional construction，它实际上是一种建构，而远远不是解释这种层次所能说明的。这和宪法的高度抽象的定位和特点也是对应的。越是高度抽象，就越难以准确地与具体案件事实相结合，越需要阐释，越需要法官发挥创造性。所以我们可以看到美国的大法官在一些著名的案件中采取一些创造性的方法，把美国宪法变成"活的宪法"，实现了"艰难的一跃"，用几百年前抽象的宪法来解决眼前的现实问题。我在《中国法学》2022 年第 2 期上发表的《社会主义核心价值观的法源地位及其作用提升》中也论及类似的情况：在司法实践中，对于社会主义核心价值观的运用有很多问题，通过裁判文书的梳理可以看到，简单地适用，即只提社会主义核心价值观而不进行任何的说理，这种情况非常普遍。部分原因在于社会主义核心价值观作为一种价值观念的集合，或者叫作概念束或观念束，带有很强烈的抽象色彩，把它运用到具体案件之中，与具体案件事实相结合，需要一定的创造性。当没有时间和精力进行创造的时候，法官说不清社会主义核心价值观与案件事实之间的具体关系，只能付诸阙如或者简单说理。

总之，解释和阐释还是需要进行区分的，而且是在狭义上进行区分，区分的重要标准是创造性的程度。当然二者并不存在绝对意义上的割裂，不是泾渭分明，而是在一定意义上的水乳交融、难分难舍。在我们的身边，这种例子也有很多，比如生存与发展问题，二者不是绝对意义上的分开。从普遍脱贫到精准扶贫，再到乡村振兴、共同富裕，实际上也是一个从侧重于生存逐步提升到侧重发展的过程。

对于阐释和解释的问题，主体创造性的差异使得辩思解释和据法阐释存在融贯的可能，因为解释的创造性偏低，辩思的灵活性又比较高，所以实现了动静的结合、稳定与变通的结合。据法也就是依据法律，能够对创造性较高的阐释进行限制，所以二者都带有动静相宜的组合色彩，为二者后续的融贯提供了必要的前提。要实现二者在法治实践或者法治理念中的融贯，必须有融贯的可能，而上述组合特点和各自定位就为这种融贯提供了必要前提。

第二个问题就是刚才陈老师提到的通过法源进行据法阐释。刚才陈老师只是略微提到了据法阐释，其实，据法阐释相比于过度的辩思解释来说，是更能够推动法治、维护法治的思维方式。刚才雷磊教授已经为我们展示了他关于法源理论的核心观点，即将法源分为认知渊源和效力渊源。这种法源理论对于实现据法阐释而言有非常明显的优势，我将聚焦于如何借助法源理论进行据法阐释，总体的安排是先批判后建构。一方面，我们需要否定对于法源的一些固有观点，典型的内容就是正式渊源和非正式渊源的分类。随着法学理论研究的深入，非正式法源和正式法源的分类越来越受到质疑，或者说越来越不合时宜。虽然这种理论被广泛接受，甚至被写入了《国家统一法律职业资格考试大纲》，受到了官方的肯定，但是这种分类已经日益显现出它的局限性，越来越不能满足法源理论发挥更大作用的需要。我们对于法源理论的很多固有看法都来自一些西方学者，应当结合中国法源存在的状态和运行的状态来进行批判，这是需要否定的一方面。从肯定的另一方面展开，那就是需要梳理中国特色的法源，整合构建中国特色的法源体系，重新审视拓展带有中国本土特色的，尤其在司法过程中值得重视的诸多法源类型。

从深化学术研究并为司法实践提供参考的角度而言，法源体系建构没有特别需要限制之处，只要可能是司法过程参考和吸收的法源，都可展开研究。例如，彭中礼教授近年对最高人民法院的规范性文件和非规范性文件都展开了研究，从法源体系或法源理论的角度来说，这非常值得肯定。我在《社会主义核心价值观的法源地位及其作用提升》中提到，社会主义核心价值观的法源地位也是如此。寻找和探求中国特色的法源体系，由此反思、批判原来固化的法源理论，有利于建构中国特色的法源体系。这些法源类型对法官来说的权威性，有的是形式意义上的，有的是实质意义上的。例如，我在《政治与法律》2021 年第 6 期发表的《清理指导性案例的失范与规范——基于法〔2020〕343 号通知的分析与反思》一文中指出，最高人民法院民事审判第二庭编著的《〈全国法院民商事审判工作会议纪要〉理解与适用》认为，"九民纪要"

（《全国法院民商事审判工作会议纪要》）与指导性案例发生了冲突，存在不同认识，该纪要公布后，人民法院在审理这类案件时，应当根据该纪要的规定处理。这种观点实际上否定了指导性案例。从形式角度来说，指导性案例由最高人民法院正式公布，而且在《人民法院组织法》中有直接规定，并经过了最高法审委会的审议通过，指导性案例在效力形式上应当是明显高于"九民纪要"的，但"九民纪要"在现实中更具有影响力和实质意义上的权威，而不是形式意义上的权威。

因此，能够进入司法过程的各种材料，都可以作为中国特色法源理论体系的研究对象。虽然一步到位地全部总结法源体系的特点、名称、分类和层级等比较困难，但是我们可以通过列表方式逐个探索，聚沙成塔，不断尝试，推动构建中国特色法源理论体系。在逐渐梳理更多带有中国特色的法源类型的过程中，我们会清楚如何建构法源体系，通过法源理论形成共识性的标准，以法源理论推动据法阐释。

第三个问题是人工智能与辩思解释和据法阐释的相关关系。不管是辩思解释、据法阐释，还是二者的融贯，更多是理念层面的问题。如果将辩思解释与据法阐释的融贯关系置于科技时代的背景之下，人工智能可否为辩思解释或据法阐释提供一些帮助，是值得讨论的问题。人工智能是否有可能替代法官的思维过程？如果可以部分替代，又如何在思维层面上推动法律的统一适用？例如人工智能催生的类案检索，在一定程度上带有反智色彩，即把其他法官已处理的案件作为后案法官处理案件的依据。如果实现强人工智能，结果就是"看别人怎么判，我就怎么判"，思维过程和结果较为统一，但可能会影响法官据法阐释的创造性。常规案件或稍有疑难色彩的案件在效率上可得到更好处理，但是，在真正具有造法色彩的疑难案件、需要据法阐释的案件中则容易出现"劣币驱逐良币"的情况。以往的判例未必都值得推崇，但由于时间上在先,经过类案检索后需要借鉴,已有的、可能不那么恰当的做法会压制后来更妥当的、与时俱进的和创新型的做法,也就是据法阐释的结论。因此,如果将人工智能所产生的复杂影响纳入辩思解释和据法阐释的融贯关系中,会形成更多的探讨空间。

彭桂兵教授(主持人):

　　感谢孙光宁老师!孙光宁老师主要从三个较为具体的方面展开。首先,光宁老师与陈老师的理解稍有不同,光宁老师认为解释更多依据抽象的规则,而阐释更多是赋予创造性。其次,就陈老师提出的法源统合的问题,光宁老师提出两方面的想法:一方面,如何统合,指向方法论,先批判再肯定;另一方面,是否有必要梳理中国的法源体系,拓展法源类型。最后,光宁老师从人工智能角度讨论是否能实现辩思解释和据法阐释的融贯。

　　接下来请陈金钊老师回应。

四、 问答环节

陈金钊教授回答:

　　在中国,实现法治采取实用主义的态度,但未能从理论上证成法治。离开理论证成,只以实用主义对待,无法实现法治。过去,西方在形式逻辑的基础上,通过拟制主体和规范体系证成法治,但后现代法学将其瓦解。在法治的证成上,中西方重新回到同一起跑线,都有证成和重塑法治的任务。因此,法治或法律思维的塑造非常重要。

就法治现代化,我发表在《山东大学学报》(哲学社会科学版)2021年第 4 期上的《现代化语境的法治化探寻》也有论述。现代化包括制度现代化,文字上做到很容易,但真正实现法治、保障人权、以人民为中心,需要思维方式的转变,既需要传承中华优秀传统法律文化,也需要借鉴人类法治文明的优秀成果,先从思维方式上证成法治,再全面推进法治。

两位与谈人都对法律渊源做了专业和精深的论证。但我最近觉得现在不是要建构法治话语体系,而是要强调,在法治话语体系建构过程中,法源理论对构建法治思维方式、完善法治话语体系都具有重要的意义。

雷磊教授回答:

结合孙光宁老师的观点和同学们的提问,我回应以下四点:

第一,关于用词的问题。光宁老师用的“解释”和“阐释”两个词与金钊老师的用法不太一样,光宁老师更多把“解释”作为一种根据规则,尤其是语言使用规则来进行的活动。对于语言体系背后意义的揭示,他使用“阐释”一词来描述,因为阐释的自由度要比单纯遵从语言使用规则的自由度大。当然这只是使用用语的区别。但阐释最主要的意思是对于精神活动意义的揭明,以区别于对纯粹自然现象的说明。

第二,同学提问:“若划分效力渊源和认知渊源后,将效力渊源限于制定法是否会造成法源的封闭性?”我的回答是“既是也不是”。从效力层面来说,的确是要封闭起来。因为法源理论只解决依法裁判的问题。法源不是无所不包的。司法裁判理论中,并非说只要涉及释法说理,就一定要使用法源。裁判只有建立在依法裁判的基础上才是有效的,因此它的效力必须要封闭起来。但从另外一个角度来说,它也是开放的。

在司法裁判或法律论证过程中,法官能借助的理由是开放的。我们要区分在司法裁判或法律论证中运用的两类理由。一类是裁判依据。裁判依据解决的是依法裁判问题,即依据何种规范才是一个有效且成立的裁判。另一类是裁判理由。除裁判依据外,说理所使用的都是裁判理由。法律说理并非一个单纯依据法律规则进行纯逻辑推理的过程,结合案件的法律说理需要使用其他实质理由,如政治、经济、文化、道德甚至数学规则。我反对将司法裁判中所运用的一切理由(或者说规范性理由)都视为法源,但并不反对司法裁判使用其他理由这种做法本身。不可否认的是,这些理由在司法裁判中发挥着重要的作用,能够增强裁判的社会效果或说服力。但裁判的社会效果和说服力不等同于裁判的有效性。若将在裁判中所能用到的所有理由都视为法源,法源的概念就被泛化了,就会丧失其作为核心范畴的地位和实践意义。

第二,同学提问:"什么是法源的内容开放性?"刚才我们区分了效力渊源和认知渊源,认知渊源就是提供内容的。例如《民法典》第十条授权法官在没有法律规定时可依据习惯进行裁判。《民法典》并没有规定习惯的内容是什么,需要授权法官结合个案去寻找,即由授权法官去认定具体的习惯。因此,我们可以将《民法典》第十条称为授权性的裁判规范。当然,这里施加了两个限制,第一重限制是顺序——只有当没有法律规定时才能这么做。第二重限制是后半段的公序良俗条款,它赋予法官审查义务,即法官找到具体习惯后还得审查它是否符合公序良俗。因此,认知法源在效力基础上封闭,但在内容上开放。

第三,同学提问:"效力渊源和认知渊源的区分是否为规则和原则的区分? 如何确定原则的内容?"如果某个法律条款在内容上是用来确定法源(认识渊源)的类型和适用条件的,那么它就是法源条款。法源是一种宏观理论,我们可以将"制定法""习惯法""判例法"称为法源(效力渊源),符合条件时将"习惯""政策"称为法源(认知渊源),但不会将一条规则和一个原则称为法源,后者是微观层面的东西。法律原则内容的确定,是一个很复杂的问题,没法做一般法理论的探讨。一般法理论能够做的是建构出关于法律原则具体化的模型,即通常说的实践三段论或者实践多段论,但是原则的内容没有一套稳固的方法来确定,只能依托教义学。部门法原则的内容需要通过本部门法的研究不断进行教义学上的类型化来确定。随着案件的不断增多,特别是典型案例的不断增多,我们就可以逐步明确法律原则的含义,对它进行类型化处理。

第四,关于人工智能。光宁老师期待人工智能在据法阐释的活动中发挥效果,尤其是在创造性工作方面。但在我看来,人工智能无法起到这种作用,即便是最简单的解释活动,它也完成不了。人工智能的运行机理与精神科学或人文科学的解释或阐释是完全不一样的。阐释是一种意义的理解活动,人工智能无法"理解"意义,即便是图灵测试机也无法"理解"意义。人工智能能做的其实是一个高级版讯飞的工作,有了输入值后输出对应值。高级人工智能和低级人工智能的唯一区别在于,低级人工智能的输入值是预先设置的,即需要人为建立一个知识库;而高级人工智能具有深度学习的能力,可通过对海量先前案件(数据)的"学习",自动寻找出相关要素来对应裁判后果。但无论是哪种活动,都不是意义的理解活动,而只是建立了非常简单的数值对应关系。甚至,它只能建立相关关系,而不能建立因果关系,更不用说"阐释"和"理解"所要求的规范性关系了。此种人工智能工作不能称为解释活动。

孙光宁教授回答:

法源体系的建构涉及法源及其理论的定位问题,刚才雷磊老师也说了,如果把法源的功能限制得比较小,就容易得出法源范围应当十分有限的结论。但是，当使用众多司法过程中的材料扩充法源体系时，法源理论的功能也会相应扩张，这涉及法源的整体定位。法源以及法源理论，究竟是发挥有限的作用还是膨胀或者扩展的作用，会导致对法源范围认知上的差别。

人工智能的相关问题就更复杂了。现在我们仍然无法准确预知未来人工智能的发展程度，尤其是在思维层面和精神层面。但是，从一定意义上来说，刚才提到的人工智能与辩思解释和据法阐释的相关关系，可能也属于理解认知的一种，不能完全把它排除在认知和理解外。人工智能自身所产生的认知可能是粗浅的，不像人类已有的精神活动所产生的高级认知，但这种认知也是认知。未来我们需要处理科技与伦理的关系，需要观察科技的发展，对人工智能的认知发展要保持足够的关注。

五、　闭幕致辞

陆宇峰教授：

今天讲座的主题"辩思解释与据法阐释的融贯"不仅涉及法律思维，还涉及法治理念和法源概念。讲座十分精彩，三位嘉宾在讲座过程中碰撞出了火花。

首先，陈老师提出了一个东西方殊途同归的、极富理论格局的世界性问题：西方要在后现代知识的基础上重构法治，中国要在前现代辩证思维的基础上建构法治，东西方都遇到了迈向法治新阶段的问题，这是世界性的问题。陈老师的观点也极富理论气魄，即东西方需要相互学习才能实现法治的升级。东方向西方学习法律的现代化和权威性,西方向东方学习整体观和辩证法。唯有如此,才能达成法治的世界大同。陈老师注意到,西方正通过法律论证引入法外要素。他也给中国开出了方案,此处不再赘述。

其次,陈老师谈到了静态与动态的区分。在静态意义上,可以看到法律被拟制的体系性、自主性和明确性;在动态意义上,从线性时间角度,则可以看到法律的断裂性。这就要求从法律的动态运作层次,亦即系统层次,考虑法律的自主性和统一性。谈论静态的、纸面的法的体系及其统一性,其实没有意义。从线性时间看,随着社会和时代的变化,相同的法律可有不同的解释,看似相同的案件可被理解为不同。法律在每一个运作的当下具有统一性,但到下一个当下(即卢曼所说的"未来的当下"),静态地与"过去的当下"比较时,则存在变化和断裂。在当下的时间点看到统一性,这也是雷磊老师引述伽达默尔所说的,阐释者在特定现实情境中对文本的意义揭示,具有统一性和确定性。因此,陈老师抓住了问题的关键,即必须区分静态与动态,考虑法律的统一性、自主性和明确性。

再次,陈老师谈到封闭与开放的区分。中国的辩证思维重视实质和整体,西方的二元思维缺乏辩证思维和整体思维。西方思维容易僵化,应更开放;中国思维较为活跃,过度强调辩证,应更封闭。对此我做一点补充:在引入封闭与开放的区分时,要关注社会发展阶段问题。西方社会在自由资本主义阶段是形式法范式,当社会两极分化越发严重、社会矛盾日益突出时,就需要一定程度的实质化,需要更加开放。到了福利国家阶段,西方社会则开始追求实质法范式,甚至出现反法治的过度开放情况。两种范式都产生了问题。全世界范围内,有很多研究试图解决问题,如托依布纳的反思法理论。

　　法律在哪个层次开放，哪个层次封闭？雷磊老师提出，法律在效力渊源层次应封闭，此即卢曼所谓法律系统的运作封闭。但在认知层次，法律实际内容如何、法律规则相互冲突时如何作出选择，以及如何填补法律漏洞等，这些问题都属于认知开放的层次。法律在哪个位置开放，哪个位置封闭？卢曼进一步说，在法律系统的边缘——立法与政治系统的结构耦合处、契约与经济系统的结构耦合处——对外开放，但在法律系统的中心相对封闭——司法从根本上维护着法律系统的统一性。"开放立足于封闭"，这是法治的基本原理。

　　光宁老师区分法律解释与法律阐释后，又对论证加以进一步限缩，以大量案例分析二者融合的可能性。这充分揭示了本期讲座主题的复杂性。他的分析也涉及法的封闭性与开放性问题，他与雷磊老师都提示我们，在讨论法源时存在基本立场的差别，即更加开放的立法视角与相对封闭的司法视角的差别。立场不同，结论也不同。

　　最后，关于人工智能的算法运用问题。光宁老师提到类案检索，类案检索的关键在于建立类比项，而建立类比项是人为的。因此，两个案件是否属于"同案"，不能静态地讨论。例如劳动合同和买卖合同，最初均适用契约自由原则。劳动合同无非就是自愿出卖劳动力、自愿被剥削。但工人运动后，劳动合同开始区别于买卖合同，法律对劳动合同施加干预，限制最长工时和最低工资。侵权亦是如此，工人因工友操作不当而受伤，法律上曾经认为受伤由工友过失导致，应由工友赔偿，后来则将其归咎于雇主，认为受伤是雇主对工人培训不当或是未能提供安全保障的结果。因此，判断是否同案，取决于不同时代的不同理解，人工智能难以预先作出判断。

　　再次感谢各位嘉宾！

第37期东方明珠大讲坛

体育赛事直播
版权保护若干问题

2022/03/24
18:30-20:30

主讲人 **王 迁**
华东政法大学法律学院教授

与谈人 **许 超**
原国家版权局巡视员

李明德
中国社会科学院法学研究所研究员

陈锦川
原北京知识产权法院副院长

致辞人 **陆宇峰**
华东政法大学科研处处长、教授

主持人 **彭桂兵**
华东政法大学科研处副处长、教授

华东政法大学"东方明珠大讲坛"
致谢"问荆源"基金支持

"华东政法大学科研处"官方B站账
号：24585258
直播链接：http://live.bilibili.com
/24585258

华东政法大学科研处主办

第 37 讲　体育赛事直播版权保护若干问题

时　间：2022 年 3 月 24 日

地　点：线上

主持人：彭桂兵（华东政法大学科研处副处长、教授）

主讲人：王迁（华东政法大学法律学院教授）

与谈人：许超（国家版权局原巡视员）、李明德（中国社会科学院法学研究所研究员）、陈锦川（北京知识产权法院原副院长）

致辞人：陆宇峰（华东政法大学科研处处长、教授）

一、　开场致辞

彭桂兵教授（主持人）：

尊敬的王迁教授、许超司长、李明德教授和陈锦川法官，各位老师、同学，大家晚上好！

今天我们这场论坛的主题是著作权法，具体就是探讨体育赛事直播版权问题。

今天的这场活动可谓是高朋满座，大咖云集！我们有幸请到了华东政法大学法律学院王迁教授。王老师是学生心目中的"迁神"，是我们学校学术委员会副主任委员、第九届全国杰出青年法学家，入选国家"万人计划"、哲学社会科学领军人才计划、国家"百千万"人才工程，同时也获得了新世纪优秀人才支持计划等荣誉奖项。王老师长期致力于知识产权法学问题的研究，是国内知识产权法学研究方面的代表性学者之一。我本人也受惠于王老师的很多研究成果，他的课程、已经出到第七版的《知识产权法教程》以及《网络环境中的著作权保护研究》等著作，都让我受益匪浅。

此外，我们本次特别活动还邀请到了尊敬的许超司长。许司长曾经任职于国家版权局，是版权管理工作中的实践者，具有丰富的版权管理经验。同时，他也具有深厚的理论功底。

我们也有幸邀请到尊敬的李明德老师。李老师可谓是知识产权界泰斗级的专家，任职于中国社会科学院法学研究所，也是中国社会科学院大学研究生院博士生导师。李老师更多是从比较法的角度来进行学术研究的，比如李老师曾撰写过《日本知识产权法》《欧盟知识产权法》《美国知识产权法》等，这些皆为其代表性著作。

最后，我们还要隆重介绍陈锦川法官。陈法官任职于北京知识产权法院，去年刚刚从副院长的职务上退下来。陈法官审判了多起经典的知识产权案例，其撰写的《著作权法审判原理解读与实务指南》是一本非常经典的著作，也是陈法官对多年来审判工作经验的总结和升华。

今天我们也有幸邀请到了科研处宇峰处长。宇峰处长一直坐镇"东方明珠大讲坛"，这是对我们的莫大支持。今天的讲座主题是"体育赛事直播版权保护若干问题"。实际上，正如王老师所撰写的讲坛导言中所介绍的，相关案件前后经过了法院的一审、二审、再审，但是这三审当中经历了两次反转，充分说明了案件中蕴含着很多可以探讨的重要问题。现在我们把时间交给王迁老师，有请王老师！

二、　主讲环节

王迁教授：

　　谢谢彭老师！今天晚上我想就体育赛事直播版权保护的相关问题和大家分享我的看法。关心知识产权保护现状的朋友们应该都知道，直播版权的保护是一个难点问题。我们一般都公认体育赛事直播应当受到保护，而且应当受到高水平的保护，对这一点各界都没有任何分歧。原因很简单，因为体育赛事直播往往需要直播者进行巨大投资。例如，央视要直播奥运会就需要花费高额费用从主办方那里买直播权，这一点世人皆知。如果有人未经许可，在央视做现场直播的时候进行同步的转播（主要体现为网络上的同步转播），这样的行为一定会分流央视的观众，从而大大降低央视的广告收入。这对于支付了高额许可费、投入了巨大的时间和精力去进行直播的央视与相关广播组织都是不公平的，所以我们公认体育赛事直播是需要受到保护的。但是对于如何保护存在着巨大的意见分歧。如果用一句话概括分歧，那就是著作权法如何去保护体育赛事直播。

　　著作权保护的客体主要是两类，第一是作品，第二是作品之外的其他客体。对作品的权利，我们称为狭义的著作权，也可以称为作者权。对作品之外的其他客体，我们称为邻接权或者相关权。在考虑著作权法如何保护体育赛事直播的时候，先要讨论体育赛事直播能不能被认定为作品，从而判断是否能用作者权去保护。要认定作品，就必须回答两个问题。第一，体育赛事直播是否符合独创性要求，因为独创性是对所有类型作品的普遍要求。第二,如果把体育赛事直播视为著作权法修改之前的电影和以类似摄制电影的方法创作的作品(简称"电影和类电作品")以及修法之后的视听作品,那么此时是否需要符合固定要件?如果著作权法确实要求之前的"电影和类电作品"或者现在的视听作品必须固定,那么现场直播是不是符合固定的要求?如果认为体育赛事直播不符合作品的保护条件,那么能不能用邻接权去保护它?赛事直播的邻接权只可能有两个,一是录像制作者权,二是广播组织权。上述这些问题就是业界围绕体育赛事直播版权保护形成的几个焦点性争议。

　　由于这些问题非常复杂,我们也没有时间把每一个细节都展开做仔细全面的分析。我想以代表性的诉讼——新浪诉凤凰网赛事直播案(以下简称凤凰网赛事直播案)为例,来讨论这个问题。以该案的诉讼为例有几个主要理由:第一,该案被称为中国体育赛事直播版权保护第一案。在这个案件之前,很少有人讨论体育赛事直播画面是不是作品,这个问题是随着这一案件的发生以及一审判决的作出才热起来的。而此案经历了三次法院的审理,一审法院认定是作品,二审法院认定不是作品,再审法院改判认定是作品,这一过程也反映了这个问题的复杂性,因此该案件是很具代表性的。第二,我认为此案历经三审法院的审理,三审法院各自的判决书加起来几乎囊括了学界和业界有关这个问题的所有观点。虽然最后起决定性作用的是再审法院采纳的观点,但这显然已经不是再审法院撰写判决书的法官个人的一家之见,而是体现了学界和业界的一种代表性观点。所以,我想以这个案件为核心,来讨论体育赛事直播版权保护的问题。

　　首先是第一个问题——对独创性的认识。凤凰网赛事直播案的再审判决书中写道:

対于作品的独创性判断,只能定性其独创性有无,而无法定量其独创性之高低。……邻接权……目的在于对那些不具有独创性……的成果也给予保护,……电影类作品与录像制品的划分标准应为有无独创性,而非独创性程度的高低。

这段话反映了学界和业界对于如何理解我国《著作权法》对所有作品提出的独创性要求有不同看法。一种观点认为独创性是"有无"的问题,这个"有无"是指绝对意义上的全有和全无;另一种观点则认为独创性不是绝对意义上的"有无",而是一个"高低"问题,也可以称为程度问题。这就体现出学界和业界对于独创性到底是"高低"还是"有无"存在争论。再审判决的态度是很鲜明的,独创性是"有无"问题。我们可以说有独创性就是 0 和 1 中的 1,无独创性就是 0 和 1 中的 0。再审法院认为独创性问题就是 0 和 1 的问题,而不是"高低"或者说程度的问题。独创性要求不是在 1—10 的谱系当中达到某个标准(比如说 3)就可以受保护,没有达到就不能受保护。再审法院认为只有作品才有"是 0 和 1 中的 1"意义上的独创性,而邻接权的客体由于不是作品,所以没有独创性。这个没有独创性是绝对意义上的无独创性,也就是 0 和 1 中的 0。由此得出的观点是任何邻接权的客体,包括录像制品,都是没有独创性的,是 0 和 1 中的 0。这是再审法院对独创性的核心观点。

体育赛事直播在这个背景下是否有独创性呢? 再审法院认为如果是以 0 和 1,也就是绝对意义上的"有无"来看独创性,现场直播当然是有独创性的。为什么? 我们来看一看再审法院的这段认定:

赛事节目的制作过程……包括以下步骤:一是摄制准备,制作者需要在赛事现场对摄制场景、拍摄范围、机位定点以及灯光音效

等进行选择和安排,该步骤需要对赛事规律、运动员的活动范围等
作出充分预判;二是现场拍摄,制作者在拍摄采集时需要对镜头定
焦、拍摄角度、现场氛围等进行选择和判断,为了全方位捕捉现场
精彩画面,经常需要进行多镜头分工配合;三是加工剪辑,制作者
运用包括数字遥感等技术在内的多种计算机程序,对不同摄像机
采集后的赛事视听内容进行选择、加工和剪辑……

　　这段描述是相当客观的,说明了再审法院在审理案件的时候,对事
实问题做了细致的调查。从这段描述来看,毫无疑问赛事直播是需要
投入智力的,也需要进行个性化的选择和判断。如果独创性确实是绝
对意义上的 0 和 1 中的 1 的问题,那么毫无疑问赛事直播是有独创性
的。进而,根据再审法院认为"凡是邻接权的客体独创性都为 0,作品
的独创性是 0 和 1 中的 1"的论断,我们自然可以推出赛事直播画面是
作品的结论。然而,在我们对再审法院的判断作出评价之前,我先想请
大家看一张图片,图片上是一台双卡录音机。20 世纪 80 年代到 90 年
代,双卡录音机是非常流行的,我印象非常深刻的是当时买来之后商家
还送了一盘磁带。这个磁带是音效带,是用来让购买者测试一下这台
录音机的音响效果的。这么多年过去了,我现在还清楚地记得这盘音
像磁带中的第一段声音是火车进站的声音,第二段声音是鸟的鸣叫。
现在请问,这段小鸟鸣叫的音效是怎么制作出来的呢? 我来给大家分
析一下。我分析的时候会对照再审判决中对现场直播画面制作过程的
描述。我相信我们听到的小鸟鸣叫或者说小鸟奏鸣曲的音效是这么制
作出来的:

　　　　录制过程包括如下步骤:一是录制准备,制作者需要在小鸟鸣

叫的现场对录制场景、录音范围、录音机定点以及音效等进行选择
和安排,该步骤需要对小鸟鸣叫的规律、小鸟活动的范围等作出充
分预判;二是现场录制,制作者在声音采集时需要对音源方向、摆
放录音设备的角度、现场氛围等进行选择和判断,为了全方位捕捉
精彩声音,需要十几台录音设备进行多设备分工配合;三是加工剪
辑,制作者运用包括数字录音技术在内的多种计算机程序,对不同
录音设备采集后的声音内容进行选择、加工和剪辑。

现在大家知道一张 CD 是怎么制作出来的了,绝不是唱片公司在
歌手嘴巴边放一个录音笔那么简单,而是要经过这样复杂的过程。我
也承认录制小鸟鸣奏曲音效的过程,在复杂程度上是不如现场直播画
面的,但是我们一定要记住再审法院讨论这个问题的逻辑起点是,独创
性是一个绝对意义上的 0 和 1 的问题,是不考虑程度的。只要有智力
投入,只要有个性化的选择和判断,就是 0 和 1 意义上的 1,而不是 0。
请大家思考:我所描述的小鸟鸣叫形成的奏鸣曲既有独创性而且优美,
按照再审法院的标准当然有独创性,那么这段小鸟奏鸣曲的录音在我
国《著作权法》中是作品吗? 我相信法官一定会作出判断:不是作品。
小鸟鸣叫的录音在我国是作为录音制品受保护的,也就是说制作者对
小鸟鸣叫的录音享有的不是作者权,而是邻接权中的录音制作者权。
显然,以再审法院对独创性的理解为起点,我们必须承认这段小鸟鸣叫
的录音有独创性,但是它又不是作品而是邻接权的客体,这就说明了
《著作权法》规定独创性、邻接权的目的不仅仅在于对那些不具有独创
性的成果也给予保护。所以,认定作品要考虑的因素是很复杂的,并不
是仅仅考虑 0 和 1 意义上的独创性,还要考虑很多因素,包括《著作权
法》对作品的其他要求、对特定作品的额外要求,并且将上述这些结合

起来区分著作权和邻接权的体系。

再审判决认定独创性是绝对意义上的有和无而不是程度的问题，因此得出的结论是，凡是邻接权的客体，独创性都是绝对意义上的0，没有一点独创性。在这种情况下，录像制品的独创性也必须是绝对意义上的无，也就是0和1两分法中的0。因此，再审法院对于录像制品下了一个我们从来没有在司法判决中看到的新颖的定义：

> 《著作权法》意义上的录像制品限于复制性、机械性录制的连续画面，即机械、忠实地录制现存的作品或者其他相关的形象、图像。

请注意这个定义。它的核心是，录像制品必须是绝对意义上的无，也就是0和1中的0，不可能有任何独创性，这是逻辑起点。据此，这个定义把什么东西作为被录像的客体呢？只有两种，一种是现存的作品，另一种是其他连续的相关形象或图像。基于此，去录制人的活动或者社会活动或者自然风景是不可能形成再审法院所说的录像制品的。因为人的活动、社会活动、自然风景都不是现存的作品或其他连续的相关形象、图像。因此现存的作品只可能是指"电影和类电作品"，也即现在的视听作品。其他相关形象、图像指什么？指录像制品。

为什么能得出这个结论？我们可以比较一下《著作权法实施条例》对录像制品的定义，"其他连续相关形象、图像"就是《著作权法实施条例》定义录像制品时的用语。要形成录像制品，必须要拍这个定义中的现存的作品，或其他相关形象、图像。被拍的东西必须是动起来的东西，除了录像制品还有什么？当然就是电影和类电影作品，而且拍的方式必须是复制性、机械性地录制。这里的关键词是"限于"，也就是说只有一种方式,没有第二种方式。根据这个定义,什么样的连续影像是符合定义要求的复制性、机械性地录制出来,而且是针对现存的作品或其他连续相关形象、图像录制出来的录像制品？我认为只有一种情况是符合定义要求的,那就是右边放一部电视机,电视机正在接收电视节目,有的是作品,有的是录像;左边放一台摄像机,摄像机的镜头对准了电视屏幕,以复制性、机械性的方式,把电视屏幕上展示的电影作品或者录像制品录制下来。这样才完全符合这个定义,那就是复制性、机械性地录制,忠实地录制现存的作品(特指电影和类电影作品),或其他相关连续的形象、图像(特指录像制品)。

请大家思考一下:以这种方式录下来的东西能被称为录像制品吗？有一段时间,很多法院都和我讨论了一系列案件所涉及的问题,案件内容是一家电影公司拍摄了一部电影,这部电影是故事片,电影公司授权(专有许可)一家音像公司把这部电影制作为 DVD 去发行。音像公司也就按合同制作并发行了电影 DVD。但它发现有他人未经许可翻刻该 DVD 后进行销售,音像公司便起诉翻刻和销售者侵权。这个案子从诉讼结果来看,应当是和 $1+1=2$ 一样简单的案子,所有法院都会判未经许可翻录和销售是侵权的,但是有几家法院对同一个问题产生了争论,就是这个案子如何归类,是归到著作权侵权还是归到邻接权侵权,法院内部对此形成了不同的观点。

这一诉讼是著作权侵权诉讼还是邻接权侵权诉讼,或者说侵权人侵害的是著作权还是邻接权,大家可以思考一下。我相信一定会有同学认为是邻接权侵权,因为他们会觉得起诉的原告是音像公司而不是电影公司,所以这是邻接权纠纷,音像公司是作为录像制作者起诉的,因此被告侵害的是录像制作者的权利。这样的判断显然是错误的。根据《著作权法实施条例》对录像制品的定义,录像制品是指电影作品和以类似摄制电影的方法创作的作品以外的任何有伴音或者无伴音的连续相关形象、图像的录制品。根据这个定义，所有已固定的连续影像被一分为二，以独创性为分水岭，符合独创性要求的已固定的连续影像被称为电影和类电影作品，不符合独创性要求的已固定的连续影像被称为录像制品。这也同时说明已固定连续影像不是电影或类电影作品就是录像制品，两者必居其一。再看《著作权法实施条例》对录像制作者的定义：录像制作者是指录像制品的首次制作人。也就是说，只有首次把有别于电影和类电影作品的连续影像制作出来的人，才能被称为录像制作者。

电影公司在让音像公司把电影刻录到 DVD 上之前，电影显然已经拍出来了，已经形成了以电影胶片为载体的已固定的连续影像。那么，这些连续影像在性质上应属什么？是电影作品还是录像制品？毫无疑问是电影作品。音像公司得到授权，将 DVD 刻录完成之后，光盘上载有的已固定的连续影像的性质是什么？显然是电影公司拍摄的电影作品。音像公司所做的唯一事情，就是用某种技术手段将已经创作完成的电影作品复制到空白的光盘上，这个过程被称为复制。音像公司在这个过程中显然没有制作出不同于电影作品的其他的连续影像。因为 DVD 上承载的是电影公司拍摄的电影作品而不是其他，所以音像公司不是电影作品之外的录像制品的首次制作人，它没有制作出有别于电影作品的任何其他连续相关形象和图像，所以它的法律地位就是电影作品的复制权和发行权的专有被许可人。它只能以电影作品专有被许可人的身份来起诉，而不能以录像制品制作者的身份来起诉。所以，这场官司就是著作权纠纷而不是邻接权纠纷，原告的法律地位是电影作品复制权和发行权的专有被许可人。

现在回到对着电视机以机械的方式忠实地把电视机上播放的电影

或者录像拍下来的案例。在本案中,被告方并没有制作出不同于电影作品或者不同于既存的录像制品的新的连续影像。这种行为模式和我们前面所说的那个案子中被告的行为如出一辙,都是用某种技术手段在新的物质载体上固定或者复制原来就有的作品或者录像制品,并没有形成有别于现存的电影作品或录像制品的新的连续影像。所以,对着电视机拍出来的东西不能够被称为录像制品,而只是已有的电影作品或者录像制品的复制件。在凤凰网赛事直播案中,再审法院为录像制品所下的定义值得商榷,这个定义之所以能够形成,根源就在于再审法院认为独创性只能是有和无,而且是绝对意义上的"有无"问题,而录像制品绝对不可以有任何独创性,它必须是绝对意义上的无,因此得出了这样的结论。

这个结论与以往的司法实践也是不相符的。在《北京市高级人民法院关于审理涉及综艺节目著作权纠纷若干问题的解答》(以下简称《解答》)中有一句话涉及对综艺节目影像的定性:

综艺节目影像,系机械方式录制完成,在场景选择、机位设置、镜头切换上只进行了简单调整,或者在录制后对画面、声音进行了简单剪辑,认定为录像制品。

北京高院《解答》中所说的能够构成录像制品的综艺节目影像是对着舞台上人的活动拍的,它不是对已有的电影作品或者已有的录像制品进行的翻拍。如果根据再审判决,北京高院《解答》中有关综艺节目影像可以构成录像制品的这一条是完全不能成立的。事实上我认为《解答》的内容是正确的,对着舞台上的表演或者其他活动拍摄,如果独创性程度不够,就不能形成作品。《解答》中说,该影像在场景选择、机位设置、镜头切换上只进行了简单调整，这说明拍摄过程中还是有一定的个性化选择和判断余地的。所以，再审判决对于录像制品的定义恐怕和之前司法实践是不太一样的。

我们再来看一个案件，这个案件有关音乐电视性质的认定。一首歌曲的音乐电视不是一个专门拍摄的 MTV，而是演唱会现场拍摄的画面。上海法院认定它是录像制品。首先，它不是对已有的电影作品或已有的录像制品机械地翻拍，而是对舞台上的表演进行的拍摄。其次，虽然它看上去很简单，拍摄的手法就是谁唱就让谁进镜头，如果两人合唱了，那就把两个人同时放入镜头。但是我们仔细想想看，当把歌手放入镜头的时候，到底是给一个远景还是给一个近景，远景要多远，近景要多近，当然还是能进行一些选择和判断的。拍摄角度是一个 30 度的仰角，还是个 45 度的仰角，也是可以选择的。所以，哪怕是这样比较简单的拍摄，我相信让不同拍摄团队去拍，拍出来的画面也会有所区别。但是无论按照北京高院的《解答》还是按照上海法院的判决，这样的画面都是录像制品，而不是当时的类电作品或者现在的视听作品。

我觉得"凤凰赛事直播案"的再审法院可能也会感觉到，之前有很多判决认定不是纯粹机械翻拍已有的电影作品或录像制品形成的连续影像不是作品，而是录像制品。怎么解释这个问题呢？判决书中有这么一段话：

> 邻接权人在邻接权客体的形成过程中也可能存在个性化选择。但是该"个性化选择"不同于形成作品独创性所要求的个性化选择和安排。……《著作权法》对于作品独创性的要求，是指作者对于作品表达的形成进行了个性化的选择和安排，而邻接权尤其是录像制品的"个性化选择"主要是为了更好地录制影像所做的技

术性加工,而不涉及对作品表达层面的个性选择和安排。因此,录像制品形成过程中的所谓"个性化选择"并不能使其具有独创性。

看完这段话我是蛮疑惑的。再回顾一下《著作权法实施条例》对录像制品的定义:录像制品是指电影作品和以类似摄制电影的方法创作的作品以外的任何有伴音或无伴音的连续相关形象、图像的录制品。它的核心就是把所有已固定的连续影像一分为二,以独创性为分界点,达到独创性要求的是电影或类电影作品,达不到的是录像制品。这两种客体唯一的区别就在于独创性,它们的表达是一样的。无论是电影、类电影作品还是录像制品,它们的表达形式都是连续相关的形象、图像。所以,在拍摄现场演唱会的过程中,对机位、角度的选择,对特写、远景的选择,对于要不要给观众一个镜头的选择,都是对表达的选择,它和电影作品的差异只是程度的问题。

如果我们认为凡是邻接权的客体,独创性必须是绝对意义上的无,也就是 0 和 1 中的 0,那似乎我们没有办法解决另一个问题。美国《版权法》第 102 条规定,录音制品是法定的作品类型。在这一点上美国《版权法》和我国《著作权法》是完全不一样的,和大陆法系国家(像德国、法国、西班牙)也不一样。美国《版权法》中的录音制品是法定作品类型,不是邻接权客体。更何况美国《版权法》中基本上没有邻接权。当然,美国《版权法》也要求任何作品都有独创性,这是美国《版权法》对作品的法定要求。那么,第一,美国《版权法》要求任何作品(包括录音制品)都必须有独创性;第二,在美国,录音制品是作品。由此产生的问题是:在中国独创性为绝对意义上无的录音制品,为什么到了美国,独创性要求就成为绝对意义上的有呢? 这是说不通的。如果独创性真的是绝对意义上的"有无"的标准,那我们说它无独创性就应当"放之四海皆准"。这就好比生物学意义上，带有 XY 染色体的这个人是生物学意义上的男性。那么带有 XY 染色体的人不管在中国和美国都应当是男性，不可能出现在中国是男性，到了美国是女性的情况。

那么，独创性到底是"有无"还是"高低"这个问题的症结在哪里呢？症结在于我们要理解独创性这个词被使用时的语境。人类的语言总是有其不精确性，有时候不结合语境我们就没有办法准确地去理解一个词的含义，也无法准确地表达我们想说的意思。举两个例子。先说第一个例子：假设各位同学毕业十年之后举办了一场聚会，相互之间开始拉家常。一个同学问另一个同学有孩子了没有。那同学回答说"我有孩子"，或者他说"我还没孩子"。请问他说"我有孩子"或"我没孩子"中的"有"和"无"是什么意思？这个"有"和"无"是绝对意义上的有和无。如果他有了一个孩子，他说"我有孩子"；他有两个孩子，还可以说"我有孩子"；他有三个孩子，也可以说"我有孩子"。但是如果他没孩子，那么他只能说"我没孩子"。所以这个语境下的有和无是绝对意义上的有和无，也就是 0 和 1 意义上的是 0 还是 1 的问题。但是我们思考第二个例子：如果一位男生追求一位女生，这个女生拿不定主意，她去问一位拜金的闺蜜，拜金的闺蜜就对女生说"你千万别和他好，这个男生没钱"，或者说"你可以跟他好，他很有钱"。那么这个语境上的此人有钱或此人没钱是什么意思？她的意思显然不是说男生拥有的货币价值是绝对意义上的 0，而是指一个程度，你到了这个程度，我就说你有钱，你没到这个程度，我就说你没钱。那么，独创性到底是两个例子中哪一意义上的呢？我认为独创性是以达到一定程度来定性有无的。也就是说，达到了某个程度，我们就说它符合独创性的要求，是作品；没达到这个程度，我们就说它缺乏独创性，没有作为作品受保护的资格。只有从程度意义上来理解独创性，很多问题才能说得通。

　　在此之前,我举了一些例子,例如现场演唱会的录像,不能说它一点独创性都没有,小鸟鸣奏曲的录音也不能说一点独创性都没有,但是这两种东西在程度上是达不到《著作权法》承认其为作品的标准的。同时还要考虑其他的一些因素,例如对特定类型作品的要求,以及《著作权法》是否区分作者权和邻接权。在公认对独创性要求比中国要低的美国,我们都经常能够在判决书中看到这样的表达,例如著名的山姆大叔雕塑案中的表述:

　　　　对艺术品的再现要获得版权保护,该成果应当包含一些相当程度而不是微不足道的独创性。

　　这里的独创性当然涉及在程度意义上的高和低。这样的判决用语在美国案件的判决书中比比皆是:"充分的独创性""创造性的程度""创造性的水平""独创性的最低量""少量的创造性"等。它们是在讲绝对意义上的有和无,还是在讲程度? 当然是在讲程度。所以,我的看法是:要理解体育赛事如何正确地受到保护,首先就要搞清楚独创性不是绝对意义上的有和无的问题,而是一个程度问题。这个标准可以由立法来确定,也可以通过司法实践进行类型化的处理。

　　现在我要讲第二个问题:对"摄制在一定介质上"的认识。

　　凤凰网赛事直播案中的重要法律依据是《著作权法实施条例》第 2 条。该条规定:"著作权法所称作品,是指文学、艺术和科学领域内具有独创性并能以某种有形形式复制的智力成果。"2020 年《著作权法》修改,加入了对作品的定义,其将《著作权法实施条例》第 2 条的内容搬过去,并做了适当的修改,即把"以有形形式复制"改为"以一定形式表现"。这对如何处理凤凰网赛事直播案没有什么影响。在理解这一条的时候,我们需要把握以下很重要的点。从字面上看,这一条规定了构成作品的几个条件:(一)必须是文学、艺术和科学领域内的;(二)必须有独创性;(三)必须是以有形形式复制的;(四)必须是智力成果。但是这四个条件不能被理解为构成作品的充分条件,它们事实上是必要条件。换句话说,某个东西在形式上符合这四个条件,还不一定是作品;但是反过来,如果某个东西确实是作品,那么必然符合这四个条件。这就是构成作品的必要不充分条件。举个例子,稍有著作权法常识的听众都绝不会认为爱因斯坦著名的质能方程式 $E=mc^2$ 是作品。然而,它是科学领域内的成果,能以某种有形形式复制(比如抄写一遍),是爱因斯坦的智力成果。它在形式上也具有独创性。因为如果把这个公式看作一种表达的话,至少在爱因斯坦之前没有人写出来过,所以这个表达的确是爱因斯坦第一个提出的,而且其背后的原理是"放之四海皆准"的。虽然满足了上述四个条件,但它不是作品。这就说明了,这一条规定的不是构成作品的充分条件,而是必要条件。

我们再来看欧盟法院审理的一个非常有意思的"食品味道案"。一家荷兰公司贩卖一种芝士条,说自己的芝士条配方很独特,口味跟其他芝士条都不一样。某食品公司通过可能是反向工程的某种方法破解了该配方,制作出了味道相同的芝士条,并在市场上贩卖。该荷兰公司请求法院认定对方的行为侵犯了食品味道的著作权。这个案子由荷兰法院提交到了欧盟法院,欧盟法院在审理的时候遇到了一个问题,即欧盟《版权法》对作品类型持开放态度。如果这个案子在英国审理,那就是像 $1+1=2$ 一样简单的案件。因为英国《版权法》是作品类型法定的代表,英国《版权法》中只有法定的三大类作品和八小类作品,而且不允许法官在个案中突破法律规定去认定新的作品类型。这个案子在英国会很好办理,因为食品味道不是英国《版权法》所承认的可以构成作品的

表达形式,所以它一定不是作品。但是,欧盟《版权法》和荷兰《著作权
法》都没有实行作品类型法定。这个时候欧盟法院就面临着作品认定
的问题。本案原告证明了其芝士条的口味的确是之前所没有的,符合
独创性要求。欧盟法院的法务官给欧盟法院写的意见中有这么一
段话:

> 只有符合独创性要求,才能构成受 2001 年《版权指令》第 2 条
> (a)款保护的作品,但不能反过来将其解释为,任何满足独创性要
> 求的客体都能因此"自动"被认为是受《版权指令》保护的作品。

这和我刚才说的问题是同一个意思。《著作权法实施条例》第 2 条
罗列的包括独创性在内的几个条件,不是构成作品的充分条件,而是必
要条件。不能认为一个东西只要符合独创性要求,不考虑其他因素就
可以将其认定为作品,这一点非常重要。

之所以要在讲"摄制在一定介质上"的问题之前跟大家讨论这一问
题,是因为我们需要认识到,《著作权法实施条例》在定义电影和类电影
作品的时候是有额外要求的,即电影和类电影作品是指摄制在一定介
质上的连续画面,具有"摄制在一定介质上"的要求。换句话说,即使某
连续画面符合独创性要求,但如果没有被摄制在一定介质上,那它就不
是受《著作权法》保护的电影和类电影作品。所以,就算我们承认赛事
直播的连续画面符合独创性要求,也要讨论它符不符合摄制在一定介
质上这一要求。判决书中的这段内容体现了再审判决对这个问题的
认识:

> 《著作权法实施条例》第 4 条有关电影类作品定义中规定的

"摄制在一定介质上"并不能等同于"固定"或"稳定的固定"……《著作权法实施条例》第 2 条有关作品的定义仅规定"能以某种有形形式复制"。其作品具有"可复制性"即可,并未将"固定"或"稳定的固定"作为作品的构成要件。

对这段话,我是这样理解的:《著作权法实施条例》第 2 条没有将"固定"作为所有作品受保护的前提条件,而只规定了"可复制";同时,加上伴音的现场直播赛事画面是可以被复制的,因此不用去考虑有没有被固定。我对这个认定意见有几点疑惑:第一,《著作权法实施条例》明文规定了"摄制在一定介质上"的要求,这个法定要求是不能忽略的;第二,未将"固定"规定为所有类型作品的构成要件,与将"固定"规定为特定类型作品的构成或保护条件,两者之间并不存在矛盾。《著作权法实施条例》第 2 条规定的不是构成作品的充分条件,而是必要条件。它没有提"固定",不等于说不可以对特定类型作品的构成或者保护设定"固定"的要求。《伯尔尼公约》第 2 条第 2 款规定:"本同盟各成员国得通过国内立法规定所有作品或任何特定种类的作品如果未以某种物质形式固定下来便不受保护。"我国《著作权法》没有把"固定"规定为所有作品的保护条件,而只是在包括电影和类电影作品在内的特定作品上设定了"固定"的条件,这也是符合《伯尔尼公约》的要求的。

同时,《著作权法实施条例》第 4 条规定:

（九）建筑作品,是指以建筑物或者构筑物形式表现的有审美意义的作品;

（十）摄影作品,是指借助器械在感光材料或者其他介质上记录客观物体形象的艺术作品。

当然,这个定义范围是否过窄的问题值得讨论,因为很多国家著作权法中的建筑作品是不限于建筑物和构筑物的,还包括能够体现建筑外观的设计图以及能够体现建筑外观的设计模型。而我们的《著作权法》对建筑作品的形式做了一个限定,仅限于建筑和构筑物。建筑物和构筑物当然是要求固定的,否则就难以称之为建筑物或构筑物。所以,对建筑作品有固定的要求,与《著作权法实施条例》第 2 条没有把固定作为所有作品的构成或保护条件不矛盾。

摄影作品是指借助器械在感光材料或其他介质上记录客观物体形象的艺术作品。在摄影作品是否需要固定的问题上,我们想象不出有什么摄影作品是不用固定的。如果不以某种载体去记录,根本无法说这是照片或者摄影作品。所以,对特定类型作品要求固定,与在定义作品的时候不提固定,两者是不矛盾的。此外,还存在另一条与《著作权法实施条例》对电影和类电作品的定义相配合的规定,那就是对摄制权的规定。《著作权法》第 10 条规定:"摄制权,即以摄制视听作品的方法将作品固定在载体上的权利。"任何人都无法否认,此处明确出现了"固定"两个字,是要求固定的。比如把小说拍成电影,小说的情节就固定在了电影胶片上,只不过形式由纯文字转变成了图像和声音,仅此而已。既然摄制权的规定认为把剧本拍成电影是固定的,那么在电影和类电影作品的定义中,"摄制在一定介质上"也显然是要求固定,否则这两条就形成了矛盾,而不是相互配合。

下一个问题是对"介质"的理解。"凤凰网赛事直播案"的再审判决书中有这样一段话:

即便将"摄制在一定介质上"视为构成电影类作品的特殊要求,根据《现代汉语词典》对"介质"的解释,"一种物质存在于另一种物质内部时,后者就是前者的介质;而物质是独立存在于人的意识之外的客观存在"。考虑到信息存储传播技术的进步,信息存储更加快捷、存储介质更加多元,对"介质"也应作广义解释。……信号即可以视为一种介质。

　　需要肯定的一点是,在对法律文本作解释的时候,文义解释是首要解释方法。如果大家对一个词的理解有分歧,此时查词典是非常好的方法。但是,一定要注意的是任何用语都有语境,哪怕是词典在解释用语的时候也是有语境的。再审判决引用的是《现代汉语词典》对"介质"的解释的前半句。而《现代汉语词典》中的后半句话是:"……某些波状运动(如声波等)借以传播的物质叫作这些波状运动的介质。旧称媒质。"我认为《现代汉语词典》对"介质"的解释是有语境的。就像"有无"这个词在"有没有孩子"和"有没有钱"这两个语境下的含义不一样,"介质"一词在不同的语境下含义是有区别的。

　　第一,介质可以指传播介质。以与新冠病毒作斗争的情形为例,我从一篇文章中摘录了一句话如下:"气溶胶传播、空气传播、吐沫传播以及附着物传播都是介质传播的形式。"这句话中的介质指的就是传播新冠病毒的媒介,即传播介质。第二,介质可以指储存介质。我从另一篇文章中摘录了一句话如下:"存储介质,小到计算机系统中的几百 KB 的 ROM 芯片,大到上百 TB 的磁盘阵列系统都可以用来保存数据。"这句话中的介质和前面气溶胶传播中的介质显然不是一个意思,这里的介质特指存储介质,是把什么东西存进去、固定进去或保存下来的物品。而被判决引用的介质,其实是前一种语境下的介质,即传播介质。2022 年 1 月出版的新版《辞海》对"介质"的解释则是:

介质,亦称"媒质"。物体系统在其间存在或物理过程(如力和能量的传递)在其间进行的物质。一般指空间范围内分布的实物,如空气、水等。

此处的介质也主要指传播介质,而非存储介质。而《著作权法实施条例》提到,摄影作品要以介质去记录客观物体形象,以及电影和类电影作品摄制在一定的介质上。这里的介质显然是指存储介质,而不是类似新冠病毒传播中的传播介质。以传播介质去解释存储介质,恐怕不是特别合适。

再审判决继续提道:

信号即可以视为一种介质。……赛事画面对外实时传送的过程,实质上就是选择、固定并传输赛事节目内容的过程,否则,直播观众将无从感知和欣赏赛事节目内容。因此,涉案赛事节目在网络上传播的事实足以表明其已经通过数字信息技术在相关介质上加以固定并进行复制和传播。

可见到了后文,介质又回到了存储介质的范畴。我认为这一定会导致得出不太符合逻辑的结论。如再审法院所说的,信号可以被认为是存储介质,即通过数字信息技术,以信号为介质进行存储。那么这必然在逻辑上能得出一个结论,那就是电影作品可以被摄制在信号上。同理,摄影作品也可以被拍摄在信号上。而信号在空气中存在,导致再往下推论,就是电影作品可以被摄制在空气中,摄影作品可以被拍摄在空气中。这个结论似乎不太符合常理。

从比较法角度来看,有些国家如美国的确承认现场直播的画面符合固定的要求。但是,这种认定的前提是边录边播,也就是一边直播,一边由直播者录制。再审判决认为,只要节目传出去了,就说明被固定了,却没有提到边录边播的前提。这恐怕和其他国家将现场赛事直播认定为固定的逻辑是不一样的。又如英国《版权法》对作品的分类采用了典型的作品类型法定模式。其对什么可以构成作品,即构成作品的表达形式,做了封闭式的规定,一共规定了三大类八小类作品,且不允许法官在个案中超出《版权法》的规定,认定新的作品类型。第一类是独创性文字、戏剧、音乐或艺术作品;第二类是录音、电影(film)或广播(broadcast);第三类是出版物的版式设计。需要注意的是,第一类有独创性的要求,而第二类和第三类根本就没有独创性的要求,这不是立法上的失误,而是有意为之。对此,任何一本解释英国《版权法》的权威学术著作观点都是一样的,即认为立法者刻意不要求第二类、第三类作品有独创性。当然,此处不要求独创性,其实是不要求"创",独立完成还是需要的。在第二类作品中又分三小类:录音、电影或广播。英国《版权法》对于这一类作品不要求独创性,或者说独创性的"创"可以为零。即使这一类作品不需要独创性,赛事直播形成的连续画面显然也不能构成电影作品。同样,电台所做的没有画面的直播解说,作为连续的声音也不能构成第二类作品中的录音类作品。因为如果认为它们可以构成电影作品和录音类作品,广播类作品这一小类就不存在了。事实上,正确的认定是,在英国《版权法》上对赛事的电视直播不可能被认定为电影作品,广播电台的声音直播也不可能被认定为录音类作品。其原因是,在英国《版权法》上构成录音作品和电影作品的前提不是独创性,而是固定,而现场直播在英国被公认为不符合固定的要求。英国《版权法》第58条对电影作品的定义如下:"'电影'意为在任何介质上的录制品(recording),可以通过某种手段从中生成连续画面。"任何一本研究英国《版权法》的学术著作,都会认为这是固定的要求,而现场直播恰恰不被认为符合固定的要求。在英国《版权法》相关的学术著作中,可能最有名的就是《现代版权与外观设计法》。书中提道:

> 存在着广播版权(broadcast copyright)非常重要的情形。最为明显的就是对诸如体育赛事的现场直播。……电视广播和声音广播在 1956 年之前不享受独立的版权保护,因为在许多情况下,声音或电视广播是直播,具有稍纵即逝的性质,无法被归于任何一种版权保护客体,因为这些客体都需要以有形形式存在。

这里提到的"有形形式存在"和固定是同一个意思。在 1956 年英国《版权法》修改之前,现场直播既不能作为录音作品受保护,也不能作为电影作品受保护,因为它不符合固定这一要求。后来为了保护现场直播,才在录音类作品和电影类作品之外,又增加了广播作品这一类。现在可以在逻辑上理顺了,英国《版权法》中的第二大类作品包含三小类作品:录音作品、电影作品和广播作品。其中,录音和电影这两类作品仅指已经被录制的,即已被固定的声音和连续画面。现场直播被公认为不符合固定要求,故不属于已被录制的声音或连续画面。为了保护现场直播,才使用广播类作品去定义。英国《版权法》在第二大类中规定第三小类广播作品的主要目的,就是保护现场直播。因此,在英国,现场直播绝不会被认定为符合固定这一要求。这就是从逻辑中能够推出的明显结论。

美国走的是另外一条路,与英国完全不一样。李明德教授写了很多介绍域外知识产权法的书,其中一本就是《美国知识产权法》,可以请李老师之后在这方面做深入的阐述。美国《版权法》第 101 条对"固定"

有如下定义:

> 由声音、图像或两者共同构成的作品,如在被传输的同时对其
> 进行了固定,就属于本法所称的"固定"。

这一条的目的非常清楚,就是把边录边播的现场直播作为符合固
定要件的作品来保护。一方面,美国《版权法》把固定作为所有类型作
品受保护的前提条件。另一方面,立法者又认识到现场直播其实不符
合固定要求,于是做了一个变通。只要在直播的时候同时由直播者进
行录制,即我们所说的边录边播,那么就视为符合固定的要求,要对它
提供保护。声音直播就作为录音作品,电视直播就作为电影作品。这
条路径与英国《版权法》完全不同。美国路径的要害是法律作出特殊规
定,该特殊规定被认为属于法律拟制。为了实现特定公共政策的目的,
法律作出了特别规定,将本不是一回事的东西认定成同一个东西,这就
是法律拟制。美国《版权法》把不符合固定要求的现场直播规定视为符
合固定要求,其实就是法律拟制。对于这一点,美国有相当程度的共
识。在 2014 年"斯沃琪集团诉彭博新闻社案"中,美国联邦第七巡回上
诉法院的判决书中记载:

> (美国《版权法》对直播符合"固定"的)条款创造了法律拟制,
> 也就是在侵权诉讼中,将同步固定视为发生在传送之前。换言之,
> 对于边录边播的直播声音,法律将擅自录音的行为视为对已固定
> 作品的侵权,尽管事实是被控侵权人并没有录制被固定的作品。

尼莫(Nimmer)在《论版权》中也写道:

电视直播(live television broadcast)并不是(已固定的)作品(writing),因此本身并不受联邦版权法的保护……。因此,对棒球比赛的电视直播并不能受联邦版权保护……。国会将版权保护拓展至在获得保护时尚未成为(已固定的)作品(writing)的东西。……这种对同步录制概念的扩张可能被认为是违宪的(may well be held unconstitutional)。

尼莫的批评直言不讳,他认为不应该这样进行法律拟制,因为该法律拟制会导致国会保护版权的权力超越了宪法的授权,造成违宪。当然,我们不用去理会美国《版权法》第 101 条对"固定"的特殊定义是否违宪,不过至少可以从尼莫的话中看出,这属于法律拟制,即现场直播本来不符合固定的要求,而现在拟制其符合固定的要求。最有说服力的当然还是美国国会自己对 1976 年《版权法》所作报告中的内容:

本法案(指 1976 年《版权法》——引者注)通过第 101 条对"固定"的定义,力图解决现场直播体育比赛、新闻报道、现场音乐表演等(的现场直播)的地位问题。它们都是以未固定的形式传至公众的,但进行了同步录制。如果被播出的画面和声音是事先被录制的(如录在录像带、电影等之中),然后再被播出,被录制的作品将被认为属于"电影",受到法定保护,对该广播不得未经许可进行复制或再传播。如果节目内容是实时地传向公众的,但同时进行了录制,对这种情况应做同等对待。因此,假设现场直播的内容可作为诸如"电影"或"录音"受到版权保护,则只要在直播时被同时录制,其就应当被视为已经固定并能受到法定保护。

　　所以,美国通过法律拟制把本来不符合固定要求的现场直播视为符合固定要求的电影来保护。需要注意的是,中国没有作出这样的规定。华东政法大学李锡鹤教授有一句话讲得太好了:"法律有但书,逻辑无例外。"就是说,形式逻辑是不允许出现例外的,必须严密地一环扣一环,能够自圆其说,而一个反例足以推翻其全部逻辑。但是法律是可以有但书的,法律拟制就是典型。但书为了实现某种公共政策的目的,在某些情况下可能允许不符合逻辑。中国《著作权法》中没有类似美国《版权法》第101条这种对"固定"的法律拟制,也就是说不存在但书,此时逻辑无例外。因此,现场直播当然不符合固定的要求,无论在美国还是英国都如此。我觉得这一点是特别需要裁判者关注的。

　　第三个问题是《著作权法》修改与赛事直播的保护问题。之前大家之所以对现场直播画面及相关伴音能否构成电影或类电影作品争论得非常激烈,是因为当时《著作权法》的用语是"电影作品和以类似摄制电影的方法创作的作品"。这类作品和电影有关系,而现场直播不太被大家认为是电影,所以有争论。有观点认为,现在立法改了,把"电影作品和以类似摄制电影的方法创作的作品"改为"视听作品",而这一改就扩大了范围,体育赛事的现场直播当然可以被认定为修法之后的"视听作品",因此该问题迎刃而解。我第一次听到这个观点的时候没有太过关注,直到我看到了全国人民代表大会宪法和法律委员会向第十三届全国人民代表大会常务委员会就《著作权法修正案(草案)》修改情况所作的汇报。其中有这样一段内容:

　　　　有些地方、单位、专家和社会公众提出,草案将"电影作品和以类似摄制电影的方法创作的作品"修改为"视听作品",扩大了此类作品范围,将电影、电视剧作品与其他视听作品的著作权归属作统一规定不妥,建议对视听作品进行区分,对各自的著作权归属作相应的规定。宪法和法律委员会经研究,建议做以下修改,原草案的著作权归属原则适用于"电影作品、电视剧作品",另增加规定,其他视听作品……

可见,原来立法者也是这么认为的。但我觉得这个观点很难成立。《伯尔尼公约》用的概念始终是"电影作品和以类似摄制电影的方法表现的作品",而从来没有用过"视听作品"这个用语。《伯尔尼公约指南》对此明确指出:

> 无论体裁如何(纪录片、新闻短片、专题报道片或按剧本拍摄的故事片),长度如何,制作方式如何(外景拍摄、摄影棚拍摄、卡通制作等),工艺方法如何(拍摄在赛璐珞片或录像带上),用途如何(电影院放映或电视播放),以及制作者是谁(商业制片公司、电视组织或单纯的业余爱好者),都可以被纳入传统意义上的电影作品的概念之中。

所以,《伯尔尼公约》中的电影和类电影作品的范围是极其广泛的,远远超过一般理解的电影。有观点认为我国《著作权法》中的类电影作品特指电视剧,这个说法肯定是不成立的。因为我们的用语来源于《伯尔尼公约》,它包含了任何已录制的、符合独创性要求的连续画面。

我看到人大在立法过程中所公开的文件之后,就组织同学检索世界知识产权组织成员国在著作权立法中对这类作品名称的使用情况。最后发现,有 80 个国家仅仅用了"视听作品"这一用语,没有用"电影和类电影作品",虽然国家数量很多,但是绝大多数为发展中国家和最不发达国家。其中公认的发达国家只有两个且都是小国，一个是卢森堡，另一个是比利时。有 50 个国家未规定"视听作品"，用的还是传统用语"电影和类电影作品"，我们所熟知的大量发达国家都在其中。有 47 个国家的用语是"电影作品和其他视听作品"，包括美国等一些发达国家。我们仅从这个统计中就能得出一个结论，那就是视听作品的范围绝不可能大于电影和类电影作品，否则就变成了发展中国家和最不发达国家保护的作品范围要超过几乎所有发达国家。因为绝大多数发达国家的用语都是"电影和类电影作品"，反而是大量发展中国家和最不发达国家的用语是"视听作品"。

此外，世界知识产权组织管理的《版权和相关权条约指南及版权及相关权术语汇编》对"视听作品"有如下解释：

视听作品是《伯尔尼公约》第 2 条第 1 款非穷尽式列举的文学艺术作品中"电影作品和以类似摄制电影的方法表现的作品"较为简洁的同义语。

同时，该汇编对"电影作品"则有如下解释：

当在《伯尔尼公约》中使用（"电影作品"这一术语）时，（"电影作品"）是指……《伯尔尼公约》第 2 条第 1 款非穷尽式列举的文学艺术作品中作为"电影作品和以类似摄制电影的方法表现的作品"的广义类型。它对应的是"视听作品"的概念。

可见，两个词是可以互换的，只不过"视听作品"比较简洁而已。同样，"电影作品"对应的也就是"视听作品"的概念，它们是一码事。所以,绝大多数国家的"电影和类电影作品"和"视听作品"是同义语,是可以互换的。欧盟《邻接权指令》也规定:"影片指电影作品或视听作品,或连续影像。"("Film" means a cinematographic or audiovisual work or moving images.)后者的"连续影像"特指没有独创性的,类似于我们《著作权法》中的录像制品;前者的"电影作品或视听作品"中用的是"或"这个词,意思就是这两个词可以互换使用。

电影作品和视听作品范围有点不一样的唯一情形是在美国法律中,视听作品是上位概念,电影作品是下位概念。两者的区别在于,电影作品必须是用某种装置播放的时候能动起来的;而视听作品是可以不动的,只要有连续画面的构成即可。典型的例子是,PPT 在美国就属于视听作品,但是不属于电影作品。不管 PPT 播得有多快,观众们都不可能感到 PPT 的画面动了起来。所以,PPT 不是美国《版权法》中的电影作品,但它是由连续画面构成的,属于视听作品。这是比较罕见的例外。

还有一种观点认为,"视听作品"无需固定,因此范围大于"电影作品和以类似摄制电影的方法创作的作品"。这个观点也是不能成立的。世界上唯一一个以"视听作品"命名的条约《视听作品国际注册条约》(《电影注册条约》,已于 1993 年终止)第 2 条规定:"在本条约中,'视听作品'指任何由一系列有伴音或无伴音的已录制的相关画面组成,可被视觉所感知的作品,当有伴音时,还可被听觉所感知。"其中,"已录制"体现出对视听作品也存在固定的要求,所以固定与否不是视听作品与电影或类电影作品之间的区别。

因此,可以得出以下结论:对于连续画面而言,只要它固定了,它在修法之前就属于电影或类电影作品,在修法之后就属于视听作品。相反,如果在修法之前不属于电影或类电影作品,在修法之后也不可能构成视听作品。换句话说,把"电影或类电影作品"这个名称改为"视听作品",既没有扩大也没有缩小范围,而是保持不变。所以,不能认为《著作权法》的修改解决了赛事直播在《著作权法》中的地位和保护途径问题。

第四个问题是《著作权法》中广播组织权的修改。思考赛事直播在英国和美国是否构成电影作品的问题时,一定要牢记美国对独创性的要求是低于大陆法系国家的,也低于我国;而英国对电影类作品根本就没有独创性要求,但是英国《版权法》不承认赛事直播是电影作品,原因是电影作品必须是已固定的连续画面,而赛事直播被公认为不符合固定要求,所以它只能作为英国《版权法》中的广播类作品受保护。需要注意的是,尽管英国《版权法》认为赛事直播是作品,但其分类是广播类作品,其实它的功能和大陆法系国家的广播组织权是非常接近的。在美国则情况不一样,美国通过法律拟制,将边录边播拟制为符合固定的要求。所以,只要赛事直播在播的同时由直播者进行录制,那么在美国就是电影作品。不过,同样要注意的是我国没有这样的法律拟制。同时,中美之间在立法上有一个重大区别,就是美国《版权法》中没有广播组织权,而我国有。这一点对正确和清醒地认识赛事直播的性质具有重大的作用。央视对于在奥运会或世界杯期间的盗播深恶痛绝,特别是通过网络散布的盗播。这种行为会分流央视的观众,降低央视的广告收入而损害央视的合法利益。因此,央视迫切地希望制止未经许可截取其直播信号进行直播的行为,特别是通过网络途径。

在《著作权法》修改之前,央视作为广播组织,对播出的节目信号是享有权利的,其中包括广播组织权。只不过由于历史原因,对于广播组织权中的转播,多数意见认为其不包含网络转播,只包含传统的无线电转播和有线电缆转播。北京高院《侵害著作权案件审理指南》第 6.5 条指出:"广播组织享有的转播权⋯⋯不能控制通过互联网进行的转播。"

这是在修法之前的情况。在司法实践中，有不少法院也作出过同样的认定。比如在"嘉兴华数诉中国电信嘉兴分公司案"（嘉兴中院 2012 年）中，法院认为："根据《著作权法》的规定，广播组织者享有转播权，但法律并未将'转播'的定义扩展至互联网领域。……在法律没有明确规定的情况下，不应将转播权的保护范围扩展至网络领域。"在"央视国际诉网易案"（广州天河区法院 2013 年）中，法院认为："网易公司……在其经营的网易网站转播中央电视台涉案电视直播视频，其行为侵犯了原告所享有的广播组织权。"而广州市中院在 2015 年则认为："《著作权法》中广播组织的'转播权'未包括通过互联网进行的转播行为。……原审法院认定上诉人侵犯被上诉人的广播组织者权属于适用法律错误，本院予以纠正。"道理很简单，《著作权法》修改之前，广播组织权中的转播权是不包括互联网转播的。但这是原有技术条件下的产物，已经不符合现实需要。技术发展到今天，转播更多地通过互联网，而不是通过传统的无线电或者有线电缆进行。

同时，把转播区分为传统的无线电转播、有线电缆转播和互联网转播，也违反技术中立原则。世界知识产权组织正在主持缔结一个新的《世界知识产权组织保护广播组织条约》，尽管这个条约还有相当多的内容都存在激烈争议，但是各方基本达成共识：应当将"转播"拓展到将所有技术手段均包含在内，包括网络转播。在这样的背景下，2020 年我国修改《著作权法》的时候，对广播组织权中的转播权作出了重大调整，将原来的"转播"两个字修改为"以有线或无线方式转播"。值得注意的是，无论在国际条约还是我国《著作权法》中，只要用了"有线或无线方式"的表述，就一定意味着技术中立的立法手段，也就是说涵盖了任何进行远程传送的技术手段。不论是无线电波、有线电缆和互联网，还是立法时不能预料的、将来新出现的远程技术传送手段，都被"有线或无线方式"的表述所覆盖。

因此,在 2020 年修法之后,转播权可规制未经许可对广播电视(特别是现场直播)的网络转播。在这种情况下,央视或者其他被授权对赛事进行直播的广播组织,完全可以通过广播组织权的转播权去规制以任何技术手段擅自转播其现场直播(含网络转播)的行为。广播组织权已经足以实现它们的利益诉求,而认定赛事直播属于视听作品,用作者权去保护,反而有架空广播组织权的危险。英国和一些其他欧洲国家有关广播组织权的案例,几乎都与直播有关系。其实,广播组织权最早就是为了制止未经许可对直播的转播,这种行为主要发生在体育赛事的直播中。如果把直播的画面及伴音认定为视听作品,那么广播组织权的意义恐怕会大打折扣,甚至丧失。

当然,存在一种直播者无法借助广播组织权来保护自身利益的情况,那就是直播者不是广播电台或电视台,如央视、央广,而是网播组织。它们自己在现场做节目,然后直接通过网络直播。目前网播组织在我国还不能被认定为广播电台或电视台。对这种情况,我个人认为,通过《反不正当竞争法》完全可以提供充分的保护。最近,最高人民法院也修改了《反不正当竞争法》的司法解释。有人认为根据这个解释,今后《反不正当竞争法》第 2 条恐怕还会继续适用,虽然作为兜底条款不能滥用,但需要用的时候还是要用的。我认为,网播组织可以借助《反不正当竞争法》第 2 条来阻止其他人截取广播信号,进行同步转播。

综上,我们可以得出结论。独创性是一个程度问题,即使承认赛事的现场直播达到了《著作权法》对独创性要求的程度,它在现行立法中也不符合固定要件,也就是摄制在一定介质上的要件。同时,我国《著作权法》区分作者权和邻接权,已经有了广播组织权,且广播组织权中的转播权能够规制网络转播。考虑到这一点,我们应当把赛事的现场直播纳入广播组织权的保护范围,主要依靠广播组织权阻止他人未经许可通过有线或无线方式转播直播的赛事。我想请大家看一看美国著名的版权法学者保罗·戈斯汀(Paul Goldstein)所著的《著作权之道:从谷登堡到数字点播机》中对邻接权观念在欧洲大陆法系国家演进的描述:

> 电台直播和电视直播,虽然也需要在编辑和制作方面的创造(creativity),但看来居于作者权的殿堂之外。解决方案是宣布对录音制品和广播的权利根本不是作者的权利,而是邻接权。

我个人是非常赞同这个观点的。我的讲座就到此结束。接下来是我们非常期待的业界公认的三位大咖,他们也都是我的老师,有请三位进行精彩的分析。谢谢大家!

彭桂兵教授:

感谢王迁老师的精彩演讲!王迁老师运用中外司法案例、国外版权法、国际公约、实际案例及经验材料,对现有司法裁判和学术观点作出批判的演进分析。王迁老师的批判不是无中生有,而是循循善诱、层层论证。接下来有请我们的三位与谈嘉宾发表高见。

三、　与谈环节

许超司长:

《著作权法实施条例》中对电影作品的定义主要参考了世界知识产

权组织的规定。根据 2000 年世界知识产权组织出版的《著作权与邻接权法律术语汇编》,视听作品指能够引起听觉和视觉并包含一系列记录(record)在适宜的物质上的相关图像和伴音,以借助相应装置来表演的作品。电影作品指任何为用作电影放映而相继记录(record)在适宜的感光物质上,大多伴有声音的连续图像。2003 年世界知识产权组织出版了《世界知识产权组织管理的版权与相关权利条约指南》,其中视听作品指《伯尔尼公约》中规定的电影作品和以类似摄制电影方法表现的作品。一些国家(特别是新兴国家)都把它叫作视听作品,既不扩大也不缩小《伯尔尼公约》电影和类电影的外延与内涵。《世界知识产权组织管理的版权与相关权利条约指南》除了对《伯尔尼公约》,对后来世界知识产权组织管理的《罗马公约》,以及《世界知识产权组织版权条约》(WCT)和《世界知识产权组织表演和录音制品条约》(WPPT)逐条进行示意和解释外,还定义了视听作品指借助摄影设备、可通过视觉感知的一系列有配音或无配音固定(fixed)相关图像组成的作品。

李明德研究员:

关于独创性,我们应当从"作者"的角度加以理解。无论是大陆法系的作者权理念,还是英美法系的版权理念,都强调构成作品的表达应当来自作者,来自作者的独立创作。在这一点上,两大法系没有什么不同。然而,大陆法系强调,由作者所创造的作品,应当体现作者的精神、情感、人格。事实上,作者权法体系所说的"精神权利",就是指作者对于体现在作品中的自己的精神、情感、人格享有权利,例如署名权、维护作品完整权。在这方面,英美版权法的独创性标准要低一些,只要相关的表达来自作者,作者在创作作品的时候付出了劳动、技能、判断和努力就可以了。例如广播节目表、时刻表,甚至电话号码簿(1991 年以前），都可以构成作品，获得版权保护。

在一开始，两大法系在作品保护上的差距并不很大，只是在某些表达是否可以构成作品的问题上有所不同。随着录音和广播时代的到来，两大法系在对于表演、录音、广播的保护问题上，发生了重大的分歧。大陆法系对于作品独创性的要求较高，因而创设了相关权体系，保护表演、录音和广播。英美法系对于独创性的要求较低，因而通过对录音作品和视听作品的相关规定来保护表演、录音和广播。例如，录音作品的作者是表演者和录音制作者，进而要提供对于表演者和录音制作者的保护。又如，广播信号，如果是无线电广播，可以作为录音作品予以保护；如果是电视广播，可以作为电影或者视听作品予以保护。

我国的《著作权法》，事实上是"作者权法"，在独创性的问题上沿袭了大陆法系的标准。在这方面，我们并没有参照独创性标准较低的英美版权法。与此相应，对于体现了作者精神、情感、人格的表达，我国通过作者权予以保护。而对于达不到独创性标准的表演、录音、广播，我国通过相关权体系予以保护，包括表演者权、录音制作者权、广播组织权。在这里，体育赛事直播画面是否构成作品，是否具有我国作者权法所要求的独创性，需要从两大法系的角度予以分析。

陈锦川副院长：

王迁老师就基本概念和基本原理做了充分的分析，逻辑清晰。我作为案件的二审承办人，从独创性和固定要件的角度讨论。

首先，关于独创性的高低问题和有无问题。经深入研究，二审还是坚持录像制品和电影作品的区别在于独创性的高低。如何区别电影作品和录像作品，该问题需从体系化的角度看待，即从我国《著作权法》的体系角度出发。我国《著作权法》分为狭义的著作权和与邻接权相关的权利,邻接权的对象包括表演、录音和广播。录音制品存在个性化选择,具有独创性的可能性,表演更是如此,一个著名艺术家的表演所体现的表达上的独创性远远高于平庸的摄影作品。邻接权的客体——表演、录音制品都有独创性。

其次,从著作权和邻接权制度的历史发展角度来看,邻接权制度并非我国《著作权法》独有,不少国家的《著作权法》中也有此类划分。国际上不仅有著作权条约,也有相应的邻接权条约。《伯尔尼公约》作为具有最大影响力的著作权公约,虽然在修订过程中客体范围不断扩张,但是最后仍将表演、录音和广播排除在著作权客体之外。从历史角度出发,独创性是考虑的因素之一,但不是唯一的因素。从《伯尔尼公约》制定的历史资料看,未将录音制品纳入公约的理由之一在于录音制品是具有工业性质的产品。因广播由某个公司或某个多人团队完成,确定作者较为困难,故亦未将广播纳入《伯尔尼公约》。未赋予表演者著作权保护,与当时表演的短暂性、受限于表演场地以及当时的技术条件无法复制和进行现场直播有关。随着技术的发展,产生了制止非法固定和传播的需求,但由于表演者的行动太晚,或者说表演者的组织太涣散,表演者并未获得类似作者的保护。在此情况下,随着邻接权国际公约,即《罗马公约》的通过,表演、录音和广播均被给予了保护。从《罗马公约》的发展历史看,实际上该公约并没有排斥邻接权客体的独创性问题。尽管对于邻接权产生的初衷有很多说法,其中包括为了保护作品传播过程中的传播者的投入,而非独创性的表达,但实际上著作权和邻接权制度的形成与发展历史表明,邻接权客体的形成由各种复杂的历史文化传统和特定历史条件决定,当然也有相关利益集团问题。因此,对具有独创性的表达是采取著作权保护还是邻接权保护,一定程度上取决于各国和各个地区法律的制度设计和安排。例如美国将录音视为作品给予保护。从国际条约的发展过程来看,在录像制品被我国纳入邻接权体系的情况下,不能排除录像制品存在个性化选择的可能。

最后,司法实践中发现很多录像制品具有一定独创性,即具有一定的个性化选择,但因独创性过低而不能被认定为受《著作权法》保护的作品。在案件中界定录像制品无独创性,将会给审判实践带来极大的混乱,这也是二审法院确定著作权客体和邻接权客体的区别在于独创性高低的原因。

关于摄制在一定介质上,再审判决的主要理由是《著作权法》关于作品的一般定义。作品的定义未对固定性做要求,故对电影作品就不能有固定的要求,即在逻辑上,如果一般的作品没有固定的要求便能受到保护,对个别作品施加固定的要求就是说不通的。这种说法不能成立。不少国家的立法在定义具体作品类型时会对该类型作品提出明确要求,例如《法国知识产权法典》第 L112-1 条规定:本法典的规定保护一切智力作品的著作权,而不论作品的题材、表达形式、艺术价值或功能目的。该条并没有对作品有固定的要求,但该法典第 L112-2 条所列举的舞蹈、马戏和哑剧作品,特别指明应是以书面或者其他方式固定其表演的舞蹈、马戏、哑剧。根据日本《著作权法》第 2 条第 1 款,作品指文学、科学、艺术、音乐领域内思想或者感情的独创性表现形式。但第 2 款关于电影作品的规定又特别指出:本法所称的电影作品,包括采用类似电影效果的视觉或者视听觉效果的方法表现,并且固定在某个客体上的作品。日本《著作权法》对一般作品没有提出固定的要求,却对电影作品的固定做了特殊的规定。我国著作权的相关法律规定中也有类似情况,如《计算机软件保护条例》第 4 条规定,受本条例保护的软件必须由开发者独立开发,并已固定在某种有形的载体上。基于软件的特点,《计算机软件保护条例》对软件有固定的要求,也是对软件保护条件的限定。对作品是否有固定的要求,关键看相关法律有无特殊规定。在摄制固定的问题上,当时二审判决认为摄制在一定介质上是一个固定的要件,还有一个理由:著作权里有摄制权,即将作品固定在载体上的权利。如果把电影作品分成固定下来的电影作品和没有固定下来的电影作品,这就产生了一个问题,即摄制权只规制固定下来的作品的行为,但是不能规制没有固定下来的电影作品的行为,这种现象是很荒唐的。因此在解释法条时,必须注意体系化解释。

四、 问答环节

提问一:

外国录音中表演者权按中国法律给予保护吗?

王迁教授回答:

《著作权法实施条例》对于何种情况下外国表演者在中国受到保护作出了明确的规定,分两种情况。第一种情况,表演发生在中国,即使外国表演者所在的国家(无论是国籍国还是常住地)没有加入任何保护表演者权的国际条约,我国《著作权法》也予以保护。第二种情况,该外国表演者来自某个国家,该国家和我国共同加入了保护表演者权的国际条约,条约包括《与贸易有关的知识产权协议》(简称 TRIPS 协议)、《世界知识产权组织表演和录音制品条约》和《视听表演北京条约》。只要表演者的表演符合上述三个条约规定的保护条件,那么我国《著作权法》就予以保护。

提问二：

　　网络游戏直播适用合理使用规则吗？

李明德研究员回答：

　　早在1982年，美国法院就解决了这个问题。按照美国《版权法》，一款电子游戏通常含有两个作品。一是电子游戏得以运行的计算机软件，这可以通过软件作品予以保护。二是电子游戏的画面和伴音，这可以通过电影或其他视听作品予以保护。在我们目前的讨论中，出现了一系列关于这类作品的术语，例如电影作品、类似电影作品、视听作品等等。然而，从表达的角度来看，这些客体都是滚动的画面和有伴音或者无伴音。再往下推，只要相关的表达体现了足够的独创性，体现了作者的精神、情感和人格的印记，就可以被认定为作品。至于将其称为电影作品、类电影作品还是视听作品，是不重要的。

　　我们目前所见的电子游戏，只要符合表达和独创性的要求，就属于视听作品。按照著作权保护的基本原则，如果未经许可而使用他人的作品，包括电子游戏画面，其行为又不属于《著作权法》规定的权利的限制和例外，那么就是侵权。目前争议较大的是游戏直播，其一方面是主播展示技能，另一方面又不可避免地展示了游戏画面，因而应当获得许可。

提问三：

　　春晚等文艺汇演类直播是否可能构成视听作品？PPT在我国著作权体系中是如何认定的？网播组织不能用《著作权法》保护其直播的节目，是否造成不公平？

许超司长回答：

第一个问题，以老舍的作品《茶馆》话剧举例。话剧《茶馆》在剧场播出，若此时电视直播了话剧，直播的画面并不能构成视听作品。因为话剧《茶馆》是老舍的作品，虽然话剧在剧场表演，但仍是对老舍戏剧作品的表演。而将话剧原封不动、几乎创造性地直播，实质是一堆信号。若要主张权利，可从广播组织权入手。回到春晚这个问题，可做类似考虑。如果春晚安排了节目的先后顺序，则属于汇编作品。

第二个问题，PPT是文字作品，PPT将演讲人的演讲要点以提纲的形式表现，在演讲时，观众通过PPT可以加快和加深理解，避免误导。

第三个问题，首先从主体上看，广播组织包含构成广播电视组织的广播组织，比如央视国际或者传统的广播电视组织在互联网上新开辟的网播组织，广播组织对节目的信号享有广播组织权，在世界知识产权组织正在起草的《广播组织条约》里有说明。但是一般不构成广播电视组织的网播组织，特别是自媒体，则不产生广播组织权。其次从客体上看，在网上播出的广播信号，反映的若是《著作权法》保护的作品，例如自己创作的视听作品，则享有广播组织权。但若播出他人的作品，则网播组织不能主张邻接权，即广播组织权，也不能主张著作权，《著作权法》没有给这种行为单独规定相关权利。

提问四：

人工智能产生的"作品"属于作品吗？如何理解"摄制"的概念？

陈锦川副院长回答：

第一个问题，从民法的角度看，民法调整人实施的行为，故法律上的主体必须是人。现行法律否定将人工智能生成的内容作为作品保护。北京互联网法院认为人工智能生成的内容具有独创性,但由于人工智能不是人,而著作权保护的作品是由人创作产生的,所以人工智能生成的内容不构成《著作权法》保护的作品。我赞成北京互联网法院的判决结果,但我不赞同北京互联网法院"人工智能生成的内容具有独创性"的观点。独创性是人的个性化选择,是人的选择、判断和安排。独创性与人这一主体紧密相关,独创性不能仅从外观来看,更要从产生的主体上看。

第二个问题,从字面含义而言,摄制指通过摄像机等设备拍摄与制作。"电影作品和视听作品都必须通过摄像机等设备制作产生才属于视听作品"这一观点是错误的。《著作权法》使用了摄制的概念,但摄制的含义较广泛。从《著作权法》中"电影作品和以类似摄制电影的方法表现的作品"这个概念出发,电影作品是传统意义上的电影作品,以类似摄制电影的方法表现的作品是随着技术发展产生的作品。《伯尔尼公约》特别指出,以类似摄制电影的方法表现的作品,虽然表现相同,但技术手段可以不同。

此外,考虑到我国新技术、新媒体,尤其是互联网发展的现实需要,立法文件将电影和以类似摄制电影的方法创作的作品修改为视听作品,以便将随着网络技术、视音频技术发展而产生的网络游戏和短视频等纳入作品的范围,但依然保留了摄制一词。

实际上,《著作权法》里的很多概念,不能仅从字面含义理解,而应放到法律的语境下解读。例如发表权,按字面含义指公开表达意见,如在刊物上刊登作品。但在《著作权法》中发表权指将作品公之于众,是一次性的行为。署名权从表面上看是署名的权利,但实际上《著作权法》中的署名权更侧重表明作者身份的权利。

五、 闭幕致辞

陆宇峰教授:

本期"东方明珠大讲坛"很荣幸邀请到我校学术偶像王迁老师。今天的讲座不仅是一场持续了三个小时的热闹讲座,更是一场权威的讲座。本次讲座既有资深专家王迁老师,还有立法者许司长、学术权威李老师和陈老师。本期法学学术共同体对于体育赛事直播相关案件的共同判断最终落脚到了几个关键术语的解释上,各位老师呈现了非常精彩的解释。王老师主要基于体系解释,许司长主要基于原意解释,李明德老师主要基于比较法解释,陈老师主要基于历史解释,充分呈现了问题的复杂性。这是一场非常了不起的讲座,再次感谢大家!

第38期 东方明珠大讲坛

备案审查、
合宪性审查纵横谈

主讲人
林 彦
上海交通大学凯原法学院教授

主讲人
郑 磊
浙江大学法学院教授

主讲人
邢 斌 文
吉林大学法学院讲师

致辞人
陆 宇 峰
华东政法大学科研处处长、
教授

主持人
彭 桂 兵
华东政法大学科研处副处长、
教授

时间： 2022年3月20日 18:30-21:00
B站直播地址： http://live.bilibili.com/24585258
B站直播间ID： 24585258
主办： 华东政法大学科研处

第 38 讲　备案审查、合宪性审查纵横谈

时　间：2022 年 3 月 20 日

地　点：线上

主持人：彭桂兵（华东政法大学科研处副处长、教授）

主讲人：林彦（上海交通大学凯原法学院教授）

与谈人：郑磊（浙江大学法学院教授）、邢斌文（吉林大学法学院副教授）

致辞人：陆宇峰（华东政法大学科研处处长、教授）

一、　开幕致辞

彭桂兵教授（主持人）：

尊敬的林彦教授、郑磊教授、邢斌文副教授，各位老师、同学，晚上好！

欢迎莅临今晚的"东方明珠大讲坛"特别活动！疫情来袭，华东政法大学松江校区自 3 月 10 日起封闭管理。在此非常时期，全校师生互帮互助、团结一心、众志成城、共克时艰，校园春风依旧、秩序井然、花香阵阵、鸟语声声。为进一步丰富在校师生的精神生活，营造"学而乐知，乐以忘忧"的高雅学术氛围，科研处决定于 3 月 20 日晚在线举办"东方明珠大讲坛"。

本次特别活动有幸邀请到上海交通大学凯原法学院林彦教授、浙

江大学法学院郑磊教授与吉林大学法学院邢斌文副教授担任主讲嘉宾，联袂主讲"备案审查、合宪性审查纵横谈"。我校科研处处长陆宇峰教授等专家学者将参加本次活动。

我们首先请上海交通大学凯原法学院林彦教授开讲！

二、 主讲环节

林彦教授：

非常感谢母校科研处陆宇峰处长和彭桂兵副处长的邀请，也非常荣幸有机会和郑磊教授、邢斌文副教授一起就备案审查与合宪性审查问题同大家探讨。今天我们三人的分工是，我负责讲解备案审查制度的演变过程，郑磊教授和邢斌文副教授分别就备案审查与合宪性审查主题和大家做分享。

备案审查实际上是我国法律监督制度的核心组成部分。它主要是通过审查机关对已经制定的立法展开审查，来确保下位法能够遵循宪法和上位法的原则、精神及其具体规定，确保我国整个立法体系能够上下有序和谐。

今天我讲授的内容基于《立法法》文本当中的制度，但目前我们通常将备案审查称为规范性文件的审查，故而今天提及的备案审查的外延会相对限缩。我通常会将备案审查制度描述为法规备案审查。该制度发展到今天，经历了一个较长的演变过程，我将其发展历程分为四个阶段。

第一阶段。在1982年现行《宪法》制定之前，法规备案审查的实践实际上先于现行《宪法》。至少在 1979 年,全国人大常委会就开始针对行政法规、地方性法规、自治条例、单行条例开展备案审查工作。

第二阶段。1982 年《宪法》制定时,在立法监督部分,已经有了不少涉及该制度之处,比如《宪法》第 62 条规定,全国人大可以制定和修改刑事、民事、国家机构的和其他的基本法律,改变或者撤销由全国人大常委会制定的违反宪法的相关法律。再比如第 67 条规定,全国人大常委会可以撤销国务院制定的同宪法、法律相抵触的行政法规、决定和命令,还可以撤销省、自治区、直辖市国家权力机关制定的同宪法、法律和行政法规相抵触的地方性法规和决议。

对《宪法》的这些条文进行总结概括后可以发现,这些条文初步构建起了立法监督制度的框架。总而言之,在第二阶段,《宪法》制定实施之后,相对更加重视备案制度建设,但仍略显不足。

第三阶段。1998 年,全国人大常委会在年度工作报告中提出要健全宪法实施制度的构想。这一时期是国家加强依法治国的重要时期。2000 年通过的《立法法》,对备案审查制度进行了完善。

具体而言,《立法法》在主动审查的基础上,增加了备案审查的被动审查机制。有关的国家机关、公民和社会组织都可以向全国人大常委会提出相应的审查要求或建议。《立法法》同时也从操作层面上完善了一些非常必要的环节,比如审查过程中专门委员会的参与、与制定机关的沟通程序、强调撤销的程序等。为了落实《立法法》的上述制度规定,相应的制度建设也随之开展。比如,2000 年委员长会议就形成了行政法规、地方性法规、自治条例、单行条例、经济特区法规备案审查的工作程序。2004 年,全国人大常委会法工委专门成立了作为专职机构的备案审查室,为备案审查提供了机构保障。2005 年,委员长会议对此前2000 年通过的工作程序进行完善,同时又补充了司法备案审查的工作程序,在细化相关程序制度的同时,也增强了其可操作性。2007 年,全国人大常委会通过了《中华人民共和国各级人民代表大会常务委员会监督法》,对地方人大常委会开展备案审查予以规定,同时也将司法解释纳入备案审查制度的射程范围之内。在这段时间里,已经开始出现对《立法法》所构建的备案审查制度的实践,尤其是出现了被动审查制度的实践。相关的典型事件是"孙志刚收容遣送案"。总而言之,该阶段的制度供给比上一阶段更加充足完备,呈现出以个案推动和被动审查为主的实践模式。

第四阶段。在党的十八大之后,整个国家对备案审查制度的重要性与可操作性的重视前所未有。2013 年党的十八届三中全会提出要健全法规、规章、规范性文件的备案审查制度。2014 年党的十八届四中全会又提出要加强备案审查的制度和能力建设,把所有备案的规范性文件纳入备案审查范围,并依法撤销和纠正违宪、违法的规范性文件,禁止地方制定与发布带有立法性质的文件。2015 年又修改了《立法法》。党的十九大提出要加强宪法实施和监督,推进合宪性审查工作。

这一阶段备案审查制度建设明显提速而且趋于密集化,处于非常活跃的变动完善状态。从审查模式上看,这一阶段的审查模式比原来要丰富得多,比如在主动审查中增加了专项审查,形成了主动审查、专项审查、被动审查三种常态化审查模式并举的格局。从审查实践上看,宪法监督、宪法实施已经成为全国人大常委会的常规工作与首要职责。总而言之,这一阶段的制度建设和审查实践具有强烈的顶层设计色彩,体现了执政党对这项工作的重视和推进这项工作的决心。

除了顶层设计之外,这一阶段的实践同样非常活跃,但这些实践不完全是在制度或者立法的指导下去推进的,也有一些更鲜活的探索。

当然这背后反映了国家对宪法实施理念的革新：宪法实施在于实践，宪法的生命和权威实际上都来自实践，也都聚焦于实践。如果没有实践，便很难去有效维护宪法权威，并推动宪法的实施。这是我的报告，不当之处请大家多指正，谢谢！

彭桂兵教授（主持人）：

感谢林老师的精彩发言！我归纳林老师的分享包括三方面的内容。第一，林老师从制度史的脉络出发，区分了备案审查制度发展的四个阶段，展现出了非常清晰的思路。第二，林老师在梳理制度发展的过程中，同步梳理了宪法条款的演变，以及相关立法和司法解释对备案审查制度的落实。第三，林老师归纳了每个阶段的特点，对被动审查和主动审查等不同的备案审查模式予以比较，并阐述了背后的核心逻辑，即从自下而上的民间推动与媒体推动转向党和国家领导下的顶层设计。接下来有请浙江大学法学院郑磊教授！

三、 与谈环节

郑磊教授：

感谢华东政法大学科研处的邀请，使我能有机会向各位报告我对备案审查的思考。非常高兴能够与两位老师合作主讲。林老师负责从历史的纵向脉络讲授，我则侧重做横向的分享。

我将本次讲座的主题设置为"备案审查中的中国宪法议题"。

备案审查同违宪审查的关系是一个热门的话题。事实上，备案审查不一定完全对应违宪审查，但是比较法上的违宪审查制度原理，显然是一个重要比较项。如何从丰富的实践中提炼出包括经验议题和规范议题在内的中国议题呢？

备案审查制度究竟是不是违宪审查制度？中国的合宪性审查可能不仅仅依托于备案审查，但备案审查的确是撬起合宪性审查的"阿基米德支点"。在开展备案审查实践的过程之中，涌现出大量的中国经验，我们不能只做简单的背书式总结，或在比较法层面机械地否定。我们必须将备案审查制度放置于我国宪法的制度架构之中，运用成熟的方法意识对其进行观察，以充分发掘出其规范意义，对其展开建制性的规范分析，对其实践逻辑展开深度描绘。在概括的基础上，我们要进一步凝练规范要素，并尝试进一步完善现有制度。

当前的备案审查研究和传统的法教义学或者法释义学的进路可能并不完全相同。备案审查研究很重要的一项任务在于从实践经验中凝练规范方案，这不仅仅是个案分析中的演绎涵摄，而且常常涉及批量改革个例的观察，更接近于法政策学。在提炼规范要素与整合制度方案的过程中，备案审查研究又呈现出一些法教义学的色彩。通常认为，两者之间存在分歧。但在转型时期的宪法语境下，两者在备案审查领域发生了制度性重叠。为此，我们需要面对批量改革以展开法释义学思考，从实践中去凝练规范议题，"积小胜成大胜"。这也是步入了法政策学的法释义学思考，我们需要思考法教义学对立法学能够有多少助益，如何有助于实现对立法学的完善、巩固与提高。

新时代合宪性审查、备案审查的实践，已经走在学术研究的前面，既有的理论供给不足以满足实践的需求。这些都是我展开备案审查研究的方法论思考和背景，权作今天讨论的引论。接下来，我将从审查主体、审查方式和审查基准三个方面来谈谈备案审查中包含的中国宪法议题。

（一）审查主体

审查主体是观察各国违宪审查制度的一个重要视角。对审查制度的一项典型分类是根据审查主体的不同，分为司法审查模式、宪法法院模式、宪法委员会模式、立法机关模式、最高权力机关模式等等。考察中国的时候，可以把它归到人民代表大会制度下的最高权力机关模式之中。但是这种理论归入略显粗糙。审查主体之中最重要也最吸引学界关注的确实是全国人大常委会的备案审查，但是备案审查并非只有全国人大常委会在进行。这几年的备案审查工作，其中一项标志性的举措，就是备案审查工作报告。每年年底相关机关会通过备案审查工作报告对该年度备案审查工作进行盘点。这个盘点并非对举措的零散列举，而是非常注重对其体系化的表述。就我国的备案审查而言，从主体的角度来讲，我们可以看到不同年份的备案审查工作报告对审查主体的表述存在变化。总体上看，我国已经形成了由党委、人大、政府、军队等各系统分工负责、相互衔接的各规范性文件备案审查制度。中央文件对此具体框架也有重要阐述，2020 年政府工作报告甚至提到推动最高人民法院建立备案审查制度。可见，除了全国人大常委会之外，事实上我国存在多系统的审查主体。这并不是比较法类型中议会审查模式通常对应的集中式模式。

这种模式必然会存在许多优缺点，这里重点讨论"多头审查"的现象，即如何防范结构上的多主体"打架"现象。实际上，"多头审查"并非一定会引发冲突，关键是要在法秩序统一的框架下，建立起统一的审查标准。在存在多元审查主体的情况下，"找谁审"便成了非常现实的话题。多个审查主体审查同一份规范性文件的情况比较少见，多类备案主体的现象则存在相应制度安排，因而也不构成问题，比如地方性法规同时要送国务院和全国人大常委会备案,但是它并不随之带来多类审查主体问题。

我国形成了包括法律、行政法规、地方性法规、部门规章、其他规范性文件在内的规范位阶体系。所有的规范性文件都被纳入备案审查,实现了"全覆盖",这是党的十八届四中全会对备案审查工作所吹响的"集结号"。在这个"集结号"下,"全覆盖"究竟是"某一类审查系统的全覆盖",还是"多系统的备案审查的全覆盖"? 如果是"多系统的备案审查的全覆盖",在交叠覆盖的时候,多头审查的问题又该如何处理? 除此之外,审查范围出现覆盖盲点的问题又该如何处理? 这些问题暂时不展开讨论,留给大家思考。

既然是多系统的审查体系,便不能罔顾各系统的特殊性,这便会产生分系统的原理。上下级人大与行政机关上下级之间的关系显然并不相同,其背后的组织原理也并不相同。司法机关的备案审查能和司法的基本原理兼容吗? 这些都容易引发理论质疑与追问,需要我们进入这些分系统的原理内部进行相应的思考。

(二)审查方式:主动-被动之外

比较法上有很多关于审查方式的对称——集中式审查与分散式审查,抽象审查与附随式审查,主动审查与被动审查。这些审查方式的分类之所以这么 popular(受欢迎),是因为它作为分析工具对各国的备案审查结构考察具有较为普遍的框架意义。

我结合其中的主动审查和被动审查来思考当下我国实践中的具体做法。全国人大常委会法制工作委员会法规备案审查室作为官方机构专门编写并出版了《规范性文件备案审查案例选编》一书,对备案审查的实践进行结构化、体系化阐述。在"审查方式的分类"一段中介绍了"二分法",即主动审查(依职权审查)、被动审查(依申请进行的审查)。

而实践中主要采用的是"四分法",在主动审查、被动审查之外,还包括移送审查和专项审查。所谓移送审查,是指若其他备案审查工作机构在工作中发现规范性文件可能存在违反上位法规定的问题,要将其移送给有审查权的机关进行审查,有权机关据此开展审查。移送审查在现象上是四元审查方式之一,值得进一步追问的是其在原理上、规范上是否真的足以作为一类审查方式。我目前的观察是,可以将它更准确地理解为移送式的依申请审查。

与之相类似的现象有:存在多元审查主体时,可能出现送错的情况,随着制度精细化的提高,送错的比例还会增加。即使是在送对的情况下,也可能会产生移送审查。《立法法》第98条规定:"设区的市、自治州的人民代表大会及其常务委员会制定的地方性法规,由省、自治区的人民代表大会常务委员会报全国人民代表大会常务委员会和国务院备案。"该条是对所有备案审查关系的集中式规定,当然《立法法》只是规定立法规范性的文件。同时,这一条还规定了四头备案现象:"设区的市、自治州的人民政府制定的规章应当同时报省、自治区的人民代表大会常务委员会和人民政府备案。"

于是,接下来的问题便是:备案是不是就意味着审查?因为有规定"有备必审"。对于这一问题,可以有多元答案。关键在于如何理解"有备必审":是将其理解为权限规范,抑或工作流程;还是将其理解为现实中已在操作的实践现象,抑或一种规范性要求(无论是权限还是程度)?比如国务院有备案,但是《立法法》在改变和撤销权限中并没有提及国务院有改变或撤销地方性法规的权限。显然,这里的备案并不等于审查。

但完全是这样吗?法工委备案审查公众号"备审动态"是其备审工作的官微,其中披露了很多案件。在这个官微启动后的第一批案例中,有这么一个案例:浙江省人大常委会审查处理某市政府行政规范性文件管理办法的相关规定。该办法第14条规定,规范性文件可以用条文形式表述,也可以用段落形式表述。规范性文件的名称可以使用"规定""办法""细则""决定""意见""通知""公告"和"通告"等;使用"规定""办法""细则"名称的规范性文件,一般应用条文形式表述,并使用"通知"文种印发。浙江省人大常委会法工委审查研究认为,条文形式是专属于立法性质文件的表述方式,行政规范性文件采用条文形式表述,混淆了立法性质文件和其他规范性文件在文本形式上的区别,容易引起对行政规范性文件性质和效力的误读误判。显然,省人大常委会具体审查了行政规范性文件。不过,其最终采取的做法是通过备案审查衔接联动机制移送省司法厅审查,要求依法作出处理,而非亲自审查。需要注意的是,在启动衔接联动方式上,该省人大常委会确属主动审查。

回到司法部关于地方性法规的移送审查这一话题。历年的备审年报都会刻意强调数字,比如,2018年备审年报提到"2018年8月,司法部将备案审查工作中发现的存在问题的43件地方性法规一揽子转送法制工作委员会研究处理","其中15件存在与法律或行政法规不一致"。这里的"转送"效力与一般公民组织转送的审查建议效力完全不同,具体的不同点值得在规范上进行探讨。

又比如,某年司法部官微曾发文《司法部:对上半年1347部法规规章备案审查完成"体检"》。"体检"一词非常巧妙,并未用"审查"二字。根据当年备审年报,司法部通过备案审查衔接联动机制先后移送地方性法规200件。今年也相类似,移送的工作建议有141件,其中司法部移送136件。需要关注的是,今年备审年报中出现了一个有意思的现象:移送审查里列举的数字除司法部之外还包含其他部分,这是以前所没有的。

　　这种移送审查常常要进入全国人大常委会工作报告,也即这是一种受到高度重视的备案审查现象。无论是 2021 年全国人大常委会工作报告,还是 2022 年全国人大常委会工作报告,都专门讲到了移送审查方式。需要进一步思考的是:移送审查到底属于什么性质的审查?属于独立类型的审查吗?

　　还有一种非常特殊的审查方式——专项审查。"专项审查"用词经常变化,但总是与"集中清理"联系在一起。一开始用"专项审查+集中清理",现在的用法基本上都是"集中清理+专项审查"。其中的区别在于,专项审查本来是主动配合集中清理来展开的,但是现在集中清理变得更为主动,这种关键性举措会导致集中清理后把专项审查的很多活动都包含甚至结合在一起。从特征和属性上看,专项审查是非常典型的主动审查,比主动审查更为"主动"。

　　(三)审查基准

　　合法性审查不应审查大开。合法性审查当然包含合宪性审查,要讨论的是如何处理合理性审查、适当性审查这一问题。在当前备案审查的实践中,我们已经出现了四元审查标准或者审查基准,其中有一类非常具有特殊性,即政治性审查标准。所谓政治性审查标准,并不能仅按照名词字面意思作出通俗理解,它其实是指符合上位的党中央政策。因此,将之称为政策性审查可能会更好。

　　政治性审查所依据的政策能够作为依据、作为基准吗?"基准"是对法依据的具体化、类型化,政策是否足以基准化? 如果不成立,它要解决的问题又是什么? 备案审查的基本功能之一是与党中央的令行禁止相配套,如果能够相配套,是不是在合法性审查中就不能够完成这样的工作?

　　总体来说,备案审查是一个多头绪的问题束。在这种多头绪的问题束中该如何切入,是我作为"余论"来同大家分享的内容。我认为,两个做法值得关注。

一是抓住线索性的问题。在系统切入时要找到一个线索性问题,而不是只关注细枝末节的问题。

二是从备审案例分析中切入。举一个简单例子,今年的备审年报中有一个案件非常受关注——"《婚姻登记条例》未规定强制婚前医学检查案"。有公民审查建议认为"未规定"不符合《母婴保健法》的规定。就备审年报中的这一案例,我们可以找到很多议题去研究。此外,今年备审年报共举了十多个案例,其中有两个案例被置于"推动法规完善和立法探索"项下。备案审查的功能一般是做减法,谁做错了就指出来。但是,当前我们已经连续三年将做得对的案例也纳入备审年报中,也即备审年报不仅纠错还"点赞"。这种"点赞"到底是偏离了备案审查的功能,还是对备案审查功能的完善或辅助,这本身就值得探讨。之前年报纠错或"点赞"的对象主要是地方性法规,而关于《婚姻登记条例》的话题已经涉及行政法规的内容,这些内容又会带来怎样的变化呢?

从备案审查案例分析的角度,我经常思考这样一个问题:它和一般的案例分析有什么区别?如果说备案审查只是一个平台,在这个平台中能够展开对其他部门法的考量,那么备案审查的案例分析如何能够在其他部门法的分析基础上作出独特贡献?我认为,备案审查的分析包含两部分原理的分析:一是实体部门法原理的分析,二是备审原理的分析。以"《婚姻登记条例》未规定强制婚前医学检查案"为例,这个案件涉及非常复杂的法位阶下的不同规定,至少涉及五阶的法位阶规定。比如,它涉及了前些年《立法法》上经常讨论的《黑龙江省母婴保健条例》,当时该条例被国务院批评为不符合《婚姻登记条例》,但其实当时这一规定符合它的上位法,也即《母婴保健法》。而这次的备审年报指出,《婚姻登记条例》不符合《母婴保健法》。围绕是否要进行强制婚检，在法律层面有《婚姻法》，1950 年、1980 年《婚姻法》都要求强制婚检，《母婴保健法》延续了这一要求。2001 年修改后的《婚姻法》未对强制婚检做明确要求，乃至《民法典》也未明确要求。其中还可以细分去讨论全国人大制定的《民法典》与全国人大常委会制定的《婚姻法》《母婴保健法》是不是处于同一位阶等问题。可以看到，谁审谁，依据哪个位阶的依据来审哪个位阶的规范性文件，不同的组合带来的原理是不一样的，不可混同而论。

备案审查制度植根于 1982 年《宪法》，激活在新时代，提质在新阶段。去年，中央人大工作会议明确提出了一个与十八届四中全会加强备案审查制度和能力建设大有进阶迭代的要求，即"提高备案审查工作的质量"。这一政策性要求将对规范设置和实践工作带来怎样的影响，让我们拭目以待。谢谢大家！

彭桂兵教授（主持人）：

感谢郑老师同我们分享了信息量庞大且复杂的备案审查制度！林老师从纵向角度既讲了备案审查制度，也讲了合宪性审查。郑老师则从横向定点剖析我国的备案审查制度，他认为备案审查是撬动违宪审查制度的一个支点，应把备案审查置于我国宪法的整个图景当中加以考察。

郑老师不仅讲解了理论知识，也展示了他分析问题的进路，我收获颇多。他的分析方法是一种建制性的规范分析，也是一种法教义学分析，后者主要是通过法政策学方面的内容展开。实证性材料包括备案审查报告、《立法法》以及官方资讯信息等。其中，郑老师主要是依据备案审查报告来进行法教义学阐释的，从审查制度、审查主体、审查方式、审查基准等方面提出问题、分析问题、解决问题。

接下来，有请吉林大学法学院邢斌文老师做分享。

邢斌文副教授：

林彦老师提到"制度脱敏"，我深有同感。备案审查制度，抑或宪法监督制度，从1982年到现在，在40年的制度发展史上有一个从沉寂到逐渐活跃的过程。两位专家一位从制度层面，另一位从线索层面进行讲解。郑磊老师在线索层面为我们展示了备案审查的一条中国图景线索。我作为后辈，主要将探讨合宪性审查中的一个具体问题——我国立法实践中的宪法判断变更。

今年的全国人大常委会工作报告于3月15日正式刊载于《人民日报》。其中提到：在人口与计划生育法、审计法等法律修改过程中进行合宪性审查研究，阐释宪法制度的内涵和精神，积极回应社会关切。刚才，郑磊老师在谈及审查对象时也提出法律是否属于合宪性审查和备案审查对象这一话题。其实，在今年的全国人大常委会工作报告当中也是第一次明确出现"法律修改过程中进行合宪性审查研究"这样一个措辞。

正好前两天我写了一篇论文，主要是谈法律修改过程中的合宪性审查问题。今天，我就对此做一个报告。论文的题目为"立法实践中的宪法判断变更"，主要分为三部分：第一是概念的提出，第二是实践的梳理，第三是经验与启示。

首先，什么是宪法判断变更？在不同的历史时期和社会背景下，同一机关（可以是立法机关，可以是法院，也可以是专门的合宪性审查机关，狭义上指合宪性审查机关）根据同一部宪法可能会对同一问题作出不同甚至相反的评价。如果同一个机关在不同的历史时期根据同一部宪法作出了两个完全不同的宪法评价,我们就可以说合宪性审查机关或者有权机关的宪法判断发生了变更(改变)。当前背景之下,特别是2022 年为现行《宪法》颁布实施 40 周年这一特殊时机下,结合立法、合宪性审查工作来讨论这个问题可能更有意义。

《宪法》实施 40 年以来,实践中是存在宪法判断变更需求的。回顾这 40 年的发展历程,我们会发现学术界也从宪法变迁理论、宪法发展理论等学说中发掘资源,解释宪法实践。林彦老师的名作《通过立法发展宪法——兼论宪法发展程序间的制度竞争》(《清华法学》2013 年第 2期)也提到了这一话题。此外,还有"宪法演变""良性违宪"(这是华东政法大学郝铁川老师提出的一个概念,影响了中国宪法学研究 30 年)等,当然也包括夏勇老师提出的"改革宪法"。近三四十年,中国宪法学界不断提出一些概念和理论,来阐述、回应宪法判断变更这一现象。从比较法角度来看,西方国家特别是美国,还存在原旨主义理论(originalism)和活的宪法(living constitution)理论。

宪法判断的变更通过什么样的方式进行呢? 第一种是修宪,现行《宪法》从 1982 年到现在共修改了五次,特别是随着改革开放的推进,一些条款的规定在修改前后其实是截然相反的。比如,1982 年《宪法》第 10 条规定了"不得出租土地",到了 1988 年修宪时就将"土地使用权可以依法转让"写进了《宪法》文本。同样,《宪法》文本中规定的经济体制,由社会主义计划经济修改为社会主义市场经济,本身就是一个方向性的转变。修宪仍然是基于同一部宪法,只不过通过修宪的方式变更了宪法对于某一个问题的判断。

第二种是合宪性审查。通过合宪性审查,不同的历史时期会对同一个宪法问题作出不同的审查结论。于当下中国而言,可能目前还没有特别典型的合宪性审查实践。当然,如果从比较法角度看,美国联邦最高法院在种族隔离问题上的态度,从"隔离但平等"到"隔离不平等"便是此种方向性转变的实例(普莱西案和布朗案)。

在这两种变更宪法判断的方式之外,还有第三种方式,可能也是具有中国特色的一种方式——通过立法变更对宪法问题的评价。立法包括"立、改、废、释、纂"五种形态。我今天要讲的是在法律修改的过程中如何变更法律对于某一宪法问题的判断。

我国的最高立法机关是全国人大及其常委会,全国人大是修宪机关,全国人大常委会既是宪法解释机关,也是合宪性审查机关。在这种最高立法机关与合宪性审查主体相结合或者相重合的情况下,由全国人大(常委会)制定的法律,既是对宪法的解释,也是对宪法的发展。那么,全国人大制定的基本法律和全国人大常委会制定的基本法律之外的其他法律,其效力和宪法解释到底是什么关系? 到目前为止没有一个明确的说法,我们很期待未来的《宪法解释程序法》予以明确。林彦老师在《通过立法发展宪法——兼论宪法发展程序间的制度竞争》这篇论文中也特别强调,通过立法发展宪法是中国宪法发展的一种特色。

那么,在法律修改过程中,立法者能不能通过修改法律来变更已经作出的某些宪法判断呢? 为回答这一问题,我们需要从法律修改的宪制意义、宪法判断变更的标准和具体实践三个方面展开。

第一个方面,需要强调法律修改的宪制意义。

第一层意义,法律修改是国家立法权的重要组成部分,是"通过法律实施宪法"的重要面向。既然我们要通过法律实施宪法,那么"法律"既包括制定法律,也包括修改法律、废止法律、解释法律和编纂法律。

第二层意义,修改、废止以及编纂特定法律是全国人大及其常委会确保法律合宪性的重要手段。今年的全国人大常委会工作报告中专门提出了"在人口与计划生育法、审计法等法律修改过程中进行合宪性审查研究"。

第三层意义,修改法律是提高立法质量、确保良法善治的重要手段。习近平总书记也指出,"由于历史和现实的多方面原因,目前立法、执法、司法、普法方面还有不少薄弱环节,有一些人民群众不满意甚至意见很大的地方"。换言之,立法质量还有很大的进步空间。这就需要立法者通过修改法律来提高立法质量,提高公民基本权利的保障水平,提高国家权力运行的规范程度。

第二个方面,在法律修改实践中还要关注"宪法判断变更"的识别标准。哪些现象在实践当中可以被称为宪法判断变更? 我列出了三条标准。第一条,法律规定直接涉及宪法,且宪法依据没有发生变化,而相关立法通过修改发生了变化,那么这可能就是宪法判断的变更。在满足第一条标准的情况下,第二条标准是全国人大及其常委会在修改法律的过程中,作出过明确的宪法判断。有些情况下,全国人大及其常委会在立法过程中对合宪性问题的判断是非常隐晦的,会低调处理,或者通过文字加以掩盖。但是在有些情况下,立法过程中特别是在法律草案审议过程中,全国人大、全国人大常委会、全国人大宪法和法律委员会(包括 2018 年之前的全国人大法律委员会)、全国人大常委会法工委对一个宪法问题作出明确的宪法判断或者讨论,这一讨论可以从公开的立法背景资料当中找到,这就是证据标准。第三条标准是立法者全部或者部分放弃了原有的宪法判断。

广义上的宪法判断变更,即法律修改后宪法判断发生了变化。比如,拓展了宪法本身的内涵,由原来的规定 A 变为后来的规定 A＋B。《外商投资法》将《宪法》第 18 条规定的中外"合作""合资"扩展为"合资""合作""独资",这本身就是对宪法文本的一种发展。全国人大常委会法工委宪法室还专门写了一篇题为《我国外商投资立法与宪法第十八条规定含义的与时俱进》的文章来讨论这个问题。

上述形式其实是宪法的发展,我今天要讨论的是宪法判断的变更,主要针对后面两种情况——转向和限缩。转向是指,原来法律规定的是 A,通过法律修改,对同一问题的规定变成了 B,而 A 和 B 是互不相容、互不包含的。限缩是指,原来法律规定的是 A+B,后来通过法律修改限缩为 A,立法者放弃了 B。限缩和转向是狭义上的宪法判断变更。这个过程就是通过法律修改实现宪法判断变更的一种现象。

我总结了实践当中的三种典型表现。第一个"宪法判断变更"的例子:农村水塘和水库里的水归谁所有?《宪法》第 9 条明确规定"'水流'属于国家所有"。但是在 1988 年制定《水法》时出现了这样一个争议:农村水塘和水库中的水到底是属于国家所有,还是属于集体所有?

当时《水法》草案明确规定农村水塘、水库中的水属于国家所有。但多个地方的人大常委会提出反对意见,认为如果这样规定,将会给农村工作的开展带来困难。最后《水法》明确规定农村水塘、水库中的水属于集体所有。后来为了推动有偿取水制改革,2002 年修订《水法》,规定"水资源属于国家所有",同时规定"农村集体经济组织的水塘和由农村集体经济组织修建管理的水库中的水,归各该农村集体经济组织使用"。在法律草案审议过程中,法律委员会也就这一条规定和宪法的关系进行了研究和讨论。可以看出,关于农村水塘和水库中的水资源所有权归属问题,有关宪法判断发生了结论性的变化。

第二个"宪法判断变更"的例子:调整乡镇人大审查和批准预算的权力配置。1994 年《预算法》规定:"不具备设立预算条件的乡镇,经省、自治区、直辖市政府确定,可以暂不设立预算。"当时一些乡镇不具备设立预算的条件,故乡镇的预算归县里管,被称为"乡财县管"。2014年修订《预算法》时,对"乡财县管"的法律性质的认识发生了变化,"乡财县管"作为一种措施,并不能改变地方人大(特别是基层人大)的职权,因此取消了不设预算的例外情形。所有的乡镇都要设立预算,乡镇人大都要行使审查和批准预算的权力。对于"乡财县管"法律措施的判断,前后截然相反。

第三个"宪法判断变更"的例子:调整全国人大代表联名提出质询案的对象范围。《宪法》第 73 条规定,全国人大代表可以联名提出对国务院或者国务院各部、各委员会的质询案。1987 年《全国人民代表大会常务委员会议事规则》将最高法和最高检(以下简称"两高")纳入质询的对象。1989 年《全国人大议事规则》制定过程中,有人提出将"两高"纳入质询对象的范围与宪法规定不一致,最后全国人大常委会取消了该条规定。对于是否应将"两高"纳入质询对象,纳入质询对象后与宪法的规定是否一致,出现了争议。1989 年认为不一致,但 1992 年《全国人民代表大会和地方各级人民代表大会代表法》又重新将"两高"纳入全国人大代表提出质询案的对象范围。2021 年《全国人民代表大会议事规则》修改时,不仅将"两高"纳入,还将监察委员会纳入。

在同一部宪法下,如何判断法律修改前和法律修改后的合宪性?实际上,法律修改前后都符合宪法。因为全国人大及其常委会对宪法文本的理解发生了变化,或者说达成了新的共识,宪法规范和实践的关系也发生了变化。彭真同志曾经说过:"立法需要有两个依据,一是实际情况,二是宪法。"不能否认的是,现实和宪法文本之间的差距,需要通过不断完善立法来缩小。

同时更需要注意的是,全国人大或者全国人大常委会通过法律变更宪法判断的目的不在于认定违宪,而在于进一步提高立法质量。因此,全国人大或者全国人大常委会在修改法律时,不需要纠结原来的法律是否"违宪"这一价值判断。

在我国的立法实践中,宪法判断发生了变动,但全国人大或者全国人大常委会通常采用回避宪法判断变更的立法方式。

第一种是在修改或废止相关法律之前进行合宪性确认。例如2019年废止收容教育制度。在审议《关于废止有关收容教育法律规定和制度的决定》草案时,全国人大宪法和法律委员会专门确认《全国人民代表大会常务委员会关于严禁卖淫嫖娼的决定》"制定程序和内容均符合宪法规定",然后全国人大常委会才通过了这一决定。在废止之前,要确认被废止对象的合宪性,即表明文件的废止并不意味着宪法判断的变更。此外,2021年在修改《人口计划生育法》的过程中,宪法和法律委员会专门确认了计划生育政策调整的合宪性,明确指出计划生育政策调整符合宪法规定和精神。换言之,在法律修改前,要先作出合宪性确认。

第二种是在修改或废止特定法律时避免从合宪性层面作出判断。比如2010年修改《选举法》以实现城乡选举同权,在相关立法背景资料中,并未从合宪性的角度作出评价。2014年废止劳动教养制度,也未从合宪性层面作出评价,而是提出废止的时机已成熟。彭真同志在1983年12月3日发表的纪念宪法实施一周年讲话中,明确提出了要完善劳动教养制度。另外,在2020年修改《武装警察法》以调整武警领导体制时,也未从合宪性的角度评价《武装警察法》修改前的武警领导体制。

需要注意的是全国人大及其常委会修改法律时回避宪法判断的逻辑,即首先强调相关法律的历史作用,肯定相关法律的合宪性,其次强调相关法律的历史作用已完成,最后强调修改或废止的时机已成熟。废止或修改法律并非因为该法律违反宪法,而是因为该法律的历史作用已完成,修改或废止的时机已成熟。这就避免了在修改法律过程中作出合宪性判断。

通过修改法律变更宪法判断的启示有以下三点：

首先在规范层面，应当理性看待和准确把握"合宪"与"违宪"的关系。既然全国人大常委会已承认在法律修改过程中可以进行合宪性审查研究，即法律是合宪性审查的对象，则无论从应然层面还是从实然层面，都可以通过修改法律变更相关宪法判断。但宪法判断的变更并不意味着全国人大及其常委会认定之前的法律违宪。"合宪"与"违宪"并不是非黑即白、非此即彼的关系，二者之间存在一个中间状态，需要全国人大、全国人大常委会及宪法和法律委员会运用立法工作和监督工作的艺术灵活掌握，妥善处理。

其次在政治层面，应当平衡宪法判断中"名"与"实"的关系，在坚持目标导向的前提下把握解决问题的时机。有些问题可通过法律修改解决，至于解决的理由和方式则并不是最重要的。同时，解决问题也需要等待成熟的时机。

最后在历史评价层面，要确保宪法判断的一致性和延续性，妥当应对合宪性审查中存在的历史问题。宪法判断是对一个问题合宪与否的根本性判断。如果全国人大及其常委会曾经认定对某个问题作出了宪法判断，则无论多久之后，全国人大及其常委会对该问题的合宪性评价应当保持一致，而不是用"违宪"去评价立法实践中特定的历史遗留问题。在新中国的历史上，在中国共产党领导下，我们需要强调党的领导，不能轻易以"违宪"为理由否定原先的重要制度和法律实践。当然此处并非要否定有关法律修改的必要性，法律应当根据社会的发展进行修改，但是否以"违宪"作为修改法律的理由，需要慎重考虑。

彭桂兵教授（主持人）：

林老师从制度史的角度出发进行了讲解。郑老师则是定点打击，定点挖掘，就备案审查的问题进行深挖。邢斌文副教授就宪法判断的变更从纵横双面出发讨论，并提出了规范、政治和历史评价三个层面的启示。

四、 问答环节

提问一：

什么是"合宪"与"违宪"的中间状态？

邢斌文副教授回答：

在德国宪法判断的类型中，除了合宪性确认，还有限定合宪（即在某些情况下是合宪的）、限定违宪和警告性判决等形态。有些规范虽然是合宪的，但存在违宪的风险，合宪性审查机关可以要求立法机关在指定时间内修改，这就是"合宪"与"违宪"判断的中间状态。

我国合宪性审查的实践曾经长期处于"鸭子凫水，暗中使劲"的状态，不被学术界所知晓，是一种隐形的（invisible）状态。随着国家治理体系和治理能力现代化水平的提升，合宪性审查需要从幕后走到台前。从目前来看，全国人大常委会法工委公布的备案审查工作信息中只有简单的结论，缺少备案审查过程中详细的推理过程。比如，如何认定有关规范是合宪还是违宪？如何认定法律具有修改的必要性？如何进行宪法解释？宪法解释背后的思路和方法是什么？未来需要公开更多的细节，从而在实践的基础上构建中国宪法判断类型制度和理论。

提问二：

法律是不是合宪性审查的对象？

郑磊教授回答：

首先这不是一个是或者不是的问题。

在中国宪法上，是否给法律留有可进行合宪性审查的空间，对于这个问题，不同人有不同的想法。我的文章《守护宪法：对法律进行宪法审查的解释方案——以宪法文本及其沿革为基础的考量》发表在《华东政法大学学报》2009 年第 5 期。文章提出，当时不论在具体制度设计层面还是在实践层面，宪法都没有留给对法律进行审查的空间。但如今我国在实践层面已经出现不少依宪法对法律进行审查的现象。例如今年的全国人大常委会工作报告首次提到在两部法律的审议过程中进行合宪性审查。合宪性审查在法律审议的过程中和事后备案审查两个层面展开。例如，强制婚检的审查建议人程雪阳教授提出《婚姻登记条例》不符合《母婴保健法》的要求。但是法工委回应：相应法律要根据实际发展进行相应调整，《民法典》未对婚检作出强制要求。

五、　闭幕致辞

陆宇峰教授：

今天林彦老师讨论了备案审查在中国的四个发展阶段，对每个发展阶段都进行了精准的界定，可谓高屋建瓴、掷地有声。从将存在合宪性问题视为负面情况的"被动审查"，到顶层设计与"摸着石头过河"的探索相结合的、全覆盖、实质化、活跃的"主动审查",这一如同辩证法式的螺旋上升过程,体现了时代的改变。简单地说,20 世纪 80 年代将备案审查提上议事日程,是国家政治制度建设正常化和限制权力滥用的需要;20 世纪 90 年代随着公民权利意识的提升,中国进入"走向权利的时代",保护公民权利也成为发展备案审查的重要理由。但直到备案审查与提升国家能力的目标结合起来,被视为治理能力现代化的必然要求,政治国家与民间社会才有了共同的动力,合宪性审查的时代才真正到来。

郑磊老师讨论了备案审查中的中国宪法议题。中国的备案审查具有特色,原因还是在于其根本目标是提升国家能力。提升国家能力的途径,包括通过合宪性审查坚持党的领导、提高立法水平和法治统一。这一系列与西方迥异的目标,决定了我国审查主体的多元化、审查方式和审查基准的特殊性。

合宪性审查或备案审查的主要目标在于法治统一,这是面向过去的维度。邢斌文副教授则提出,实践中存在宪法判断的变更,存在宪法的变迁,这是面向未来的维度。西方通过由个案引起的司法审查附带宪法解释来发展宪法,这并非一个主动的过程。中国则在修法的背景下,在实践中主动作出宪法判断,否则会无法平衡立法权与其他权力、人大与其他具有立法权力的机构之间的关系。

如何把握党和立法机构之间的关系,也是特别具有中国特色的问题,涉及政治系统的标准和法律系统标准的衔接。合宪性审查不仅具有法律属性,旨在保证法律系统的统一性,使宪法真正成为法律体系中的根本法;它还具有政治属性,因为宪法本身构造并限制政治系统的运行,支撑政治系统高效、民主地运行。这便涉及政治维度的合宪性审查,以维护一个强有力的、高效的,同时又不侵犯基本权利的政治系统的正常运转。

华东政法大学第39期
"东方明珠大讲坛"

4/10

18：30-21：00

华东政法大学科研处官方B站账号：24585258
直播链接：http://live.bilibili.com/24585258

数据要素确权与流动：
反思数字时代财产权

主讲人：胡　凌 北京大学法学院副教授
与谈人：熊丙万 中国人民大学法学院副教授
　　　　许　可 对外经济贸易大学法学院副教授
致辞人：陆宇峰 华东政法大学科研处处长、教授
主持人：彭桂兵 华东政法大学科研处副处长、教授

华东政法大学"东方明珠大讲坛"致谢"问渠源"基金支持

第 39 讲 数据要素确权与流动：
反思数字时代财产权

时　间：2022 年 4 月 10 日

地　点：线上

主持人：彭桂兵（华东政法大学科研处副处长、教授）

主讲人：胡凌（北京大学法学院副教授、中国法学会比较法研究会理事、上海市法学会外国法与比较法研究会副会长）

与谈人：熊丙万（中国人民大学法学院副教授）、许可（对外经济贸易大学法学院副教授）

致辞人：陆宇峰（华东政法大学科研处处长、教授）

一、 开场致辞

彭桂兵教授（主持人）：

　　尊敬的胡凌副教授、熊丙万副教授、许可副教授，各位老师，各位同学，大家晚上好！

　　本期讲坛的主题是"数据要素确权与流动：反思数字时代财产权"。这一议题在国家推进数字经济发展的战略背景下，显得尤为重要。讲坛预告中也提到，本期讲坛将在理论和实践维度证明，真正促进数字经济发展的是依托数据的基础设施功能而实现的架构财产权，也是互联网新型生产方式希望法律提供的有效回应。对要素财产权的讨论可以进一步延伸至针对数字时代大量虚拟物品产权的研究，本期讲坛将对此展开进一步讨论。

我们有幸邀请到北京大学法学院副教授胡凌担任主讲嘉宾。胡凌副教授兼任中国法学会比较法研究会理事、上海市法学会外国法与比较法研究会副会长，长期致力于法律理论与网络法研究，是目前国内网络法研究方面的代表性学者之一，近三年来在《中外法学》《法制与社会发展》《法学家》等法学核心刊物上发表了多篇重要论文。

我们同样有幸邀请到中国人民大学法学院民商事法律科学研究中心研究员、中国人民大学未来法治研究院平台治理研究中心主任熊丙万副教授，对外经济贸易大学法学院数字经济与法律创新研究中心执行主任许可副教授担任与谈嘉宾。我校科研处处长陆宇峰教授将在讲坛尾声做闭幕致辞。

今年也是华东政法大学建校 70 周年，"东方明珠大讲坛"系列活动正是对校庆的献礼。

二、　主讲环节

胡凌副教授：

谢谢宇峰处长和桂兵老师的邀请，非常有幸能来"东方明珠大讲坛"与大家交流。感谢丙万老师和许可老师参与，我的观点与两位老师的观点比较接近，因此邀请两位老师参加与谈。我个人不喜欢经常地重复，因此希望能讲出一点新意。今天的讲座主要基于我过去所写的几篇论文，尝试在此基础上做一些扩展，将一般的数据要素问题扩展成数字经济中赋予财产权利的问题，也想听听其他两位老师的高见。

今天的讲座主要围绕关于数据要素特性的四个问题展开，我先对这些问题做一简要介绍。

首先，我尝试说明数据要素的本质特性，它本质上可能与确权及市场的形成有独特的联系。当我们在谈论数据确权时到底在说什么？它与市场是什么样的关系？

其次，我会从法律的角度来看，法律在对某种要素进行使用及流动中运用各种类型的工具，确权实际上是工具之一，那么我们应当掌握确权这样一个工具是如何回应的。

最后，我想从经验的角度出发，首先思考过去我们是如何使用这样一个法律工具的——在过去的 20 年中互联网是如何使用这一要素的，两种财产权利在这一过程中究竟发挥了什么样的功能，具有什么样的地位；其次讨论这样一种法律工具和分析框架能否继续适用于数字时代。

2020 年，中央发布了《中共中央、国务院关于构建更加完善的要素市场化配置体制机制的意见》，这份意见中第一次提出数据要素。此前的各种文件中，"数据"与"要素"这两个词没有被联系在一起，大家会觉得数据可能更重要一些，因为它能够帮助推动生产这一过程。这份意见中还有一句非常有意思的话"加快培育数据要素市场"。我的理解是此处的重点在于强调市场，而不是简单地强调"数据要素"。但现在的问题是：数据要素和市场是怎样联系在一起的？是不是如我们原来所想象的，确权才能成为市场，还是说这个市场可能有其他的支撑方式形成？

实际上，这份意见中也提到了怎样去构建市场，虽然提得比较简单，但也提出了三块具体内容，大家若有兴趣，可以去看一下它的原文。

我大体上讲一下。第一块主要说政府数据要开放共享。政府数据开放是我们此前一直在做的，但是如果将它再升级为一个和市场培育有关的措施，会变成什么样呢？第二块是提升社会数据的资源价值。我理解的社会数据包含很多平台企业上的数据，或者说一般性社会维度的数据，这些数据希望通过提升资源来提升数据价值。第三块是加强数据资源整合和安全保护。我认为"整合"这个词可能会比较关键，强调整合不是意味着分散或者搁置在那里，其关键是我们如何将价值调动起来。我认为这三块内容的指向是比较明确的，国家的抓手要求，在培育销售市场的过程中必须将数据资源的公共性与整合性联系在一起才行，而不是强调它的反面。

文件中也提到了产权内容，我们既要"研究根据数据性质完善产权性质"，又要"建立健全数据产权交易和行业自律机制"，这也是为什么全国主要城市都开始建立数据交易所了，此后还要尝试进行更深入的制度设计。当前对数据要素市场的讨论，有时是和国家放在一起的，有时又有所分离。2021 年年初国务院发布的《要素市场化配置综合改革试点总体方案》中，不再提数据产权交易。我认为这绝非偶然，这可以引导我们去思考产权与要素市场之间的关系。

另外，国家发展改革委《关于对"数据基础制度观点"征集意见的公告》中写得非常详细，公告沿着从数据产权制度如何建立到不同权能如何配合这样一个逻辑。要探索建立现代数据产权制度，推动数据持有权、使用权等相关权利有序分离与流通，满足数据流通使用需求。在讨论这个问题时，我最关心的就是数据产权和数据要素市场形成之间到底是什么关系。

确权，不管是从立法还是执法过程角度来看，都需要投入大量的成本，虽然现在《民法典》第 127 条中有一个非常抽象的关于数据财产性的规定，但总的来说它需要一个整体方案。我认为当前的重点应该放在如何在尽可能减少社会成本的前提下思考市场的形成上。按照传统的知识体系，一般经济学或法学原理倾向于为要素确权，只有这样才能划清边界，便于产权转让，把数据想象成物，最终形成稳定交易的市场。当我们说要素确权时，指的是使用财产规则保护某种稳定的利益，赋予社会主体以一般性的权利或特权，不仅可以对抗第三人，更主要的是用来提供不断生产价值的激励，这也是为什么法律主要是为了保护生产资料，顺带保护消费资料。换句话说，某种东西之上可能有很多不同的利益，法律如果希望某种利益受到保护，就会赋予它一个 title（称谓），那么有了这个 title 之后，你就可以去对抗第三人或者去主张权利了。

因此，确权既可以是普世的，也可以是一个特权。此种确权的思维模式有一定的目的性，尤其是在市场经济环境下，它能够满足财产性权利的激励目的。但从国家角度来讲，要不要用财产权利去保护某种要素，取决于这个要素是否有用。这个道理在过去的资本主义生产方式下更好理解。资本主义生产方式注意保护私有财产，重视对生产资料的保护，主要原因是要确保有人能在这样的过程中产生大量的价值，然后放到市场上去流转交易，从而带动社会财富的增加，这就是财产权保护的过程。在这个过程中，实际上也顺带保护了物理世界中实体的东西，不论是消费资料还是生产资料，实际上都顺带受到了保护。

对于数据产权和数据要素市场形成之间关系的问题，我们要意识到实际上有几种不同的思路。一种常见的法律思维方法是注重对事物本身在法律上的定性，将其比拟为特定法律关系下的概念——数据、虚拟财产，因而确权是普世的，似乎只要概念上说清楚，相应制度就会自然出现。现在逻辑上已经存在一个非常成熟的体系了，比如物权上有一个不同的权能，那么将这个权能套在不同的数据上或是要素上都非常清楚,因此在概念上讲清楚这个问题是非常容易的。但另外一种思维不是这样去想问题的,而是从生产方式角度看问题,即思考作为生产要素的数据对新经济的意义何在、何种利益需要保护,认为是新型生产方式促使或利用既有法律概念进行解释或改变。

数据与传统的知识财产要保护的客体是不一样的。从要素本身的生产过程和流动过程中看,我认为数据要素具有五个特点。

第一个特点是数据具有不同功能。功能是非常重要的。当我们在思考数据时,我们在说什么? 比如说谈数据财产或数据产权时,有些人心里想的是那些非常容易被数据爬虫爬取的数据;有些人的第一反应是想起视频、图片;还有些人会认为可以追踪和记录某些人行为的底层原数据是数据。其实谈到数据,我们的第一反应都是数据的功能。因此我们可以根据不同的功能,将数据区分为展示性数据和辅助性数据。展示性数据是我们肉眼可见的、在使用的,往往也是很多官司中出现的客体;但人们往往忽视了辅助性数据,辅助性数据主要是有一些目的不被别人看到,但使得市场要素的流动和匹配变得更有效率、流速更快的信息。如果没有这类信息的话,我们在市场交易中会受到很多成本限制。大家根据经验,可以看看是不是有这么几类信息。第一种信息是身份认证,身份认证实际上在现实社会是非常普遍的,作为一种认证的信息,在任何一个成熟市场上都被需要。第二种信息是行为分析,就是刚才提到的原数据。原数据就是我们做了什么,在什么时间、什么地点做的,IP 地址是多少,设备号码是多少,这些都是我们看不到的,但是它可以用来在后台分析我们的行为,可以去追踪记录,形成一些所谓的数字身份并去预测。这一过程中数据起着至关重要的作用,帮助我们更好地了解、预测。第三种信息是撮合匹配,比如说我们在网络平台上跟别人打交道,形成了一种看不见的网络,这个网络可以用来定向分发或自动化匹配。第四种信息是行为评价，我们评价某种要素，评价工作干得好不好、销售了多少单，这种信息的主要功能是便利未来的交易。这些辅助性数据要素可以使市场上的信息更加充分，让大家敢于与一个素未谋面的人合作和交易。

当我们谈及数据确权时，其实对以上两类数据都会涉及。当遇到第一类展示性数据时，我们会问如果有人想把你的数据拿走行不行，或者说这些数据属于谁。另一类是我们不太容易关注到的辅助性数据，它们能够便利公共产品。这些辅助性数据应该归属于谁？大家能否排他地从权利中获利？总体而言，数据是依附性要素，无法脱离行为主体和其他要素行为而存在，有效的数据利用势必要求从行为数据生产到分析再到回馈的闭路循环不断加速，不太可能成为独立的物。

第二个特点是数据具有流动性。数据所依附的流动的要素有人、服务、信息内容、金钱、物品、"流量"。如果数据依附于上面这些不断流动的要素，那么数据本身也是要不停流动的。当我们讲流动时，我们是在说什么？这里我给出三个指标，要素流动具有三方面含义：第一是物理空间位移，比如说一名骑手从一个城市的这一端到那一端，这就是一种流动；第二是完成特定生产活动的时间分割与组合，网络空间中的流动更多是时空上的分割，比如今天这24小时你干了些什么，一会儿你在这个 App 上活动，下一个小时你又去干别的，这里的时间和空间实际上就被重新分割和组合了；第三是被使用和交易的机会，要素流动同时意味着它使用和交易的机会发生变化，以前某种要素在一个物理世界中的使用方式可能是有限的，但在网络世界尤其是分享经济中，一个小时前我使用一辆共享单车，下一个小时这辆车可能就被另一个人使用。将财产性要素放在要素流动的语境下去理解，其被使用和交易的机会大大增加了。

数据流动既可以表现为信息内容的转移联通（Ⅰ类），也可以是附着于其他要素行为的转移（Ⅱ类）。这意味着服务提供者需要不断追踪用户和服务，既要求其在社会范围内的规模效应，也要求其生产活动具有跨时空的持续性，从而进行高效匹配。如果大家了解流动，就会发现数据依附要素流动，并且需要不停地被分析、处理及被不同主体使用。使用的次数或规模越大，这种数据越有价值。如果这个数据是没有价值的，那么可能没有人使用或关注到它。此前我们所提到的两类具备不同功能的数据，都涉及流动性问题。

互联网一开始就产生于要素流动性，数据流动带来的价值超过稳定不变带来的好处。我之前研究过所谓的"非法兴起"。互联网"非法兴起"其实讲的是我把原来图书、唱片、影视作品中的要素数字化，然后放到网上，这其实就是一种要素的流动性。恰好这个过程使得互联网有了大量免费内容为我吸引流量，在此过程中互联网增值了，而且成为现在看起来非常主要的生产方式之一。因此，只有不断地流动才能让这些要素产生更多的价值。显而易见，流动带来的价值要远超过稳定不变，这实际上提出来一个新问题，以前我们只思考一个东西是排他的，我用不用都与你们无关，但是新的生产方式提供了一种非常强的激励，就是说如果你不用的话，能不能让我用，如果我使用它能产生更大价值，这时候我可能就不会尊重你所谓的产权，我把你盗版能怎么样，我先用起来，而且如果我用得好，会迫使你来跟我合作。这个问题是在过去"非法兴起"的过程中不断形成的。

第三个特点是架构划定流动的边界。流动可以产生价值，但要素不停地从一个平台向另一个平台流动是好事吗？可能对很多平台来说，这并不是一件好事，平台更希望要素能稳定地在自己的平台上产生价值，互联网平台所期待的流动就是把其他平台的要素吸引到自己平台上来交易，或者说产生新的网络。所以这里涉及这样一个问题：一个架构数据要素如果想要流动，必须是有序流动，而有序流动就要有边界，在此架构控制范围内可以随意流动；无序流动会破坏市场秩序，产生问题。

"架构"是一个抽象的空间概念，可以收缩和扩展。它既可以是一个 App，也可以是互联网分层。我们以通过 App 进入一个账户的方式进入一项服务的过程，即为架构。只不过这个架构的边界看上去没有那么清楚，可能有技术边界，也可能有法律边界。技术边界包括监测、反爬、设置权限、封闭接口、未经许可扩展架构空间，比如反爬虫开放或者关闭某个 API 接口，都可以设定一个技术性边界。而法律边界包括不正当竞争规则，有的时候关于行为的界定并不是太清楚，比如我即使给你开了 API 接口，但哪些数据你不能碰，是不清楚的。边界在逐渐清晰化，以前大家都觉得数据在随意流动，但现在会发现我可能得关注我自己的一个边界，我不太可能允许其他人没有获得许可就进入我的过程中。

从这个角度说，稳定的流动是有好处的，有限、可控的流动可以确保安全和秩序，形成稳定资产。如果要素不断跨媒介/平台流动，则不利于积累，会增加社会总成本。因此我们能注意到，头部互联网公司积累了很多用户和生产者，这些人要排他地在这个平台上生产价值。这些公司通过宣传自己拥有封闭的过程，能在此过程中提供更好的基础服务与补贴，吸引所有要素在上面活动。一方面，平台想要流动，不想要完全固定下来；但另一方面，平台也希望固定，固定流动的边界。因此，数字平台想要的是对生产过程不受干扰的排他控制权，对外表现为要求法律保护架构空间利益。

第四个特点是集合性权益。集合性权益指所有人不能碎片化，你的所有要素,不管是人、数据还是生产的信息,所有的一切如果碎片化,将不利于通过算法或某些生产过程产生集合性权益。《个人信息保护法》中讲个人信息数据的携带转移,将你的东西复制粘贴走其实于我而言是无所谓的,但如果大量使用第三方工具批量转移,将流量带走,这时候我可能就要采取一定措施,比如用反不正当竞争来约束这种行为。对平台而言,个体的数据转移问题不大,要尊重用户个人的信息自决,但平台会反对利用第三方工具进行批量转移,同时将用户对个人信息转移的选择权约定为从属性的。

在这个过程中,最重要的是生产不能断。基于大量用户授权形成的集合性数据集(利用 I 类数据),平台可以排他使用或授权开发(产生 II 类数据),提高规模效益。互联网的生产过程其实是使这些要素排他地在我的平台上工作,再生产价值。其生产过程不管是 I 类还是 II 类,都需要不断地生产和再生产,这次过程汇总使我们认识到一个经济学道理——反公地悲剧。反公地悲剧其实很好理解,是指架构空间内价值的集合性实际上是碎裂化的空间不断整合的过程,意思是要防止权利的碎片化。如果太碎片化,整合要素的成本就会非常高,以至于集合性的价值无法体现。因此,碎片化的要素财产权与数字经济背道而驰,不仅是数据,整个数字经济都建立在对各类要素碎片化再利用的过程之上。理解了这一道理之后,我们会发现网络空间里仍然存在这个问题:互联网为什么能够有价值? 因为它做的其实就是一个反碎片化的工作。

第五个特点是数据价值的来源。最后一点其实与上一点——集合性权益是紧密相连的,当我们在说数据价值时,我们到底在说什么? 这个数据到底有多少价值,值不值得给它确权? 比如一个数据是我生产的,我付出了劳动,它就应该归我。但从政策角度看,这点东西价值几何？这种价值并不简单地依赖你付出的时间和精力，更主要是要看这些数据价值真正在一个集合的各种环节中的产生过程。平台加速了生产要素生产、匹配、使用、反馈、再生产的过程，有效连接生产、流通和消费环节，便利了数据的使用，使其更有效率，但这个过程本身无法在真空中运行，个体劳动剩余只是其中一部分。经济学关注劳动生产过程，以至于这个商品生产出来最终卖给了谁，消费者是怎么使用的，生产者是不知道也没有能力知道的。好比消费市场的数据只能通过市场问卷调查获得，广告投放者不知道谁真正看到了广告，但互联网解决了这一问题，数据在其中起到了非常重要的作用，互联网平台模式的建立连接了生产者与消费者，使二者之间信息对称。价值是一个综合性的考量，劳动剩余只在最终的价值形成中占一小部分。规模效应（Ⅰ类）、行为剩余（Ⅰ类）、连接、撮合、促成流动（Ⅱ类）、算法定价、评分、点滴碎片积累（Ⅱ类）都可以产生价值。这个价值实际上是一个综合的过程，而不能简单地说只要我付出劳动，我就有价值。因此我认为，数据必须集合起来产生作用，这样才能更好地促进数据流动。

　　数据价值不是固定不变的，它可高可低。数据价值的波动比较大，但它与货币不一样。货币的价值可能很大，且它是一般等价物，但数据不是一般等价物，它只是物。因此到底要用怎样的方式处理数据呢？是让很多人都持有它吗？我认为不是，我们需要转变思维。价值波动较大的非一般等价物难以稳定持有，不如及时使用。既然数据价值有高有低，就要在它能产生最大价值时把它用掉。数据的生产是源源不断的，如果用得好，它可能会进一步带来更多的价值。这是一种非常不同的思维模式，它可以延伸到一切财产上。

　　我们先暂且跳开数据的含义，来看数据要素市场是如何形成的。我所理解的数据市场其实本质上和确权没有必然的联系。过去 20 年间,互联网从商业化到平台经济模式再到移动互联网的过程中,一直都有信息交换行为。信息交换行为一直存在于平台企业构建的市场中,直到近年数据交易这一观念才产生,因此一切数字平台都是数据交易场所。我认为数据交易和信息交换没有本质区别,无非对价问题:在我们需要交易时,一般需要有一个明确的价格再去交易。交换信息其实也是一种交易,只不过当技术不太成熟的时候,我们无法给出一个明确的价格。但我们也可以用别的方法,不一定必须有价格才能交易,只要我们觉得对方给的对价是值得的,就可以交易。

在过去的互联网发展过程中,信息交换一直存在。以前的数据交易需要有一个经济产生的过程,而现在的数据交易比较高端,一切数字平台都可以是数据交易所。比如你购买了一个数据库,你就可以从数据库中获取相应的数据和信息,此前我们只说它提供了一种服务而已,但其实这就是数据交易。在此我提出一个问题:过去 20 年间的这些数据交易或者信息交换过程是如何利用这些信息的? 这些信息真的需要定价吗? 真的需要有清晰的权属吗? 举例来说,对于第一类展示性数据,很少有商业模式给展示性数据定价,一般都是免费或者会员制的,就好比大部分的电影或歌曲是不需要单独付费的,包月即可享受,此种情况下赋予数据一种宽泛的使用权就好,无需确权。要看到数据交易的多重样态和做法,不能执着于单纯的数据确权。

有效市场需要强制披露、降低信息价格,建立免费商业模式以吸引用户(I类)。如果需要大量的钱去购买信息,人们可能就不会去买。信息是副产品也好,是服务于这些要素的工具也好,如果提高了信息市场成本,其他要素的正常交易便也无法正常开展。针对辅助性数据,我们逐渐形成了基础设施类的动词,比如认证的信息、匹配的信息。有了这些信息,我们才敢放心地在成熟的市场上交易,因此有效市场的搭建需要信息性的市场基础设施来便利要素流动(II类)。

在过去 20 余年中,法律并没有通过要素财产权方式对数据加以保护(最多保护了知识产权),但市场也运行良好,这说明推动生产的核心目标没有受到影响。我们能够注意到,版权保护是比较特殊的,比如长视频过去可以被看作一个作品受到版权保护,但现在大量的信息环境使其很难通过版权法被保护。知乎上的帖子、微博上的信息、抖音上的小视频,未必能构成有原创性的作品,但它们仍然需要法律来保护。因此就产生问题:法律究竟应该用什么方式保护这些作品?

以往我们总认为只有产权能够提供生产激励。不授权就不能提供一个有效的市场激励吗? 答案是否定的。我通过用户协议的方式、通过各种各样的社会规范或其他方式推动生产者与消费者之间的匹配,他们就有动力为我生产。

接下来讨论两种财产权利如何回应数据要素的流动性。既然我们已经了解到了数据的一些基本特性,也知道了数据市场的形成过程,问题是:如果我们要对数据进行立法,使得其边界清晰化,应该如何做?我们仍然会提出一些基本的假定,比如法律介入初始权利配置,可以把不清楚的产权边界变得清楚。原来初始权利可能不清楚,具体谁付出的劳动,或这个过程中价值的产生过程是不清楚的,因此初始权利要事先将其划定清楚。不论我是生产者还是用户,或是其他类型的劳动者,只要我认为这个东西有价值,并且付出了劳动和精力,就应当享有一定的权利。因此,应当赋予用户更多的财产权利和议价能力。

赋予用户更多的财产权利和议价能力是有好处的,这可以使生产过更加理性,提升质量,但信息服务成本提升,可能会降低其总量,增加总社会成本。对于其中一些有价值的数据,大家会明白其中的价值,于是投入更多资源去生产这些有价值的数据;而对于没有价值的数据,就需要不断地挖掘,现在看起来没有价值,或许哪一天因其开发了一种新型服务,这种数据会变得有价值。这也是为什么我们说数据与物理性的财产不太一样,物理性财产的使用方式大多是固定的,很难创造性地使用,但数据不一样,数据可以有非常多创造性的表现方式来产生新的价值。在此就有一个问题:如果你对数据的未来价值不确定,你将采取什么方式对待它,还是先不提这件事?

刚才我们所讲的都是一些可见的后果,第二种方式就是设想,如果法律降低保护程度,置之不理会怎样,即如果法律确权存在问题,我们就不确权了,什么权都不保护了,允许爬虫任意爬取或允许用户数据自主转移,或者要求数据强制向第三方开放,会发生什么。在此我认为这两种方式可能都不见得有好处,它们或许会间接刺激更多开发,会增加数据池的数量和规模,但也可能会造成恶性竞争,减少数据池数量,影响不同平台的竞争策略。

实际上,法律很多时候也不一定能起到什么作用,实际权利边界是通过市场行为谈判、交易、合作形成的,法律只是因素之一。过去的20年间,区分平台及平台上行动者不同层次的诉求已经形成了,大部分人都认为依托平台活动,比精确地将我的东西拿走再不停地授权或者再授权要好得多。这是一个经过多次博弈形成的默认规范,大家其实不太看重所谓的要素财产,而是看重整体,把大家聚拢在一起生产,可以让生产变得稳定。

接下来我要讲两类财产权利概念,这两类概念是比较理论化的概念,理解概念有助于解决争议。第一种是要素财产权,第二种是架构财产权。要素财产权希望为数据确权定价,实际上指的是 I 类数据,认为只有确定初始产权,才能确保有效有序交易,偏重消费资料。其实要素财产权可以应用在一切生产要素上,而不只是数据,它尝试着使某些生产过程稳定化，使得某种类型的要素可以被排他地给予某些主体，在此过程中，主体可以持续地从这样一种权利中获利。如果能够实现这样一种状态，大家就会主张要素财产权。只有确定初始产权，才能确保有效有序交易，从市场过程来看，它更多地偏重消费资料。举例来说，我买到一首歌或者一本电子书，我就拥有了权属。

架构财产权与要素财产权是对立的，平台不在乎单一要素的权属，并且认为单一要素权属的固定化会降低平台交易过程流动的效率，因此要素在平台内部的流转要越快越好。架构财产权希望承认集合性数据权利（commons），降低架构内部数据要素确权和使用的社会成本，同时强调 II 类数据的重要性，认为在一个架构空间内部，只要确保安全，数据就可以用多元方式使用和流动，偏重生产资料。数据只要在平台内部流转，而且越快越好，就不用再谈论某个数据是谁的了，每个人都可以凭要素创造更大的机制，而平台的作用是通过给予你更多的交易机会来让你放弃要素财产权。通过这样一个交易和组织过程，平台让更多人知道平台上没有什么东西是固定的，也只有不固定才能获得更高的价值。那么平台想得到什么呢？平台想要的不是这个东西，恰恰相反，平台想要的是所有要素在平台上工作的固定化。平台不希望要素的持有者或主体固定，而是希望这些要素主体都来平台上排他地工作。这就好比我们谈论的数字劳工所讲的也是这个问题，看似主体间法律关系很灵活，事实上我仍是希望你排他地为我来工作，并且平台希望能保护这样一个工作过程不受干预。

我们再谈谈不同的部门法是如何回应这个问题的，今天讲座的两位与谈老师都是民法学者，我也很期待从他们的角度听听不同的想法。传统的民法学者更关心要素的确权过程，但不正当竞争法和刑法关注架构财产权（反外挂、爬虫、非法入侵计算机系统），主张保护空间性的权利,这个空间是封闭的,但空间内部是随意地以多元方式来使用这些要素的,架构财产权起到弹性的财产法功能,满足了架构扩展的需求。

虽然我们看到有大量的不正当竞争案件,诸如爬虫、设计外挂以及多流量劫持等千奇百怪的行为,但是这些行为汇总到一起,其实都指向对于架构空间未经许可的入侵,或者是尝试转移其中要素的行为。因此我把它在理论上做一个抽象——它实际上是一个财产权利,要获得法律的许可。

作为一个区分,在法律经济学上,财产规则要求事先获得许可才能授权使用,而且要设置一个比较高的门槛或违规使用所要付出的代价。这就是为什么平台不想要任何其中的一个要素获得这样的权利,但作为一个整体,又希望法律起到保护财产权利的作用。

综上所述,要素确权和市场其实是不太一样的,而且从历史上看,没有要素确权也仍然有助于市场的形成。但并不是说数据要素确权不重要,或者说它不会形成,我们只是在观察。据我的观察,在一些高端市场上,仍然可能出现确权的需要。按照前述理论,确权的本质是只要排他地给某些要素固定化的 title,即某些主体被认为是非常值得的、能够排他地进行工作的,或者说给予这个要素确权可以更好地实现价值。我们都知道财产权利的意思就是垄断,但是注意,目标仍然是垄断进而产生价值,而不是垄断之后的"躺平"。

所以,财产在一个成熟的市场上,对于要素的使用是多元的,有可能出现一个非常高端的有清晰边界的要素财产权,但是还有另外一些层次是边界不太清晰的。关键在于当我们从一个大的角度来探讨要素形成与市场之间关系的时候,会发现首先需要有生产秩序,如果没有生产秩序,要素确权不可能实现。

这就是为什么需要有架构财产权,架构财产权保护了生产秩序的有效生产，以及我们经常谈到的平台企业的自主经营权。进一步延伸，我并不认为我们只需要架构财产权而不需要要素财产权。我们发现两种财产权利都有局限，比如前面提及的要素产权非常容易碎片化，所以互联网是要反碎片化的，它要把这些东西集中在一起。但是集中在一起的要素财产权也仍然有问题，比如我们看到的是架构财产权的封闭性，以及相应的垄断问题，这也使我们进一步去思考怎么能够降低架构财产权的负外部性。例如有些大型平台觉得要素已经足够多了，实际上不开发什么东西或者只要维持现状就可以获利，但是这与市场想持续推动创新或者说推动要素更进一步、在更大范围内流动的目标会发生冲突。现在我们国家会讲一些政策像"互联互通"，但是我理解的"互联互通"不是简单地打通两个 App，用同一个账号登录或者转移某些内容，实质上指的是将两个不同的架构打通，让要素能够在不同的架构之间随意地流转。我认为这个才是市场机制，要素能够在哪里发挥最大的价值，就流到哪里，并因此促成不同平台之间的竞争。

　　最后我上升到理论层面，去关注一般性的理论问题。既然谈了数据多么重要，或者数据是以什么样的方式去确权使用的，那么它能不能扩展到一般性的要素，比如人力的、虚拟财产的、技术性的甚至是物理性的要素。举例而言，一辆车、一个房间或者一些生活用品，这些东西原来可能是在二手市场上流动，这是利用的过程，它会指向一般性的财产权利。数字化时代，流动性其实大大增强了，有很多东西是闲置在那里的，没人用或者使用效率不佳。现在都讲循环经济，这实际是指生产出来的东西不管是生产要素还是以消费品的形式出现，我们都希望物尽其用，在互联网上的确可以有更好的做法。

　　我尝试抽象一下，当我们在讲产权的时候，在法律上讲的就是一种请求权，是对世的、未经许可他人不得使用的、如果受损则可以请求法律保护的权利。但这是法律上的请求权,实际上很多时候我们看不到真实世界里的行为结构到底是怎样的,财产从哪里来,这个财产是有很多类似的还是稀缺性的。

因此我们在数字经济时代思考财产问题的时候,就不可能单纯地将它仅仅作为请求权的基础。很多社会科学特别是经济学,会思考产权的问题,会看到产权背后某种有价值的东西,比如说它的生产结构、生产技术的状态是什么样的。如果把它放在数字化时代的话,可以根据相关性进而提炼出一些变量:

第一个变量是生产速度和规模。有些要素生产是无限的,以前我们讲财产是有稀缺性的,所以觉得它有价值。但现在数据在理论上是可以无限生产的,而且有太多的人在生产,以至于判断"什么东西是有价值的"可能需要有其他的工具来帮助,比如算法推荐或者算法挖掘,这个东西才有价值。单个的信息或者是一类数据,它的价值就不一定有那么高,它需要不停地被人使用,我们才能看出来它在谁那里用得更好。如果发现了市场上有人用得更好,就可以进行固定,但问题是永远不知道未来谁用得更好,所以从不停地推动价值生产的角度来讲,就没有必要固定了。

第二个变量是价值实现的过程。很多时候有些人把数据比作石油,但是我认为这是个错误的说法。像石油这种东西,虽然它的价值也取决于开发的技术,但总的来讲还是相对可以预期的、固定的,因为它只能用于某些类型的使用过程。但数据不是这样的,数据的价值一定要跟整个的行为、其他的要素主体联系在一起才能发挥作用,而数据本身如果没有一个预期利益,是很难确权的。

第三个变量是流转和交易的速度与规模。如果我获得了一个东西,我马上就能用、扔掉或者拿给别人用,接下来还可以用新的,这种时候权属就变得没那么重要了。这就是前面讲的交易机会和流动性的问题。如果某种东西可以持续地产生价值，它在哪里其实并不重要。科斯定理讲的也是这个道理——交易费用如果降得足够低，那么这个东西是谁的其实不太重要，对社会来讲也是一种可以实现的很大福利。

第四个变量是现有法律保护的强度。现有法律包括一些社会规范如果不太愿意保护此类权益，那么大家可能都预期说我不要确权了，即使这个权属给了我，我也没有特别好的想法。

我在此做一个抽象对比：想想数字经济和工业经济这两种环境，如果把它们分别作为两种理想类型，会发现它们是非常不一样的。在一个稳定的工业化的市场环境中，大家对工业产品，不管是生产资料还是消费资料，是有一个稳定预期的。但在数字环境下人们没有这种预期，也不需要这种预期。我手里这点东西是可以拿来就用的，如果用得不好，可以给别人用，或者说我预期未来可以获得一个更好的交易机会等等，这都体现了一种思维方式，即尝试使要素不断加速流动，从而在这个过程中让所有的参与者都能够潜在地获利。

这里讲的首先是仅仅从效率角度出发，没有特别地考虑其他的价值。当然这个过程中可以有很多其他的价值，人们可能一开始就会有财产性的主张，或者某种东西上有一些人格性的利益，人格性的利益不可能轻易地转让他人。个人信息保护也同理，用个人信息去产生价值，就可能会与人格性的利益发生冲突。

这个过程涉及不同属性的权利或者利益如何协调的问题，它不是法律能解决的。它就是一个社会过程，如果说社会大部分主体都认为个人信息非常重要，可以达成共识，大家就都会发出有力的声音，要求这个制度进行规范设计。但是如果没有很多人特别看重个人信息的价值，或者在使用的时候只要没有产生直接的伤害，就可以把门槛降得很低,这也是没问题的。所以从这个意义上讲,我始终认为哪怕是不同种类的利益诉求,只要人们在适当的环境里,就仍然可以作出选择,作出权衡。

那么现在问题来了:法律与公共政策到底要导向什么?一般来讲,我们要平衡——既要产生价值,也要保护个体性的东西。但问题在于一个实际的制度设计背后是如何导向的。我认为这是一个需要持续研究的过程,包括怎么去设计不同的场景、不同类型的制度。

今天我主要是从一个经验性角度来看的,这个框架其实不仅仅适用于信息数据,也适用于实体财产,分享经济就是这样的。比如你占有一台车,其实没有太大重要性,但如果某一个平台能使你占有的财产发挥更大的作用,而且你也愿意让它发挥更大的作用,这个时候你对它的估值就发生了变化。原来这台车我只是偶尔开出来,这是一种估值。但是如果这个平台提供了另外一种环境,可以帮助提升它的价值,让更多的人去使用它以及能够让你获得其他的收益,你也许就会改变选择。

实际上技术和商业模式无非是给人提供了更多的选择,让人们可以重新评估自己手里占有的这些东西是不是值得占有。客观上来看,很多人实际上作出了一种选择,他认为占有是没有特别价值的,所以愿意至少通过形式上的合同或者是同意将其放到集合性的过程里。

当然,问题并没有完全解决。除了刚才提到的个体性声音,可能还有其他的比如分配的问题,也就是公平性的问题,这也很重要。虽然大家愿意去集合地产生价值,但是这个价值最终的好处究竟落在谁那里了?是全被平台获得了,还是它实际上作为补贴,或者通过建立一个更好的基础设施服务于所有的参与者?

当我们愿意接受集合性价值的时候,集合性价值内部的机制如何去设计?发改委的相关文件里也有相应的机制设计。我觉得这些都是值得我们进一步考虑的问题,包括更进一步地连通不同的市场架构。

最后做一点总结。首先,我更多是从经验的角度来看待问题的,而不是单纯地构建,即考虑如何设计一种东西,并设计得有章可循。曾经有人这么做过,而且这么做是有效的。我们尝试着把过去做的这些事一般化,这就是理论的意义。当我们谈数据交易或者数据市场建构的时候,实际上这些概念过去已经有了,如何看待它们取决于看问题的角度。如果你认为过去我们已经做过一些成功的事,那就要去看它是如何成功的,以及这样的经验怎么延伸到未来的一些选择。

其次,可以看出国家的思路仍然是强调数据的整合性,这样才能使数据更好地产生价值。换句话说就是生产资料必须稳定,生产是第一位的。如果没有生产,根本就谈不上消费、分配。所以整个数据要素市场的首要目的仍然是确保生产的稳定。按照这个思路进行思考,例如数据交易所既然可以开始交易了,是不是意味着生产的问题需要已经解决了? 这涉及一连串的问题。我们可以看到,已有的数字平台已经很好地解决了这个问题,因为它把生产、交易和消费过程紧密地结合在了一起。现在的问题是:如果一个数据交易所仅仅是把其中的一个环节单独拿出来,而不去考虑生产和消费的前后环节,就会有问题。如果仅仅看到流通环节,看不到流通环节和生产、消费环节是紧密结合在一起的,且不具备其他信息,中间的环节就不一定能很快地有效建立起来。

最后,前面讲的两种财产权利其实是要解决不同的问题,而且要素财产权可能更加依赖于架构财产权,流动的方式比固化的方式要好很多。市场秩序可能还需要去扩展,将来不论是"互联互通"也好,还是让数据有更多交易机会、产生更大价值也好,绕不过去的一个思路是怎么能够更多地建立一个所谓的统一的市场,或者不同层次的市场,这需要在底层的层面上有统一性。那么统一性到底要怎么去实现？讨论数据要素流动的确权、市场等问题，实际上可以帮助我们回过头来思考一些企业所有类型的数据、所有类型的要素是怎么形成市场的，它的权利或者权属在这个过程里有什么样的功能，这是非常有意义的。

三、 与谈环节

彭桂兵教授（主持人）：

感谢胡凌老师精彩的演讲，我记了两页的笔记。我对胡凌老师的了解缘于《探寻网络法的政治经济起源》，因为我主要关注传播法研究，这本书对我产生了很大的影响。胡凌老师研究网络法，与民法学者采取的研究进路不一样，有自己独到的见解。

今天胡凌老师的讲座内容涉及技术、经济法、财产法以及数字法学。他在《数字经济中的两种财产权——从要素到架构》这篇文章中提出的要素财产权和架构财产权的基础上，又把这两种财产权进行了扩展。胡凌老师从最初的数据谈起，讨论到将数据作为一种要素所形成的市场中数据要素本身的特征，它和传统的要素存在一些不同之处。

此外，我觉得非常精彩的讨论在于第四点和第五点。胡凌老师在提出要素财产权和架构财产权这两个方面的基础上，进一步延伸到如何回应数据要素的流动性。数据本身作为一种生产要素是需要流动的，他所提出的要素财产权和架构财产权，怎么样来实现这种数据要素的流动？既然要实现这种数据要素的流动，那么在数据流动的经济当中，这两种权利是什么时候赋予的？

这些是我听完讲座以及学习完胡凌老师的专著和相关论文后自己的一点体会。刚才胡凌老师也提到，熊丙万老师的研究方向主要是民法学，另外也研究网络平台治理、法与经济学。熊老师的研究领域甚广，他在《中国法学》等权威期刊上发表了诸多与民法学、网络平台治理相关的重量级文章。接下来有请熊老师。

熊丙万副教授：

谢谢彭老师，很高兴有机会参加今天的讨论！

数据要素财产化是当前很重要的一个问题。我与胡凌教授在很多场合都有过交流，今天听完讲座之后我对一些问题有了更深刻的理解。刚才彭老师也反复提到关于架构财产权的理念，它到底属于什么意义上的财产权范畴，我会在后面的评论中谈到。今天胡老师的讲座回应了一直以来都存在的一些根本性的理论问题：在建构数据要素市场的过程当中，到底要不要确权？为什么要或者不要确权？如果要确权，确认的是什么样的权利？

刚才胡凌老师特别谈到，即便是在没有确权的状态下，数据也能够实现流通，数据要素市场也能够得到发育。这个观察很好，也有利于我们去评估到底需不需要以及在什么意义上需要去确定数据要素的财产权。

我认为这里要区分两个维度：

第一个维度是要去区分，数据要素产权争议是发生在信息来源主体，比如自然人与数据处理主体之间（数据企业），还是发生在数据要素财产权流通的当事人之间。第二个维度是在数据要素财产权流通当事人之间，有没有必要设置比较标准化的产权，以及设置什么样的产权。

在第一个维度，关于信息来源主体，比如关于消费互联网当中的自然人的数据、自然人与平台之间的关系,主要有两个问题:第一个问题涉及通过个人信息保护法去解决问题,即如何在确保个人信息被收集处理之后人格性的利益能够得到充分保护。第二个问题涉及财产权的分配问题,即从政治经济学角度看,要不要对分散的、数量众多的信息来源主体给予一部分财产性的利益;如果要进行分配,是直接赋予个人财产性的权利,还是通过二次分配处理;在充分保护个人人格性信息财产权益的基础上,是否有必要给个人分配财产性利益。但共识是,即便有必要分配,也应当向数据企业征收相应税赋,然后以分配的方式来反哺贡献数据信息来源的广泛个体。

第二个维度涉及数据要素财产本身的流通当事人之间要不要确权的问题。刚才胡老师提到通过合同本身可以逐一解决问题,对此我们可以做一些更细致的观察。流通的对象、流通的范围、流通的用途、流通的时间长短,的确可以通过合同来确定,即便当事人合同约定不明,也可以通过合同填补来解决。但是,这没有办法去解决初始权利确定的问题。同样,在流通过程当中,如果产生数据孳息,孳息本身的归属同样离不开确权的问题。

关于初始权利的确定,刚才胡老师提出了有启发性的观察:即便没有国家的正式法律去明文确定权利,将权利以标准化的方式来予以规定,也有非正式的社会规范提供了一套框架。即便今天,《民法典》第127条非常抽象地提到要保护数据权利,但并没有确定谁有权利、要给予什么样的保护。目前我国正式法律中没有一套明文的确权规则,但这并不影响我们已经蓬勃开展的各类数据要素市场的发生和发育。

要去思考的问题是"数据要素市场的发育"与"数据要素市场的发育程度"是两个不同层次的概念,是两回事。我目前虽然还没有确定的看法,但可以确定的是,通过国家法律和社会规范来调整初始权利可能会影响权利的明确性、可预期性，还可能会带来争端解决成本，也就是说它不会影响市场的存在，但会影响市场的发育程度。例如，如果一个数据厂商是最开始捕获和控制数据的主体，它不希望别人使用数据，在仅仅只有社会规范的情况下，这意味着如果发生争议，要通过人民法院进行个案裁判，会面临很大的不确定性。数据企业很可能会采取各种保守性做法：一是采取保守性的措施，防止别人轻易获取数据；二是降低和减少数据公开使用的频率、场所或者场景。这些行为实际上都会对数据要素市场发育产生阻碍。所以，通过社会规范来调整初始权利的配置是有助于还是有碍于数据市场的发育程度，需要我们进一步思考。

再回到另外一个层面的问题，我们根据历史经验也能很好地观察到这一点：在很长的历史时期里，特别是在人类早期社会，没有国家法律去确权，但是有大量历史文献都表明，在社会规范的调整下，权利甚至一定程度上标准化的权利是存在的。数据的生成是我们在网络消费活动当中形成的副产品，在这个意义上，即便是法律，也完全不用赋予产权，而是可以赋予一个完全开放式的、可以自由获取的产权结构，这等于不确权。这的确不大会影响数据的生产本身，但可能会造成数据保守性利用的问题。

如果我们考虑另外两种数据样本，确权或不确权的影响可能就更加明显。一类是关于自然人信息的数据，但它不是在日常消费活动当中附带生成的数据，而是由特定的数据企业通过个案谈判的方式，专门向特定的自然人获取的数据。比如一些逗人笑的声音数据，有数据公司与这类人士做专门谈判和交易对价，买卖声音数据。企业会投入专门的成本来采集、加工、分析和处理数据。在这个意义上，赋权和不赋权对企业的影响就比较大。

　　除了关于自然人的数据,还有来自工业互联网的各种数据。这些数据本身既有这种附带生成的副产品,也有专门生成、采集和加工的数据,它们同样会有产权安排的问题。

　　最后,我再谈一下关于架构的问题。胡老师的想法是:在一些当事人之间,不用像经典的财产权那样去给一个非常标准化的权属,或者以非常标准化的方式去确定数据财产权利。相反,有另外两种有效的解决方式:一是允许大家比较自由地利用;二是在反不正当竞争法框架下,通过非标准化的个案确定的方式,在当事人发生争议之后再确定权属。这种权属不是通过事前标准化的方式确定的,而是事后通过个案确定的,一事一议。胡凌老师认为在这个架构下,大家在同一个框架内共同地获取和使用相应的财产,并在发生不正当竞争的这种场景当中通过个案判断的方式进行权利归属判断。回到传统的实物财产权当中,这种架构其实同样存在:在传统的物理世界当中,在不同的当事人之间,通过实定法所提供的标准化的财产权形态其实是不一样的。

　　第一种情况是在陌生人之间,财产权形态是高度标准化的。在陌生人之间主要是侵权的问题,表现在数据领域其实主要是不当爬虫或者盗取。陌生人之间的标准化程度很高,只有一种财产权——所有权。

　　第二种情况是在潜在的交易当事人之间,财产权是以中等标准化的程度呈现的。交易当事人之间可以交易的财产权形态主要表现在物权法定框架下所提供的各种用益物权和担保物权的类型。

　　第三种情况是共有人,比如家庭成员、室友之间。很多时候一些财产其实不区分你我,而是即使共同利用也不会发生什么争议。只有在需要分家析产的少数情况下,例如室友之间闹矛盾了,对于共同投资买的东西,大家用的频率或者用的机会发生了冲突,才可能会引发类似于不正当竞争法上需要去确权的需求。在传统物理财产当中,用胡凌老师说的这种架构的方式去理解非标准化的财产权利的情况其实同样存在。

不同的数据生产场景会导向不同情况。这种附带生成或专门生成的自然人数据和工业互联网数据，其产权问题如何处理在很大程度上取决于当事人之间相互分享和共同利用的场景有多少，在多大程度上获取初始数据的企业愿意像地图公司一样进入一个互通有无、相互爬取的状态。在这样一种环境当中的架构方式，或者非标准化的财产权的利用方式，的确有比较大的空间。同样，如果当事人对标准化的需求比较高，对相互进入一个共享环境抱有太多的关切和疑虑，甚至会因为没有一个标准化的确权而采取保守性的商业策略，减少数据的利用行为或利用频率，或者采取高成本的爬取防范措施，在这样一些场景当中，进行标准化权利确定的需求就会更高一些。这是与在传统的物理财产和数据财产形态当中，要不要进行标准化和确权的考量的一些共通之处。

以上是我今天听完胡凌教授演讲后的一些想法。谢谢！

彭桂兵教授（主持人）：

感谢丙万老师！丙万老师从民法的角度谈数据流通，他把数据流通划分为交易背景下的数据流通和非交易背景下的数据流通。谈到交易背景下的数据流通时，针对胡凌老师合同交易的方式，丙万老师提出合同不一定能够完全解决交易背景下的数据流通问题，比如在初始权利人的确定上，合同的方式还不能完全解决。另外，对于胡凌老师提出来的架构财产权问题，丙万老师认为传统的物理世界当中也可能存在着架构财产权，待会我们再请胡老师进行回应。

接下来，我们欢迎对外经济贸易大学法学院的许可老师与谈。许老师也是专攻数字经济、数据爬虫、数据爬取以及算法规制的学者,在《中国法学》等权威期刊上发表了诸多相关文章,有请许可老师。

许可副教授:

谢谢彭老师的主持,谢谢华东政法大学的邀请! 对于胡凌老师的讲座,我想提出两个层面的问题。第一个是方法论上的问题,第二个是关于评判数据要素市场的问题。

胡凌老师坚持的描述性的方法论,实际上是非常割裂的两分法,也就是经验和规范的区分。法律实际上强调的是规范性理路,刚才丙万的很多批评或者说不同观点,我觉得主要是从规范的角度出发和胡凌老师进行了对话。但是,胡凌老师强调的是一种描述性的理论,是对于既有经验的总结。因此,这里存在方法论上的巨大差异。

不过,胡凌老师最后回到了制度建构上,所以我们还可以在此基础上做进一步的讨论,这并不是完全平行的两个对话,还是有一些实质性的关联存在的。对于这里的实质性交锋,我想归纳成三个问题。

第一个问题:什么是数据? 其实胡凌老师在一开始就谈到,他所理解的数据主要是这两个层面:第一个层面是展示性的数据,第二个层面是辅助性的数据。无论是展示性还是辅助性数据,都是和人有关的数据。但是在数据要素市场中,有大量的数据可能和人没有直接的关系,典型的比如天气的数据、机器传感器的数据、自动驾驶汽车的数据,它们都不属于人的类型。在讨论前提上,无论是采取规范性的进路,还是描述性的进路,可能都要去区分数据到底是和人有关的,还是和人无关的。即使是和人有关的数据,胡凌老师区分的上述两种类型,也有进一步讨论的空间。例如展示性的数据包括了产生行为和结果中的文字、视频、图片、界面,这些是法律上的"数据",抑或是"虚拟财产"?

　　我看到有听众提问数据和虚拟财产如何区分。我们的《民法典》第127 条规定了数据和虚拟财产是两种不同的类型,从描述的角度来说都可以称之为数据。一旦回到规范的层面,我们发现在中国法中,大量的内容呈现出来的外观可能就成了"虚拟财产",或者是知识产权,而不再是数据。我的观点与胡凌老师不太相同,我坚持我国的《数据安全法》中对数据的界定,即数据是对信息内容的一种记录。在这个框架下,刚才谈到的展示性信息内容,可能并不是我们所谈的数据,只有那些存储在服务器上,说明了电子记录代码的内容才是数据。总体来说,首先要区分是个人数据还是非个人数据,其次要区分在个人数据中有哪些是可能会归入个人信息、虚拟财产这些范畴之中的。

　　个人数据和非个人数据,在生产方式、生产模式方面具有巨大的差异。其实刚才丙万老师已经提出来了。我们可能有不同的生产方式,个人数据是在一般的行动过程(商业活动)中附带产生的,在欧盟的副产品原则下,其财产权不被认可,而一些非个人的数据或者是衍生的数据,可能是要经过后续的加工或者有特定的目的而产生的,其财产权性质相对没有争议。当然,不同的生产方式导致在制度设计上可能会采取不同的激励方式。

　　第二个问题:什么是产权?产权是一个经济学的概念,胡凌老师全篇都在讲产权不一定需要法律,我同意这个观点,因为产权本来就是一个在我们的社会生活中被认可的对于特定资产的行为能力或资格,循此,它是一个行动中的概念,而不是一个规范性的概念。

　　法经济学、制度经济学以及产权经济学从来没有说产权就一定是由法律确定的。在制度经济学和产权经济学中,这种不经过产权确定的权利大量存在,比如周雪光老师研究的传统工人对于工厂的权益,显然不是法律上的权利;还有非常有名的加州金矿研究中所讨论的金矿矿主对于当时加州金矿的一些权利,当然也不是法律上的权利。可见,不需要法律就能确定产权。

从法定性角度来说,法律既是产权确定的前提,又是产权行动的规则。所有产权的界定都是在法律的阴影下展开的。如果只是说不需要法律、不需要产权界定我们就有一个产权,这是现实生活中的一个事实,因为产权是行动的结果,而不是法律规定的结果。胡凌老师最后讲产权是一个结果,而不是原因,我非常认同。但问题在于,从规范的层面来说,我们应该要有一个初始的界定权利的规则。胡凌老师从法理学的角度来观察,认为产权是个结果。我们再从经验和规范两个角度去看胡老师提出的观点。

胡老师的第一个观点是要有要素财产权,第二个观点是要有架构财产权。事实上,站在法律的规范角度来说,要素财产权和架构财产权两者并不冲突。我们所讲的财产权就是数据可以做什么、不可以做什么的权利,是你选择的空间有多少的权利。要素财产权和架构财产权都是与数据有关的法律资格和能力。

大家可能认为,民法的财产权只规定了权利,而反不当竞争法或刑法只规定了义务。其实所有的权利、所有的财产权都是一系列权利和义务的总和,是一个基于法律关系衍生出来的架构。我觉得通过不同的部门法,很难区分到底哪一种是要素财产权,哪一种是架构财产权。延续胡凌老师的思路,我们可以认为两者是不一样的。其实财产法的理论对这个问题早就有了很清楚的分类,例如德国法中提出确定一个框架性的权利,典型的就是企业的营业权,即企业对于自己经营中各种财产权的一种集合性权利,就很像刚才胡凌老师所说的架构财产权。但这种架构财产权的问题在于它是一种法益的集合,这种法律上保护利益的边界非常模糊,一般我们认为它可以是一种框架性的权利,本质上是一种法益。那么二者实际上并不是两种财产权,而是一种是权利,另一种是法益。权利与法益在法律规范上,是有很大不同的。权利是边界清晰的,法益则是边界模糊的。

法律要求权利应在事前确定,而法益则是事后确定的。权利可以衍生出新的权利,例如我们的所有权可以设定担保物权,可以设定用益物权;而法益没有办法衍生出新的权益。司法裁判上权利是很难被平衡的,而法益可以通过各种方式,特别是可以通过利益平衡的方式予以扣减。据此,对于要素财产权和架构财产权,我们要去区分究竟是通过法益的方式保护数据,还是通过权利的方式保护数据。

这个问题在现在的立法中确实是一个争议点。在《上海市数据条例》和《深圳市数据条例》的立法过程中,两个地方的人大都试图通过权利的话语将数据明确下来。但全国人大常委会法工委会认为数据权是基本的民事权利,不应该交由地方立法去确定。在作为上位法的《数据安全法》中,对于数据采取的表述是权益,为什么是权益? 其实很像刚才我谈到的这么一种基于法益的保护,没有说它是一个权利,而是说它是一个权利和利益的聚合体。在上位法没有明确数据权利的前提下,地方想突破这种规定,将法益上升为一个权利,会有很大的阻碍。我们看到无论是上海还是深圳,都没有明确数据是一种权利,未来是要权利化还是要回到架构财产上去。我认为在今晚的整个讲座里,都没有办法得到答案。我个人主张要进行权利化,在此不做展开。我只是想说这两种法律财产权利,并不是我们所说的法律上的两种权利,二者本质上一个是权利,另一个是法益。

第三个问题:什么是市场? 市场不仅有交换,市场是一个系统性的交换和价值发行的过程。胡凌老师认为没有产权也有市场。我很同意刚才丙万的看法,就算法律不保护,也还有黑市。经济学从来不认为必须要有法律才有市场,相反法律会导致一些市场无法实施,例如毒品市场、性服务的市场,正是法律的强制规定导致这类市场成为黑市或者灰色市场。所以市场的形成并不一定需要法律。我们是基于描述性的经验来讲的,问题在于:一个没有法律的市场,是一个好的、发达的市场,还是一个我们所说弱的、发展不足的市场呢?这涉及价值判断或规范判断,而不仅是事实判断。

中国在过去几年提出培育"数据市场",恰恰印证中国数据要素市场的发展是不充分的。在这个背景下建构市场,就要思考我们怎么才能建构出数据要素市场,在建构数据要素的过程中,数据的产权应当发挥什么作用,以及是否真的可以发挥作用。

回到这个问题,其实我想谈的是数据要素市场中对产权的界定是必不可少的。我同意丙万的观点,权利是比较重要的,但权利不是我们所想象的绝对所有权概念。为什么这样一个权利的设定对于市场来说是必不可少的?要回答这个问题,就要回答法律应该发挥什么作用。科斯(Ronald H. Coase)在《联邦贸易委员会》那篇文章中提出,必须要有一个清楚界定的产权才会有市场。但科斯在《社会成本问题》中提出了另外一个非常重要的观点,即法律的作用在于降低交易成本。降低交易成本实际上是法律与经济学中非常重要的基础性目标。对于确定产权来说,当然可以通过赋予一个非常明确的初始产权去降低交易成本,但也可以通过别的方式达成,比如通过合同的方式。这样一些非常明确地发生在特定场景的方式,我称之为标准性产权模块的方式。

产权界定对于市场交易来说,确实不是充分条件,而只是一个必要条件。但是如果有了相对清晰的产权,市场可以降低各方发现权利边界、评估权利内容以及后续获得救济的成本。产权界定不是一个初步的权利界定,而是包括了交易的全过程。以这样的方式界定产权,其实从降低交易成本的角度来说还是必不可少的。张五常给出了另外一个观点：制度要避免财产租值耗散，如果没有法律的架构，那么人们都会争相去攫取财产租值，或者会设定别的一些东西去取代所谓的产权制度。最近央行对征信数据的断直连就是典型的例子。因此，如果我们要将权利谈到一个非常清晰的地步，最后会导致各个交易方采取别的方式去界定自己的权利，而这种界定权利的方式往往是不经济的，会导致财产租值的耗散。

我再回到前面胡凌整个文章的问题，即数据产权和数据交易的关系是怎么样的。总体来说，我觉得这个问题其实可以从以下几个方面来回答。

第一，数据产权就是为了确定数据交易市场吗？并非如此。在中国现在的语境下，提倡数据产权是为了达到三个目标。第一个目标是激励数据的生产，第二个目标是激励数据的交易，第三个目标是妥善地分配数据收益。这三个目标中只有前两个和数据业务市场有关。从这一点来看，数据产权对于数据要素市场来说有一个功能性的作用。

第二，数据业务市场是不是不需要数据采取？对于这个问题，其实还是要回到胡凌老师最后的观点，因为数字经济生产要素的速度和规模价格的实现，或者说在一个快速发展的状态下，不应该有一个非常确定的财产权。这个问题要一分为二地看。首先，一个确定的、明确的产权，确实不适合这个时代。一个单一的、确定的、明确的产权，不仅不适合数字时代，同样也不适合工业时代。我翻译过的一本书叫《财产的故事》，那本书展现了美国财产法从工业时代到当代的变迁过程。一个很有趣的现象是在工业时代初期，为了打破封建时代的封建领主制度，包括教会的权威所形成的错综复杂的三角形体系，法律引入了绝对所有权概念。绝对所有权概念是在工业时代的早期出现的，但是进入 20 世纪后,即从工业时代进入后工业时代,或者说当工业新时代进入成熟期之后,绝对所有权概念被慢慢抛弃了。美国的法学者格雷(Thomas C. Gray)在《所有权的解体》一文中就指出:传统的、单一的、简单的、绝对的财产权已经被权利束所取代。

这种权利束之所以能够取代传统的、单一的所有权,恰恰是因为它能够应对工业时代来临之后的后工业时代的特点,即权利变成一系列的权利,权利被不同的人在不同的场景下使用和分享。今天胡凌谈到很多分享经济和别的内容,随着整个社会向工业时代转向,工业转向知识经济,越来越多的资产所有权和使用权、收益权发生了分离,由此导致了财产权的解体。我认为,这种财产权的解体实际上是现在财产权的延续,并没有发生根本性的变化,只是现在的解体比以前更严重。

数据财产权并不是我们想象的工业时代的财产权,更不是土地的财产权,而是一种新型的、适合数字经济时代的财产权。对于我们所谈到的数据来说,应建立一个怎样的财产权呢?我之前在《政法论坛》上发表了一篇文章,其中提出过一些初步的构想,即权利块的理论取代之前权利束的理论。但我觉得胡凌老师今天的讲座提出了一个非常重要的问题,即产权市场的问题。我部分认同他的观点,因为我们所说的产权和市场可能是分离的,但我又认为市场问题还是要通过产权的建构来完善和解决。回到科斯定理,没有一个清晰界定的产权,很难形成一个发达市场。以上是我的观点,请胡凌老师和各位老师批评,谢谢大家!

彭桂兵教授(主持人):

刚才许可老师提出了四个值得与胡凌老师商榷的观点。许可老师开门见山地提出了一点方法论的分歧:一个是规范进路,一个是描述的、经验性的进路。胡凌老师最后也阐述了其主要是从经验性的、描述的研究进路来研究的。

许可老师提出要考虑数据是否与人有关,有一些数据可能与人没有关系,这跟胡凌老师所提出的展示性数据和辅助性数据观点可能会产生一些分歧。另外就是产权的问题,胡凌老师提出要素财产权和架构财产权的区分,但是许可老师认为在数据世界当中,可能难以区分要素和架构,因为这涉及民法中的权利和权益,也就是法益的问题。最后就是市场的问题。怎样界定市场?许可老师从产权经济学、制度经济学的视角对数据要素市场的流通进行了剖析。

主讲和两位与谈嘉宾都已经鲜明地表达了自己的学术观点,接下来我们请胡凌老师再对两位与谈嘉宾作出回应。

胡凌副教授:

谢谢两位老师的点评!今天两位老师实际上比较系统和深入地分享了他们关于数据产权、数据要素市场形成的问题和思考,我从中收获特别多。总的来讲,我们存在一些结论上的分歧,但我认为这是看问题角度不同导致的差异,在一些结论上可能并不矛盾。

我就先对丙万的讨论进行回应,我觉得他谈的非常有启发的一个点,就是关于标准化的问题。但在何种意义上我们需要标准?首先当然是技术标准化,但更关键的是标准化使得产权可以对世,尤其是在陌生人市场上可能更需要标准化,如果没有标准化,很多时候难以达成交易。

这一点我是同意的,实际上跟我讲的也并非矛盾。我此前思考的问题,实际上也跟许可讲的类似,即在一个流动化的且希望推动更多有价值要素增长的过程里,我们在初始权利的界定上究竟要花多少功夫。

从我的角度来看,可能这是不太必要的,但是从两位老师的角度来讲,特别是民法学者,可能认为仍然需要一个初始权利。这确实是有差异的,但是我认为这个差异的最终指向其实是分配问题,如果有一个初始权利,可能会延伸到后面的使用以及最后价值的归属。

也许有一些技术能够确保,对于某些特定种类的结构化的数据,包括许可提到的大量跟人的行为可能无关的数据,或者说机器生产的数据,实现技术上的标准化。当然能够以非常低成本的方式来事先确定在先的权属,一旦有这样的一个环境,它实际上就属于高端市场。

我个人认为高低端市场的区分就在于高端市场经过了演化,使得人们对于要素的流转以及它的边界基本上达成共识,这个时候法律上可以再确定一下。但是问题就在于除了高端市场或者说一般性的标准化市场之外,还有大量非标准化的市场,它很可能也是在一个陌生的交易环境里出现的,这种情况下该如何行为?我还是认为,实际上一个好的市场不应该只有单一的一种产权存在,而要有多层次的产权,有些不那么明确,甚至有的时候根本就不需要明确。这是因为大家想要的东西不一样。丙万最后的思考,即在熟人、陌生人或者半陌生化的环境中究竟要怎么促配资产权,我觉得是非常有启发的。

许可老师的讨论,我觉得涵盖的范围非常广,讨论的深度也非常高。但我个人认为,他提出了一个非常重要的点,就是除了我们提到的描述性和规范性的思考之外,更重要的是在法律上要讨论,特别是国家现在要开始尝试研究数据产权到底在市场形成过程中起到什么作用,初始产权的规则到底要怎么确立。回答这个问题离不开经济学的思维,但它也有一定的规范性。不同的权利被赋予不同的要素,究竟是权利还是权益?当我们讲架构时,其实它是一种权益。因为它可以变化,不是那么固定,而且固定起来可能会有一些成本。但是为什么目前我们还愿意用"财产权利"这个词？为什么叫"架构财产权"？我认为这实际上仍然是在赋予它某种垄断性，实际上目前法律在排他地保护这样一个空间，它是集合的或者说是一揽子的，在它这一揽子里边如何区分，取决于内部的关系，或者说不同权利束的主体之间的关系，但是对外来讲它是不受侵犯的权利。

我比较关心历史过程，因为它非常有意思。中国改革开放的时间比较短，而在比较短的过程里，我们关于财产的想象和观念都有一些跳跃，未必是按照西方的历史经验来发展的。因为技术的、政策的以及整个社会的变化，中国会有一些不同于西方的样态。这个过程本身就可能会在理论研究中给我们提供一个很好的实验或者观察的对象。我觉得实际上也完全可以去尝试在现有的基本原理基础上提出一些不同角度的思考。

许可后面提到的也是这样一个问题，即市场是不是在谈要素市场的形成和权利之间的关系。我同意他后面提到的一些观点，但关键还是在于我们要在现实中来看它是怎么形成的。我的思维方式更倾向于经验的描述，实际上确实很难从一个规范的角度去分析。而且已经发生的当然不意味着它必然或者应该会发生，但至少它是集体选择的结果。把这样一个积极选择作为例子，将其上升为一般性，观察其是否存在道理，我个人认为是可取的。但我也不排斥其他的观点，例如事先确定财产权利、权益。

四、 问答环节

提问一：

　　虚拟财产是数据吗？

胡凌副教授回答：

　　《民法典》第127条中单列了"数据"的概念，但是其实严格意义上的概念区分实益不大。应该从功能主义的角度去判断其具体起到什么样的作用。虚拟财产和数据在概念上是不一样的，但很难说清楚虚拟财产究竟是什么，依照法律思维，就需要进行大量的列举，将数据概念纳入进来，但其实此处重点在于是否有一个财产规则去约束它。

　　我今天讲的需要确权，是试图通过确权的方式来保护或者说利用虚拟财产，这是财产性的思维方式。如果不采用这种思维方式，就没有必要称之为虚拟财产。它可能仅仅是个虚拟物品，但是这个物品不必然要用一个财产性的规则来约束，也可以用其他的规则。

提问二：

　　个人信息可携带权是否对架构财产权起到改善作用？

胡凌副教授回答：

　　从架构财产权的角度来看，它其实不太希望有个人信息可携带权的存在，因为体例安排上不希望信息流走。法律上确定该种权利，可能会对架构财产权产生实际冲击。但从另一个角度来讲,它可能也便利了一种竞争,例如不同平台之间因为制度差异,在市场规模的特殊性、创新性存在明显差异的情况下,要素可以自由选择。问题在于:从财产收益的角度看,携带的经济的后果到底是什么? 例如若有第三方的工具激励人们去转移,比如一键搬家,会造成什么后果? 秩序是否一定会混乱? 此时可能会出现一种相互转移的情境,除非重新达成协议。所以我认为还是要关注权利到底怎么行使,而且研究这个问题的最终目的是评估架构财产权的稳定性,以及预想一旦有法律授权对这种稳定性造成冲击,会发生什么后果。

提问三:

如果不确权个人信息权,是否无依据?

胡凌副教授回答:

确权存在不同层次的问题。我们今天主要谈的是财产性的权利,个人信息保护法里关于个人信息的权利更贴近人格层次的保护,但是即使有人格层次,其实也有其他的例如财产性的效应。现在每个人都会产生大量的信息,这种信息本身也会带有财产性的利益,因此在设计制度时不能分开讨论。

过去我们关注权利是不是对市场有激励作用,但现在要考虑的是它的分配效应。这实际与市场所处的不同阶段有关。市场本身仍然需要观察,比如说在一个特定平台的市场内,有一些头部的生产者,但还有一些尾部的生产者,它们所处的地位不一样会导致它们的立场存在差异。如果这个平台希望有更好的生产过程,那么它就会希望法律给予某些人的信息或者生产出来的数据以排他的权利,但是数据不一定有这种地位。从这个意义上讲，我认为市场机制也可以帮助确定什么样的人能够获得什么样的优待，以及这种优待是不是需要固定下来。我认为这个问题跟依据没有什么关系。

提问四：

知情同意原则与个人信息之间的关系是什么？

胡凌副教授回答：

现在形式上需要知情同意，关于个人敏感信息，还要告知其具体的用途、可能的风险，并且需要进行二次授权。这是因为看重个人信息的地位，是出于对一个人的人格及人身财产安全的考虑。今天我们谈的都是财产性的问题，我认为知情同意在某些场合也可以用来思考今天讲座所讲的生产和分配之间的联系。

有的时候不同意个人信息被使用并不是因为其背后蕴含的人格，而是因为数据被使用后个人到底能得到什么并不明确。个人认为其数据有价值，但是相对方认为数据需要跟很多要素放在一起才能产生价值，单独列出就没什么价值。所以这是一个伴随着技术发展而产生的标准化的问题，包括怎么在可以预见的市场里体现出某种数据价值的问题。

提问五：

架构的内涵是否类似于空间的排他性权利？架构财产权和反法保护模式有什么区别？

胡凌副教授回答:

这里所讲的架构实际上类似于一种空间性的虚拟空间,这个虚拟空间是靠一个 App 或者一个平台企业搭建起来的,搭建起来后,平台在里面实施管理、组织,但并不是不让别人随便进入。我觉得从空间生成和扩展的角度看,因为有了空间,很多要素会在这个空间里形成价值。问题在于,既可以用思考市场的方式思考这个空间的性质,也可以从其他角度思考这个空间,只不过我们习惯于用市场的方式来思考,并且今天也只展示了市场空间如何运行以及其跟确权是什么关系。

架构财产权实际上就是在事实上用反不正当竞争法进行保护,而且存在大量的实践案例。很多学者批评用反不正当竞争法,认为过度适用没有论证负担,使用过于容易。但我认为我们需要尝试理解为什么会出现这种情况,其中最核心的问题是很多人未经许可就进入架构里去了。市场是一个架构和平台塑造的市场,而在这种市场中,平台企业仍然希望自己有话语权,如果打破了它的话语权,随意介入,企业认为这是不可接受的。这种行为很多时候其实就是侵权行为,但是因为论证或者举证相较于侵权行为的论证更容易一些,所以才会出现实际应然状态的混同。

提问六:

权利块的标准化是否会存在实践层面的困难?

许可副教授回答:

对于数据权利,有三种不同的想象。最开始的想象相当于我们传统上对于土地的想象,这种绝对的排他性权利是一种非常单一的权利,我称为权利球模式。工业时代以来采取了权利束(boundary rights)模式,其实际上面对的是迅速变化的现实,需要回应在尽可能发挥财产价值的语境下,怎么将财产权做相应调试的问题。我们在多元权益、多元组合的背景下谈论数据,没法通过权利束的方法去规范,因为现在的发展太快了,数据的类型、数据的功能、数据的市场仍然在快速的迭代和发展过程中。现在的状态下,希望确立一个非常确定的权利,我觉得是有问题的。数据模块化的思路优势在于其过程类似于拼积木,今天拼一块,明天拼一块,在建立一个看起来不知道什么时候能完成的工程,但是可以分步走,并不一定要预先有一个终极目标。

模块化并非完全都是个案化、应急式的,而是有一个相对通用的原则和规则。把这些不同的模块像乐高积木一样拼成一个稳定的架构,但如果换一家厂商,积木的尺寸不一样,接口不统一,就会呈现非常松散的状态,没有办法形成很稳定的架构。在这个意义上,我们要去研究一些已经成熟的模块,同时要去研究模块与模块之间接口结合问题。实践中主要存在两个困难:第一是我们要找到一些既有模块之间的共识;第二是理论上要探索不同的模块遵循怎样的共通规则,如何既进行整合的发展,又能保证权利自身的不断发展变化。这永远是模块化研究的一个难点,希望未来和各位同学老师进一步交流。谢谢!

彭桂兵教授(主持人):

跟老师和学生说声抱歉,因为时间限制我们只能挑选少量问题。我看到还有好多问题,说明今天的讲座已经达到了一定的效果。科研处处长陆宇峰教授今天一直坐镇"东方明珠大讲坛",现在我们把话筒交给宇峰处长。

五、　闭幕致辞

陆宇峰教授：

谢谢桂兵，也谢谢胡凌、熊丙万、许可老师，三位都是数据法的大咖。

今天的讲座主题非常专业，但没有想到这么专业。我们之前都是听了个热闹，知道国家现在要把数据作为一个要素，要做数据交易的市场，未来数字经济可能是重要的发展方向，所以想了解一下，但没有想到进展这么深入。胡凌老师是我国法理学者中，至少在互联网相关的领域里最懂相关部门法的学者，这在法理学者中并不多见，所以他也敢于与丙万、许可老师这两位民法专家对话，我对此非常佩服。而且，今天跟胡凌老师的预想可能不大一样，他认为大家的观点差不多，没有想到观点非常不同。

我认为这是很好的现象。我是研究系统论的，相信现代社会建立在差异的基础上，唯有差异才能推动进步。因此我们不追求共识，而是强调差异。胡凌老师给我带来了很有意义的启示，他谈到法律概念本位与生产方式本位两种思维方式的区别，后一种研究重视经验，本身要求是很高的。

我做过一些网络法方面的研究，是从法理或者宪法角度入手的。对互联网本身运行理解不足的时候，我就会去读胡凌老师的相关研究。今天提到胡老师的著作《网络法的政治经济起源》，谈到互联网怎样进行内容管理，谈到互联网企业对生活的方方面面进行垂直整合，将形成前所未有的垄断,现实确实就是按他的预言发展的。最有名的是他所谓的"互联网的非法兴起",论及互联网免费使用的机制,实际上潜藏着对数字工人的劳动剥削,这也是他很早就研究的问题,今天爆发出来,我们才发觉必须要对此有深入的认识。

今天胡老师再次谈到了提问方式的问题。从法学理论视角来看,观察新经济首先就是数据应该确权,然后讨论怎么确权。但胡老师问的是:新经济到底要什么?对于数字市场的发展而言,如果对数据进行确权,其影响和后果是什么?我想,多年的互联网观察,使他成为一个具有互联网思维的人。胡老师觉得确权不是或者不完全是互联网时代的思路,确不确权关键要看数据要素由谁用、在什么阶段用,更有生产力。当然,胡老师也不完全承认自己是现实主义者,他也观察公共政策,但公共政策不能够进行抽象讨论,必须从现实出发进行考察。从人们的选择来讲,更多人还是愿意把数据放到平台上集合地产生价值,所以公共政策应倾向于保障架构的财产权,如此才更有利于数字经济的生产和再生产。

分配则是另外一个问题。胡老师一直在做描述性的研究,但也带有某种批判性,这就是他一直讲的政治经济学。他今天也提到了"数字剥削",但总体上更多还是从维护生产力的角度来谈问题,而维护生产力当然就更偏向于架构的所有者,他们是真正有生产力的人。我不是很清楚这是不是某种立场上的转变。

今天丙万和许可老师也让我们大开眼界。丙万提出数据要素市场确实已经存在,但是他相信经过法律的确权可以发展得更好。现在要素市场之所以存在,是因为有社会规范,但社会规范有其局限,是不是应该有法律规范加以补充?两位老师让我们发现,尽管胡凌老师已经尽力讨论各种数据,但还有非常多的丰富场景,还有更多类型的数据没有办法用抽象的方案进行理论描述。因此这场富有逻辑的讲座,背后反而可能存在忽略数据和场景多样性的问题。

我也从许可老师的讨论中获益良多。尤其是他对财产权的新理解,涉及后工业时代已不再绝对的财产权,到数字时代进一步变成了"权利块"。他大量运用了法经济学的理论进行讨论,逼迫胡凌挑战科斯。对此胡凌老师也作出了回应,他似乎不完全同意确权就能降低交易成本的抽象说法,不确权的制度未必会在竞争中落败,这是胡凌老师的思路。我不知道这样的理解是否准确,但我相信还有机会再请三位专家到"东方明珠大讲坛",带来更多更新的观点。

希望在线的各位老师、同学能够有收获,谢谢!

第 40 讲　孙本文与 20 世纪
上半叶的中国社会学

时　间：2022 年 4 月 14 日

地　点：线上

主持人：彭桂兵（华东政法大学科研处副处长、教授）

主讲人：周晓虹（南京大学当代中国研究院院长、人文社会科学资深教授、国家社会科学基金学科规划评审组专家）

与谈人：陆远（南京大学社会学博士）、白中林（北京大学中国传统社会研究中心研究员）

致辞人：陆宇峰（华东政法大学科研处处长、教授）

一、　开幕致辞

彭桂兵教授（主持人）：

尊敬的周晓虹教授、陆远博士、白中林博士，各位老师和同学，下午好！我是华东政法大学科研处彭桂兵，欢迎来到"东方明珠大讲坛"。

今天"东方明珠大讲坛"邀请到著名的社会学家周晓虹老师主讲"孙本文与 20 世纪上半叶的中国社会学"。作为 20 世纪上半叶居于主流地位的社会学综合学派的代表人物，孙本文在其从事研究的近 30 年间对中国社会学的早期建设作出了突出贡献。留学美国哥伦比亚大学和芝加哥大学的经历直接影响了他,这种影响集中体现于他从文化和心理因素入手建构社会学综合学派的学术努力,这使他的学说带有鲜明的文化决定论和心理还原主义的色彩。在那社会动荡、战争频仍的年代,孙本文充当了中国社会学建设者和评论者的双重角色。他最早尝试用社会学理论来推动苦难中国的社会建设,并致力于创建一种中国化的社会学理论体系。这林林总总的努力,既反映了知识分子面对危机时的天真与无奈,也反映了社会学家介入现实时的执拗与不甘。

周晓虹教授曾任南京大学社会学院院长(2008—2017)、教育部长江学者特聘教授(2011—2016)、中国社会心理学会会长(2014—2016)、中国社会学会副会长(2014—2020)、国务院社会学学科评议组成员(2010—2020)。先后出版《传统与变迁:江浙农民的社会心理及其近代以来的嬗变》《西方社会学历史与体系》及 *Chinese Studies from the Perspective of Globalization* 等著译作 30 余部,其中《文化反哺:变迁社会中的代际革命》入选国家哲学社会科学成果文库(2012)、中华学术外译项目(2016),2020 年由英国罗特里奇出版公司出版。周老师在《中国社会科学》《社会学研究》《历史研究》等杂志发表学术论文 100 余篇。1993 年获政府"特殊津贴";1995 年获宝钢教师奖特等奖;2009 年当选为"国家级教学名师";2015 年入选"江苏社科名家";2016 年入选"国家万人计划"教学名师。

同样荣幸的是,本次特别活动也邀请到了南京大学社会学博士、首届"余天休社会学优秀博士论文奖"获得者陆远博士,北京大学中国传统社会研究中心白中林研究员担任与谈嘉宾。我校科研处处长陆宇峰教授等专家学者亦参加本次活动。

本次讲座是纪念华东政法大学建校 70 周年系列活动之一,也是孙本文先生诞辰 130 周年纪念讲演。

二、 主讲环节

周晓虹教授：

　　谢谢彭桂兵教授、陆宇峰教授、李峰教授和郭慧玲博士！很高兴有机会在华东政法大学的"东方明珠大讲坛"做一场讲演，我今天讲演的题目是"孙本文与 20 世纪上半叶的中国社会学"。

　　孙本文出生于 1892 年，今年正好是孙先生诞辰 130 周年。1892 年在社会学历史上还有一个特殊意义：美国芝加哥大学社会学系作为全世界第一所大学的社会学系正式建立。在 2012 年，即孙先生诞辰 120 周年，南京大学社会学院为纪念孙先生举办了一系列的学术活动，郑杭生教授、李培林教授等全国 40 多位重要的社会学家云集南京大学。在社会科学文献出版社谢寿光社长的支持下，南京大学将孙先生的十卷本文集整理出版，并为《孙本文文集》举办了首发仪式。

　　20 世纪上半叶是中国历史上一个充满矛盾和悖论的时代：一方面，王朝崩溃、军阀混战、外敌入侵、内战频仍，将中国人民一次次置于水深火热之中；另一方面，民国初生、思潮汹涌、民情鼎沸、百业待兴，亦带给苦难的中国一次次重生之希望。在这一时期，因急速的社会变迁而获得生命力的中国社会学获得第一次勃兴，达到了欧美以外的巅峰地位，迄今难以超越。海外学者如戴维·阿古什（David Arkush）（《费孝通传》作者）等均持这一观点。好友薛涌曾向费先生提出"您认为中国再过多少年能出现一个您这样水准的社会学家？"的问题，费孝通思考了一会儿，说："50 年。"后来费先生解释说："赶上我不难，我没什么了不起,只是中国社会学的发展道路艰难。"

在 20 世纪的上半叶,赋予中国社会学以学术灵魂的,总结起来有三大学派:第一个学派是以吴文藻及其学生、潘光旦及其学生(费孝通、林耀华)等人为代表的燕京社会学派,其后来被李培林教授等人称作社会学的"中国学派";第二个学派是在社会主义思潮的基础上生发而来的唯物史观社会学派,比如李达、瞿秋白等人;第三个学派是以孙本文为代表的强调文化与心理因素对社会之影响的"综合学派",该派居于正宗地位。

孙宅在苏州吴江七都镇,占地面积有 1000 平方米左右。近些年,经过我们不断地呼吁和支持,七都镇的党政领导意识到孙本文先生对七都镇的意义,他们想尽办法把孙本文的故居修缮完成。

孙本文出生于吴江县震泽镇吴溇乡张港村(现为七都镇吴溇村)。溇是小河的意思,吴溇这条小河直通太湖,而吴溇村离太湖的距离只有三五百米,就在太湖边上。这个地方离费孝通研究的吴江县庙岗镇开弦弓村 12 公里。2001 年,吴江县进行乡镇合并,将紧邻的七都镇和庙岗镇合二为一。因为七都乡做电缆,工业 GDP 产值比较高,所以改名七都镇,庙港镇成为七都镇的一个社区。这个举措造就了中国社会学历史上的一段佳话——1949 年前中国社会学的巨擘孙本文和 1949 年以后尤其是 1979 年社会学重建之后的巨擘费孝通,就被联系到了同一个镇上。七都镇是中国社会学的象征,研究社会学的人一定要去七都镇,就像革命者要去延安,基督教徒要去耶路撒冷。

古代吴越地区是兵圣孙武后裔的繁衍地。孙本文是孙武后裔,但是孙家世代为儒,不是军人,有"十三代秀才"之美誉。孙家以在乡村当私塾先生为业,同时辅以蚕桑。例如,费孝通的姐姐费达生以养蚕为业,费达生的先生郑辟疆研究养蚕业,他是苏州浒墅关蚕桑专科学校的校长。孙本文的弟弟孙本忠也研究养蚕业,而且更"洋气"一些,他是中央大学农学院蚕桑系主任,1949 年以后调到中国农业科学院。在中国古代,农村乡绅阶级的儒生一边读书,一边种田;但是吴江县那一带很特殊,儒生一边读书,一边养蚕。

孙本文的人生可分为三个阶段:

第一个阶段是 1892—1920 年。孙本文 4 岁启蒙,他在其父亲孙禄开设的私塾读了十年书,13 岁即 1905 年开始接受新式教育,1909 年考入江苏省立第一师范学校(位于苏州),1913 年考入北京大学哲学系。他在北京大学学习期间,选了留学日本的康宝忠教授首次开设的社会学课程,这对他后来的转变起了重要作用。毕业之后,他在南京高等师范附中当国文和哲学教员。有一年,我们陪同他的儿子孙世光老先生回他们老家,晚上我们就住在湖州的古镇。孙世光先生和我说:"周老师,我父亲到美国留学的那段时间,我妈妈就带着我们住在这个镇上。"

第二个阶段是 1921—1949 年。1921 年,孙本文到美国伊利诺大学研究院读社会学,于 1922 年取得硕士学位,并同年 10 月进入哥伦比亚大学社会学系继续学习。该系是美国建立的第二个社会学系,拥有世界上第一批社会学教授:系主任吉丁斯(Franklin Henry Giddings,旧译"季亭史");因研究社会变迁而闻名的社会学家奥格本(William F. Ogburn,旧译"乌格朋"),奥格本是定量社会学的发起人、领头人,曾经出任芝加哥大学社会学系主任;在心理系任教、对社会心理学也很感兴趣的心理学家加德纳·墨菲(Gardner Murphy),他的《近代心理学历史导引》是一部经典之作;机能心理学家伍德沃斯(Robert Sessions Woodworth,旧译"吴伟士")。这些人或是社会学家,或是社会心理学家,其研究领域正好是孙本文的兴趣所在。孙本文为了能够在博士毕业以后去芝加哥大学学习而省吃俭用,因为纽约大学比哥伦比亚大学的学费便宜一些,他就转学到了纽约大学。在纽约大学,孙本文师从社会学家沃德(Lester F. Ward),沃德是美国社会学学会的第一任会长。

1925 年,孙本文凭借《美国对华舆论之分析》一文,获得纽约大学博士学位。随后他到芝加哥大学社会学系学习一个学期,选修了帕克(Robert Ezra Park)的集体心理学、法里斯(Ellsworth Faris)的高级社会心理学,并受到托马斯(William Thomas,旧译"汤麦史")的影响。孙本文于 1926 年回国。从 1921 年到 1926 年,他在美国总计待了5 年。

回到中国以后,孙本文先在大厦大学(后改名"大夏大学")从教。这所大学是华东师范大学的前身,它实际上是原厦门大学的一些教师到上海后重建的,将厦大改成了大厦。孙先生在讲授了一个学期课程后,应聘担任复旦大学社会学系教授。1929 年,因为当时的南京是国民政府所在地,中央大学是名校,孙本文就应中央大学之邀,返回南京,担任社会学系主任、教授,并且短暂地出任国民政府的教育部高教司司长(1930—1932),中央大学教务长、师范学院院长。1941 年,他担任国民政府教育部的首批部聘教授。

第三个阶段是 1949—1979 年。在 1949 年以后,国民党退走台湾,中央大学改名南京大学,社会学也被视为资产阶级伪学科。1953 年南京大学院系调整以后,社会学系被取消,因为孙本文的统计学功底深厚,便被调到地理系教授统计学和国民经济计划。1963 年,孙本文被调到新成立的政治系,即南京大学哲学系前身。在当时的情况下,孙本文能开设的唯一和社会学有关的课程是"资产阶级社会学之批判"。1977 年哲学系恢复,孙本文被调到哲学系。两年后,社会学座谈会在北京召开,但在此前一个月,孙本文先生已于南京病逝(1979 年 2 月 21

日），他没有看到社会学的重建（社会学于 1979 年 3 月 15 日重建）。他虽然享年 88 岁，但是非常遗憾，人生中只有短暂的 20 多年是从事社会学研究的。

如果说 1920 年后的孙本文受到了历史过多的馈赠，人生很顺利，那么从 1949 年以后，一场新的、更为激进的革命，则迫使他提前仓促退场，并几乎将他先前获得的一切剥夺殆尽。因为孙本文为人谨慎，加上革命烈士亲属的身份庇佑，遭受的劫难相对较轻。1935 年，他的二儿子孙世石参加了"一二·九"运动。孙世石当时在清华读书，是中共地下党员，和黄骅等人都是战友。人民文学出版社原社长韦君宜是孙世石的女友，并且也是由孙世石发展入党的。孙世石在日本全面侵华后，离开北京到武汉。在 1938 年的武汉保卫战中，他乘船去往长江上游的重庆，被日本人的飞机炸死，所以孙世石是共产党的革命烈士。

在 1957 年之劫中，社会学的命运发生转变。我在给陆远博士的博士论文《传承与断裂：剧变中的中国社会学与社会学家》（商务印书馆 2019 年版，获得第一届"余天休社会学优秀博士论文奖"）写序的时候就专门写到这段。在 1957 年"反右运动"中，社会学这个小小的学科，产生了 11 个大大的"右派"。过去曾经出过一本小册子叫《中国百名大右派》，在 100 个大"右派"中间，我举 2 个人：一个是上海市委宣传部原部长陈沂，他被打成"右派"之前，任中国人民解放军总政治部文化部部长，是"反右运动"中唯一受牵连的少将。另一个是浙江省原省长沙文汉，他的太太陈修良当年是南京市中共地下党委书记。中国人民解放军占领南京时，2000 多名南京地下党帮助解放军攻占南京，陈修良穿着阴丹士林的旗袍站在门楼上。但当年，她的先生也被打成"右派"。社会学为什么产生了 11 位"右派"？这和 1957 年社会学家要重新恢复社会学有关。包括费孝通、吴文藻、潘光旦等人都被打成了"右派"。参加社会学重建会议的人中,只有雷洁琼逃过一劫,没有被打成"右派"。

1957 年,孙本文的学生陈定宏在四川当教授,听说社会学要重建,给孙本文写了一封信,信中讲道:社会学要恢复了,孙老师也应该出来张罗一下。结果孙本文非常冷静地给陈定宏回信说:这是北方众教授之想法,我愿静观其变。三个月后,11 位"右派"就诞生了,孙本文反而不是"右派"。在 1949 年以后,尤其是 1953 年社会学被取消以后,孙本文内心就很清楚,他作为"前朝遗老",正如其心仪的社会学一样,在新的时代早已处于社会和学术的边缘。

在三大学派中,孙本文的理论受到了美国文化决定论和心理还原主义的影响,所以孙本文把自己的理论称为整体论或综合学派。他说"应采孙末楠(William G. Sumner)、汤麦史二氏之方法,乌格朋之观点,冯维史(L. von Wiese)之系统,麦其维(R. M. Maclver)之深思,沙罗坚(Pitirim A. Sorokin,现译'索罗金')之广博,而加以卫史德麦克(E. Westermarck,现译'韦斯特马克')之切实"。

俄国人索罗金一生写了很多的书,我认为,其最重要的贡献是建立了两个社会学系:一个是俄国圣彼得堡大学的社会学系,另一个是哈佛大学的社会学系。俄国革命以后,他坐着哲学船,被当局赶走了。船上有上百名优秀的学者和旧政府的官员、将军。索罗金到了美国以后,先是开设革命社会学课程,后来任职于哈佛大学,建设哈佛大学社会学系。1936 年,帕森斯受索罗金之邀从哈佛大学经济系转到社会学系,当时的社会学系还有一位做婚姻研究的学者韦斯特马克。在这里面真正贯穿的线索有两条:一条是文化,另一条是心理。所以孙本文说,"著者个人之见地,以受美国乌格朋、汤麦史两教授的影响为最大",而"人类社会行为的根本活动的要素,就是心理影响和文化影响"。

第一个思想来源为奥格本的文化学派。奥格本提出"文化堕距"

(culture lag)，指文化的不同方面在变迁的速率上有差异，比如物质文化在新时代发生改变，但是人们的观念落后于物质文化的变迁。在孙本文的《社会学原理》中，他认为社会变迁从根本上讲是文化的变迁。

第二个思想来源为美国早期社会学中的心理学派。1930 年，在美国社会学中，研究社会心理学的学者达到 37%。5 个社会学家中就有 2 个是研究社会心理学的。但是到了 1990 年，这个比例已经降到 19%。吉丁斯、彭德尔（R. M. Binder）、托马斯、沃德都是社会心理学派，对孙本文的影响很大。他们希望用心理学的规律和个体的心理现象来研究社会。20 世纪五六十年代，霍曼斯（George Casper Homans）在其代表作《社会行为：其基本形式》中持社会交换理论的观点。霍曼斯明确宣称自己是一个还原论者。还原论者的基本观点是认为社会事实就是心理事实。此外，他们还认为社会学是研究社会行为的科学。现在社会学家一般除了研究社会行为以外，还要研究社会结构。但是当年的心理还原主义者认为，社会学就是研究社会行为的科学，这是受到托马斯的影响所形成的观点。托马斯在《身处欧美的波兰农民》（与弗洛里安·兹纳涅茨基[Florian Witold Znaniecki]合著）里提到研究社会态度的重要性，孙本文也受到这方面的影响。孙本文意识到"社会问题的有无，须视社会上多数人态度为转移"，一种社会问题除了客观地产生以外，也包含大家共同的看法。比如生育问题，过去中国人口多，没有人认为这是问题。但到改革开放以后，国家提倡计划生育政策。现在，新生的孩子太少又成了问题。从这个角度可以看到，社会问题在某种程度上是人们建构的产物。

孙本文是中国社会学的建设者和评论人。20 世纪上半叶，孙本文在社会学学科发展中扮演的角色非常重要。

改革开放以后，费孝通先生说中国社会学的重建要有"五脏六腑"。

"五脏"分别指：学会，1979年中国社会学研究会成立；研究所，当年年底中国社会科学院社会学研究所成立；学系，第一个系是上海大学社会学系；读书资料中心；书刊出版部门。"六腑"指六门学科，包括社会学概论、社会调研方法、社会心理学、文化人类学、西方社会学理论、比较社会学。

北京大学社会学教授余天休在1922年创建中国社会学会，但是因参与者较少，没有成为全国性的学会。1928年，在孙本文的张罗下，他建立了东南社会学会。1929年，孙本文联袂北京的许士廉、陶孟和、陈达以及东北的刘强，在原有东南社会学会的基础上，建立中国社会学社，并担任第一任正理事（会长）。1930年2月，中国社会学社在上海组建，《社会学刊》也改名为《中国社会学社会刊》，并且作为中国社会学社的会刊。从这个角度出发，孙本文和费孝通这二人在美国的地位，或者在中国改革开放后的地位很相似。

孙本文不仅仅是中国社会学的创建者，也是评论人。1948年，孙本文先生撰《当代中国社会学》，其撰写目的有两个：一是让初学者明了中国社会学的起源和发展；二是使初学者能够在此书中知道中国社会学发展时期中各种译著的性质与内容，以及各位社会学者的学历景况，借以了解中国社会学思想的来历及其流派。

孙本文作为建设者和评论者的局限主要是：他的行动和视野基本限于学院社会学或者经院社会学的大墙内，忽视了同一时期中国社会学界发生的其他重要甚至更有意义的努力。费孝通先生于1947年评论：孙本文没有看到"抗战把以前门禁森严的大学疏散到后方的乡村里，把以前可以终日和普通人民毫无接触的学者送入破庙和农舍里。书籍的丧失和国外杂志的断绝，使他们无法在图书馆里去消磨研究的精神，再加上国家的危机，实际问题的严重，他们无法不正视现实"。所以从某种程度上来讲,费先生更加贴近现实。孙先生当时的研究存在一些不足之处,但这并不意味着他不想用社会学服务社会,实际上他很积极地运用社会学做社会建设。他专门论述,服务社会的动机有两个方面:一方面,用所学之知识造福民众,推动中国社会之进步;另一方面,通过将社会学知识用于服务国家和社会,能够弱化这一学科的左翼性质和批判锋芒,为社会学在本身就险象环生的中国社会中的发展赢得"合法的"空间。我的序言题目为"性格就是命运:早期中国社会学的历史诠释"。社会学在1949年前后的命运,实际上和孔德定下的两个基调有关。雷蒙·阿隆(Raymond Aron)曾说孔德的旗帜上写着四个大字:"进步"和"秩序"。"进步"代表社会学的激进方面,它是法国大革命的遗产;"秩序"是因为大革命以后所有的社会秩序被摧毁了,保守派认为需要有秩序。

2000年以后,我们特别强调社会建设,很多人认为这是新的内容,实际上社会建设最早始于孙中山。孙中山先生在建国方略里提出三大建设:经济建设、社会建设、心理建设。因此,1935年,孙本文在《社会学原理》中专辟一节讨论"社会建设与社会指导"。1943年,担任副理事的孙本文专门主持以"战后社会建设问题"为主题的中国社会学社第七次年会。1944年,他更是联合中国社会学社和国民政府的社会部创办《社会建设》月刊,自任主编,连续多年探讨社会建设问题。

社会建设的内涵是什么? 孙本文先生认为,凡依社会环境的需要而从事的各种社会事业,通常谓之"社会建设"。所谓"社会建设",实质上是谋社会的生存与发展的各种建设的总名。凡可以维持社会生存、促进社会发展的,无论其为物质建设、经济建设、政治建设、心理建设、文化建设,均应在社会建设范围之内。我们故不必谓一切建设,都为社会建设。社会建设的着眼点在整个社会,不在物质、经济、心理等等,却同时注重这些方面的建设。这是孙本文当年的观点。然后他提出社会建设的动力，可以解决由剧烈的社会变迁造成的种种社会失调问题。

按照宣朝庆教授的观点，从 20 世纪 30 年代一直延续到 40 年代末期的社会建设运动是在现代化或社会变迁和民族复兴的双重变奏下推进的，其转折点是 1940 年国民政府社会部的建立。孙本文更是明确指出，中国社会建设的主要动因就是解决由剧烈的社会变迁所造成的种种社会失调问题。他积极参与国民政府社会部的工作。社会部在民众动员、社会救济、慈善捐助、秩序稳定等方面做了大量的工作。以孙本文为代表的中国社会学家积极参与了国民政府社会部的工作，帮助拟定社会政策、建立社会行政体系、推广社会服务、培养社工人才。孙本文不仅是国民政府推行社会建设和社会改造的积极倡导者，也是各种社会政策和社会行政的参与者。但是孙本文也很天真，甚至在国共全面交战的 1948 年，在中国共产党的军队已经从战略防御转为战略反攻的背景下，孙本文还想着"切实研究中国社会建设方案，供政府参考"。

他的贡献还包括创建社会学中国化的社会学体系。1930 年，吴文藻在北方提出社会学中国化的设想。实际上，孙本文早于吴文藻提出社会学中国化的设想。我在论文里称：这是南北中国社会学的一场双推磨。在 20 世纪 30 年代的社会学舞台上，孙本文和吴文藻是两位主角。如何创建中国社会学呢？孙本文认为，采用欧美社会学之方法，根据欧美社会学精密有效的学理，整理中国固有的社会思想和社会制度，并依据全国社会学的实际状况，综合而成有系统、有组织的中国化社会学，是中国社会学界"今后之急务"。他的基本路径是充分吸收、收集并整理本国固有的社会资料，再根据欧美社会学家理论的精神，创建完全中国化的社会学体系。客观上，我认为吴文藻先生的想法与孙本文相比,还存在一定距离,但是吴文藻的优点在于培养学生。当年他手下有四个学生——费孝通、林耀华、瞿同祖、黄迪。吴文藻在培养学生方面更为成功。孙本文的不足在于,他将西方社会科学视为解释人类社会之奥秘的圭臬,难以形成对西方社会科学本身的反思意识,因此其人生宏愿不过是"彻底研究社会理论",并在中国文献中"搜集足为印证之实例"。吴文藻文章写得不多,其立场是以试用假设始,以实地验证终。理论符合事实,事实启发理论,必须将理论和事实糅合,一起获得新综合,而后现实的社会学才能根植于中国土壤之上,又必须由此眼光训练出来的独立科学人才才进行独立科学研究,社会学才算彻底地中国化。

社会学中国化至今仍然是一个未尽的课题。在《重建中国社会学:40 位社会学家口述实录(1979—2019)》中,很多社会学家都谈到社会学的中国化问题。这本书的英译本,今年已经获得国家社科基金中华学术外译项目的资助。但是,我们现在有个更大胆的想法。2029 年是中国社会学重建 50 年,而仅仅再过一年,就是孙本文和吴文藻提出社会学中国化 100 年,我们争取提前在 2029 年正式出版此书。那么它会发生哪些变化呢?现在其内容是 40 位社会学家的口述,我们希望将之扩展到 100 位社会学家,由此来反映中国社会学的全貌。

谢谢华东政法大学的邀请,也谢谢各位老师、同学和听众。艰难时期,请大家多多保重,谢谢!

彭桂兵教授(主持人):

感谢周老师一个半小时的精彩演讲!首先,周老师从五个方面为我们介绍了孙本文的个人家世与国家命运交织的过程。其次,周老师谈论了孙本文社会学思想的来源,以及孙本文作为中国社会学创建者和评论者的角色,并指出了他的局限性。再次,孙本文一生中只有 20

多年的时间在真正地从事社会学研究，这里面就体现了个人和国家的关系。周老师提到，新的更为激进的革命让孙本文提前仓促退场。我认为周老师对孙本文的评价是中肯和客观的，既看到孙本文对中国社会的贡献，也看到他作为一位学院派社会学者的局限性，即更多引用西方的社会学理论来解释中国的社会学实践，而没有进行反思。最后，周老师提到了社会学中国化的学术使命，其团队也正在攻克这项艰巨任务，所以衷心期待社会学中国化在周老师的引领和团队努力下，能够尽快实现。

接下来有请陆远老师与谈。陆远老师是南京大学社会学博士，研究方向为中国社会学史及 20 世纪中国学术制度和学术思想发展史。陆远老师的博士论文获得了首届"余天休社会学优秀博士论文奖"。有请陆远老师！

三、　与谈环节

陆远博士：

谢谢！今天非常荣幸受到华东政法大学各位老师的邀请。其实在华东政法大学讲社会学的历史，讲孙本文，是蛮有渊源的。因为华东政法大学和南京大学也有渊源。早期南京大学院系调整，把法律学科调整到了华东政法大学。华东政法大学长宁校区是圣约翰大学的校址，圣约翰大学是中国社会学史上第一个有明确记载的社会学系诞生地。而且中国社会学历史上第一个在海外获得博士学位的朱友渔，也是从圣约翰大学毕业的。中国社会学历史上第一个社会学系是沪江大学社会学系,后来沪江大学的一部分也调整到了华政。因此,华东政法大学与中国社会学有千丝万缕的联系。

第一,有人提问孙本文的家庭与他的学术成绩的关联性。如果将他本人作为个案来考察知识社会学,能够反映 19 世纪末及整个 20 世纪中国知识分子在寻求现代化道路过程中的心路历程。他和他的家庭有什么关系呢? 孙本文在三兄弟里面排行第二,大哥为孙本礼,三弟为孙本忠。孙本忠在法国里昂大学获得博士学位,大哥孙本礼却籍籍无名。孙本文和孙本忠的成名很大一部分归功于大哥,因为孙本文和孙本忠结婚都比较早,后来一直念书,三兄弟的家庭由大哥一人扶持。所以,从中我们能够看到中国传统大家庭内在的凝聚力。三兄弟中总有一个人要作出牺牲,这个时候长子作出了重要贡献,他不仅要抚养自己的家庭,还要抚养两个弟弟的家庭。孙本文把他的个案用于分析近代中国社会变迁当中产生的问题,他认为中国现在很多问题的实质是文化失调。有很多所谓的先进的西方思想进入中国,但是实际上我们并没有一整套与之相适应的社会制度安排,也没有相应的社会文化作为支撑。例如,一方要求婚姻自由,要求突破家庭限制,但是生活在家庭里的每一个人都需要对家庭承担责任,如果过分强调个体的自由,而忽视对家庭的义务,也就是忽视对整个社会的观照,这样的做法无异于对内在秩序的一种破坏。

虽然孙本文引进大量先进的西方社会学理论学说,但是他在关注中国社会问题的时候,特别强调西方制度不能简单地应用到中国社会,我们必须要建立一整套的社会秩序和社会制度,这才是真正意义上的现代化。如果我们仅仅强调某一个方面的自由,或者单纯引进某一套理念,而整个社会的制度无法顺应理念的转变,那就会给社会带来巨大的问题。孙本文讲究社会学的中国化,直到今天,他的观点仍有启迪意义。社会学的中国化不仅仅是简单地讨论理论,更重要的是讨论理论如何与建立在日常生活基础上的社会结构相融洽。今天我们重读孙先生的书籍,依然能得到很多启示,因为我们现在也是在与西方对话,引进西方的理论,但这样的理论如何与中国传统文明的形态相结合,真正促进中国社会的和谐进步,仍需要我们去思考。

第二,孙本文是早期中国社会学的学科体系建设、学术建设、学术共同体建设的重要领导人之一。孙本文做过很多的工作,他的影响力不仅仅在社会学领域,人类学、民族学、社会工作等与社会学相关的学科体系建设基本上都是由他来领导的。我印象特别深刻的是,他长期主持审定社会学名词。这项工作并不简单,这不是一个简单地把西方的专有名词移译到中国来的过程。不同名词或学术概念的转移,实际上对应的是如何把西方的学科恰如其分地转移到中国的文化语境中来。尽管他们做的都是一些基础性的工作,但是基础性的工作对于整个学科具有非常重要的意义。包括他们当时使用的概念,如"社会约制",我觉得这个词比"社会控制"更有文化意涵。他们的工作可能不像一些具有原创性的工作那样能够让后世铭记,但是打下了整个学科的基础。

孙先生是一位非常重要的人物。孙先生诞辰130周年,我们也在拍摄关于孙先生生平的短片,叫作《寻找孙本文》。我后来又重新看过他晚年的手稿,我认为他孜孜不倦做的事情就是重新整理他一辈子心心念念的学科。对于一个学者来说,孙本文对于这门学科的热爱已经贯穿他生命的始终。孙本文对整个学科的认同和关怀,也是现在的学者应该去继承和发扬的。

彭桂兵教授（主持人）：

谢谢陆老师的精彩发言！陆老师补充了关于孙本文家世的内容，也谈到如何避免社会学方面的西方理论引进中国时出现水土不服的情况，以及如何与中国社会实践对接。

接下来有请白中林博士。白中林博士是北京大学社会学博士、北京大学中国传统社会研究中心研究员、商务印书馆南京分馆总编辑，曾在《社会学研究》等期刊上发表大作。他的主要研究方向是韦伯的社会理论。

白中林研究员：

谢谢周老师、陆远博士，以及华东政法大学的各位老师！今天听完周老师的讲述，我头脑中的整个脉络更为清晰了。以前对孙本文的了解限于书籍。2016年商务印书馆成立南京分馆后，我去找陆远博士，陆远博士带着我去参观了孙本文故居。当时我们提出来一系列设想，包括南京大学社会学院访问学者可以在孙本文故居入住一段时间进行访学等，这些设想都非常好。

周老师提到中国社会学研究存在三个学派或者三个传统，即燕京学派、以孙本文为代表的综合学派以及唯物史观社会学派。但就社会学本身而言，我认为影响更大的是燕京学派和综合学派，因为唯物主义社会学已经完全泛化。无论是法学还是历史学，我们使用的范式均是唯物主义社会学的范式，在这个意义上，燕京学派和综合学派的特色更强烈。结合陆远博士所说的内容，我们会谈到某某学科上的失踪者，但是孙本文不属于社会学上的失踪者，因为我们都知道孙先生长期主持中央大学社会学系。今天我们发现，不少人可能知道孙本文这个人，但是对他的社会学思想并不熟悉，这是今天周老师讲述的意义所在。

我从两个方面谈一下今天的学习体会：

第一，性格即命运。周老师的讲座在某种程度上带领我们重返历史现场。周老师的序言写得非常漂亮，讲述了早期整个中国社会学家的群体。结合该序言来看孙本文的历程，就可以看到双重意涵：中国社会学家的性格决定中国社会学的命运，中国社会学家的性格也决定中国社会学家自身的命运。周老师也讲到一个插曲：恢复社会学的时候，孙先生认为时机未到，其实他的性格就决定他的社会学洞见和判断是相当准确的，也避免了后来的问题。因此，我们需要好好研读这篇序言。

第二，孙本文本身持综合学派的立场。这个传统和法学不一样，在法学上有许多学派，比如分析法学派、社会法学派、综合法学派。综合法学派的命运是最惨的，基本上在法学界没有任何影响力。但是社会学综合学派的内在线索和传统，却是非常丰富的。

通过今天周老师的讲授，可以发现社会学院的学生对传统往往感到非常陌生。我们通常认为，社会学有三大传统，其代表人物分别是韦伯、涂尔干和马克思。当代所关注的社会学定性和定量之争，所强调的个案分析、案例深描、社会调查、填写问卷等方法，都不能涵盖社会学的传统。社会学的传统远远要比这些当代议题更为广泛。

今天周老师的讲座揭示出社会学传统构成了一个非常丰富的社会理论体系，重新探索孙本文的思想，有助于我们重新找回社会学的广博传统。其实在我看来，周老师、陆远以及许多同仁，我们这几年要做的工作是重新找回社会学的广博传统。比如周老师的研究，基本上都是和孙本文的研究有某种呼应的。孙本文很重视社会理论研究、社会心理学研究，以及社会学本土化研究。周老师的研究基本上也属于这三块社会理论，包括西方社会学理论、社会心理学、当代中国社会研究。

所谓"重建"，其实是我们对传统的继承和延续，在这个意义上我们可以更好地理解当下的工作。具体而言,周老师与商务印书馆合作,在"中华现代学术名著"丛书里面收录了费先生和孙先生的部分著作。自2017 年起,我们就开始合作,思考如何更好地恢复社会学的传统,并继续开拓社会学研究的新方向。比如陆远老师的著作《传承与断裂:剧变中的中国社会学与社会学家》,就是"社会学理论与中国研究"丛书中的一本。除此之外,《重建中国社会学:40 位社会学家口述实录(1979—2019)》、关于当代中国的口述史研究等努力,也是重建的重要成果。

我们尝试通过"百年中国社会学"丛书,将百年来各个名家的经典作品逐渐收录进来,以发展孙本文所代表的综合学派这一比较丰富的理论传统,以及多线索的社会学理论资源,最终完成对中国社会学的重建。这种重建不仅是思想资源上的继承,而且也是通过当代中国口述史对中国社会学所做的新拓展和推进。这也是周老师今天讲座的意义。

彭桂兵教授(主持人):

感谢中林博士的两点与谈:第一,他特别提到周老师为陆远博士作品写的序言里对孙本文性格和命运的归纳。我自己的思考是,孙本文宁愿让自己成为学院派的社会学者,或许也是由其性格决定的,即他不愿意去干预当时的社会现实。第二,中林博士同样提到,借用孙本文的研究作为参照,我们能否完成重建中国社会学的使命这一问题。

四、 问答环节

提问一：

当今中国社会学传统在多大程度上得到了传承？

陆远博士回答：

我觉得可能有如下几种影响：今天的中国社会学在 20 世纪有其特殊性，社会学在 20 世纪 50 年代到 70 年代曾经有过将近 30 年学科被取消的历史。70 年代学科恢复以后，这种传承主要体现在以费先生为代表的燕京学派，特别是清华学派。因为历史条件的限制，费先生和西方暂时隔绝，他主要依靠杨庆堃先生重新和国际社会学界取得了联系，然后一批学者再回到中国重建社会学学科。

特别是最近这十年以来，学界开始注重对整个中国社会学传统的再打捞。这项工作已经取得了很多的成就：一是周老师十年前带领我们重新编孙本文的文集；二是最近这几年，从北京到长三角再到南方的高校，都很重视对传统的梳理。比如中山大学周大鸣博士的凤凰村变迁研究，是重新回到村庄去做研究。这两年，很多学者到江村去做调查，还有北京学者从事的新清河调查，这些实际上都是一种继承。当年的那些学术传统有很多，单就知识本身来讲，知识在不断更新迭代，我们今天的社会学研究的深度、广度、与世界的联系程度一定都超过了当年。但是，当年学者思考的深度和全面程度、广博视野、对整个社会全局的观照，都值得我们学习。

　　当然,如果我们仅仅站在他们的肩膀上,不能够把这个学科继续深化,这也是一种不成熟。我相信,中国的社会学学科到十年以后能够在一个平等的平台上和海外学者进行真正深刻的对话,而不仅仅是利用他们的理论,再填上中国经验资料做一些拼凑式研究。如果能做到这一步,可以告慰先贤!

提问二:

　　中国社会学家是否都带有经世致用的情怀去做学术?

周晓虹教授回答:

　　有很多学者选择做社会学是为了让国家和人民富强起来。但是我认为:一方面,要提倡经世致用,把学问真正运用到社会实践和人民的福祉中;另一方面,现代自由社会想要真正有创造力,可能也要给一部分学者留出更大的空间,让他们有机会按照自己的兴趣做研究,而非集中在特定领域。这样做可以起到百花齐放、主支互补的作用。我个人不太主张,在提倡一种东西的时候,对另外一种东西进行摒弃。不同的人按照不同的兴趣去做不同的研究,才能够真正实现百花齐放,并且能够真正取得成就。

　　我最近在写现代社会心理学史的一些增补,因为涉及囚徒困境的问题,专门读了关于冯·诺依曼(John von Neumann)的传记。我发现当年他在建高等研究院时招揽了一帮人,但并未给他们很大的压力。这帮人里面产生了包括物理学家爱因斯坦在内的许多大科学家。尽管没有太多压力,事实上这些人还是作出了相当大的成就。所以,做学问的时候尽量不要有过强的代入感,因为这样反而容易导致欲速则不达,最后使得我们的学术缺乏根基,只能成为某个特定时代的"思想扶贫"。

提问三：

如何评价目前社会学中的中国化建设？

周晓虹教授回答：

这个问题存在争论。我建议阅读《社会学研究》上谢宇教授的文章、《开放时代》和《探索与争鸣》上翟学伟教授的文章以及《社会学研究》上我的文章。我们三个人，应该代表了对社会学中国化的不同态度。谢谢！

提问四：

以后社会学研究会以定性分析为主吗？

周晓虹教授回答：

我个人认为肯定会，总的来说定性分析可能还是会比定量研究更多。定量研究和定性研究存在差异，要做好定性研究不容易，需要学者对生活有相当的阅历，特别是社会学的想象力。我的感触是，这几年定量研究的发展很快，南京大学的定量研究也获得了很好的发展，我有许多同事都非常牛，但是定性研究则存在一定短板。在研究时，两种方法对我们探究世界都很有用，不需要歧视某一种，谢谢！

提问五：

如何看待媒介社会学这门学科？

周晓虹教授回答：

传播学一直是跟着社会学发展的，当年比较早一点研究传播学的学者拉扎斯菲尔德(Paul Lazarsfeld)是一个犹太移民,到美国以后实际上待在哥伦比亚大学,但他基本上是在媒介发达的纽约做研究。后来默顿(Robert Merton)也进入了这一领域。这些都促进了该学科的发展。拉扎斯菲尔德也被认为是传播学的四大创始人之一,此外还有社会心理学家库尔特·勒温(Kurt Lewin)。他们的这些故事大家都知道,所以我觉得在某种程度上,可以将传播学看成是社会学的一个部分。只是因为现代社会传播媒介的力量太大了,传播学最后就完全独立出来。在 20 世纪三四十年代以后,传播学成为一个独立的学科,但其实从美国传播学的演变历史来看,传播学和新闻学仍旧密切联系在一起。

新闻要讲党性,但是传播学是一个客观的东西,比如今天晚上的收视率有客观数据。传播学体现出了 social science(社会科学)的属性。这也说明二者之间有矛盾和冲突,特别是在学科性质上有差异。阅读传播学思想史就能知道,两者的结合是偶然因素造成的。传播学未来一定还会受到社会学理论和方法的影响。谢谢!

陆远博士回答:

从社会学史的角度来讲,孙本文和吴文藻的博士论文其实都写的是传播学方向的内容,而且他们写的都是欧美舆论对中国的看法。吴先生的论文去年已经在商务印书馆出版了。我们现在也已经找到了孙先生的论文全文,中林如果有兴趣的话,可以再出版,因为他写的是 20 年代美国舆论中的中国,我觉得跟当下存在呼应,或许也是有启示意义的。

白中林研究员回答:

说得没错,两位先生的博士论文都是在讲西方舆论中的中国。吴先生的博士论文是以英文原版出版的,内容是关于西方舆论下的鸦片战争,它的中文版目前也在翻译中。多谢陆老师提供的线索,最好也由我们来出版。这样的话,南北两个学派代表人物的博士论文就出齐了。

五、 闭幕致辞

陆宇峰教授:

这一期大讲坛非常荣幸地邀请到知名社会学家周晓虹老师。他对中国社会理论有重大贡献,提出了对社会变迁的独特理论解释,即文化反哺学说。周晓虹老师非常重视青年文化,可能也是因为这个原因,在我们这些青年人的诚恳邀请下,周老师来到华政讲座,再次感谢周老师!

陆远博士从家庭社会学角度出发,谈到孙本文的大哥对他的照顾。我和白中林也是这样的关系。中林以三重身份来参加今天的讲座:中国政法大学的法学高材生、北京大学社会学系的博士后、商务印书馆的出版家。非常感谢白馆长帮助我们邀请到周老师、陆老师!

周老师将孙先生的经历归纳为"性格即命运"。社会学家的命运其实也是社会学的命运,而社会学的命运又是中国社会变迁导致的。所谓"成也萧何,败也萧何",成功往往是本性使然,失败又何尝不是?周老师也谈到,社会学的兴起,与法国大革命带来的秩序崩溃和对启蒙的反思相关。然而,或许是"二战"之后,世界又需要用超越性的东西去批判集权主义的秩序,所以"启蒙"再度被唤起。这在法学领域,就是"新自然法的滥觞",它导致中国法学至今仍有非常多空洞的规范主义,亟待与社会学再次融合。

就社会学的中国化问题而言,周老师谈到孙本文先生的理论来源可能并不是中国的,这些理论本身是依据西方特定的社会发展阶段的特殊情况建构起来的,把它们直接用于解释中国社会并指导中国实践,还需更为谨慎。陆远老师做了补充,认为孙本文先生自身的思想也可以形成具有普遍性的社会学理论。但不论怎么说,周老师提出的很多问题确实振聋发聩。要重建中国社会学,还得解决"食洋不化"的问题。

我反复阅读周老师的论文,最直接的感受是,周老师的文字高度凝练并且准确平实,其论文无疑就是"中国化"的。反观我们这一代青年研究者,可能语言上有一些优势,获得的资讯也很多,但我作为兼职编辑,很多时候确实感到真的是"食洋不化"。很多论文的可读性非常差,文字的凝练能力也不好,甚至基本的逻辑都有待检验,这大概是法学与社会学需要共同面对的问题。

周老师讲了社会学与传播学的亲缘关系,但是社会学与法学的关系可能更为亲近,社会学的宗师们都将法律当成最重要的研究对象之一。马克思、韦伯、卢曼等都有法学教育背景;涂尔干、帕森斯、福柯、布迪厄(Pierre Bourdieu)、哈贝马斯也集中探讨了法律在当代社会中的作用;法学学科内部像塞尔兹尼克、托依布纳、肯尼迪(Duncan Kennedy)、塔玛纳哈(Brian Tamanaha)等当代世界范围内一流的法学家,也都从社会理论中汲取养分。法学和社会学的跨学科研究意义深远,任务紧迫。今天这场精彩的讲座到此结束,感谢老师和学生的参与。谢谢大家!

后　记

　　《"东方明珠大讲坛"讲演录》第 4 辑如约与各位读者见面啦！保持与前 3 辑的风格一致，第 4 辑收录了"东方明珠大讲坛"第 31 讲至第 40 讲的讲座实录。这一辑的 10 场讲座中有 8 场都是作为"科研抗疫特别活动"举办的。学校封闭管理后，科研处自 2022 年 3 月 12 日起在两个多月的时间内连续举办 9 场"东方明珠大讲坛科研抗疫特别活动"。回想起那段非常时期，全校师生互帮互助、团结一心、众志成城、共克时艰的情景历历在目。

　　本辑共 10 讲，既从宏观的视角讨论宽泛的公民基本权利，也从微观的视角探讨诸如健康权、版权、数字要素财产权等具体的权能；既从法教义学视角讨论传统法学意义上的社会规范，也从社会治理视角探讨社会学意义上的社会规范。因此，我们把本辑取名为《基本权利与社会规范》，旨在用两大关键词"基本权利"和"社会规范"提炼本辑 10 讲的精华内容、汇编成集的逻辑主线。

　　习近平总书记在党的二十大报告中指出，"坚持依法治国首先要坚持依宪治国，坚持依法执政首先要坚持依宪执政"。党中央高度重视宪法的实施，公民基本权利的规定是我国宪法中的重要内容。北京航空航天大学法学院王锴教授和中国社会科学院大学法学院柳建龙教授围绕"基本权利冲突"这一宪法老问题展开深度分析，两位老师对基本权利冲突的性质、形成原因以及解决路径，提出了各自不同的观点，不过共识多于分歧。与谈人中国人民大学法学院李忠夏教授，提出了不同于两位主讲老师的观点，认为平台社会中私主体之间也可能形成基本权利冲突,而不必非要国家的介入。在解决基本权利冲突困境上,要考虑到功能和价值问题,构建一种动态的调节机制。

法的规范性是法学家关注的重要命题,作为交叉学科的法社会学在处埋法规范性问题上存在争议。中国政法大学法学院雷磊教授和吉林大学法学院杨帆教授就法社会学能不能处理法规范性问题进行了学术对话。杨帆认为法社会学可以利用经验研究解决法规范性问题,而雷磊认为法社会学只能对法规范性起到说明作用,而不能证立。北京航空航天大学法学院泮伟江教授在与谈中从事实和方法两个层面来剖析这一问题,法社会学自产生以来就擅长解决事实性问题,至于处理规范性问题,法社会学需要在方法论层面精益求精。

建设人人有责、人人尽责、人人享有的社会治理共同体,完善共建共治共享的社会治理制度,是新时代加强和创新社会治理的重要任务。中国人民大学社会与人口学院冯仕政教授在社会治理概念的基础上提出了新社会治理。新社会治理的"新"体现在新定位、新内容和新手法上。新定位,意味着要把社会治理放到更加重要的位置;新内容,要求社会治理从面向社会角落的治理转变为面向整个社会;新手法,要求从依靠政府单一治理转向依靠群众参与,使人与人之间有机地连接、团结起来。华东理工大学人文社会科学处副处长唐有财教授和华东政法大学社会发展学院李峰教授都针对如何把人与人之间形成的公共精神落地提出了疑惑。

新一轮科技革命给法学领域带来前所未有的挑战,法律学人肩负积极促进法学与当代科技发展及司法实践的紧密结合与交融汇通的使命和任务。华东政法大学数字法治研究院院长、《华东政法大学学报》主编马长山教授表达了建设数字法学的宏愿。他从数字法学的时代诉求、演进路径、研究范围、底层逻辑和建设策略五个方面证成作为学科的数字法学,数字法学不是在现代法学内部兴起的交叉学科或二级学科,而是将接替现代法学,成为法学的下一个学科形态。四川大学法学院左卫民教授在与谈中赞赏了马老师构想的数字法学,只是实践对这一学科形态的呼吁还不是那么强烈,需要结合实践从事更多深入的研究。上海师范大学哲学与法政学院蒋传光教授认为,构想一个学科,需要明确研究对象、学科边界、概念范畴等,做到理论与实践的对话,以回应数字化社会的来临。中国政法大学数据法治研究院张凌寒教授认为,数字法学的理论研究和实务实践都是一片蓝海,需要有坚持不懈的勇气和开拓精神。

习近平总书记强调:"健康是幸福生活最重要的指标,健康是 1,其他是后面的 0。"清华大学法学院王晨光教授深度分析了健康权在整个人权体系中的地位。由国际组织推动的健康权,逐渐扩展到诸多国家的法律文本中。各国都强调人权的重要性,那么人权内在的权利之间的关系,财产权优位能否让位于生命健康权优位,这些都是需要人权理论研究者努力思考的议题。中国政法大学比较法学研究院解志勇教授赞同健康权作为人权体系的一部分,是从生存权和发展权衍生而来,但要认识到健康权的公共属性。如果把健康权从生命权分离出来,凌驾于生命权之上,可能还有很长的一段路要走。华东政法大学中国法治战略研究院满洪杰教授提出作为基本人权的健康权,在各个领域的实现方式并不相同。健康权给卫生法学科提供了一个逻辑主线和逻辑体系,因此健康权的研究就显得非常重要。

华东政法大学法律学院陈金钊教授围绕在辩思的基础上何以可能实现法治这一命题展开讲演。当西方遭遇到重构法治的危机时,我们同样面临着这一问题。要解决中国的法治问题,必须处理好辩思解释和据法阐释的关系。具体而言,就是要在整体思维中引入体系思维,在辩证思维中引入逻辑思维,在实质思维中引入形式思维。中国政法大学法学院雷磊教授赞同陈老师说的可以通过法源的形式对法律作出限制,但是要考虑到法源的类型,效力法源可以对法律起到限制的作用,有些认知法源可以在裁判文书中增强说理的效果,但不能作为裁判依据。山东大学(威海)法学院孙光宁教授对解释和阐释的理解有所不同:解释侧重文义,对文本赋予相应的含义;阐释反而更具有强烈的创造性。对于人工智能是否有助于据法阐释,孙光宁教授和雷磊教授对此持有不同的看法。

新浪诉凤凰网赛事直播案在司法中经历了一审、二审和再审,可谓一波三折。华东政法大学法律学院王迁教授以该案为例分析体育赛事直播中的版权保护。王老师从四个方面加以分析:一是《著作权法》上的独创性不是绝对意义上的有或无的问题,而是程度的问题;二是体育赛事的现场直播并不符合著作权的固定要求;三是2020年《著作权法》的修改并没有解决体育赛事直播在《著作权法》中的地位和保护途径;四是可以将对体育赛事直播未经许可的网络转播纳入修改后的广播组织权进行保护,而如果将体育赛事直播画面认定为视听作品,反而会架空著作权中的广播组织权的适用。国家版权局许超巡视员赞同王迁老师对视听作品范围的界定,既不扩大也不缩小电影作品的范围。中国社会科学院李明德研究员认为直播画面是否构成《著作权法》意义上的作品,需要从大陆法系和普通法系两大法系比较的角度去阐述。北京知识产权法院陈锦川法官赞成王老师关于独创性是高与低的问题,而不是有与无的问题的观点。

党的二十届三中全会《中共中央关于进一步全面深化改革、推进中国式现代化的决定》提出要完善合宪性审查、备案审查制度。上海交通大学凯原法学院林彦教授从制度演进史的角度分析了备案审查制度的发展。林教授把备案审查的历史演进分为了四个阶段:以"八二宪法"为分界线,分为宪法制定前和宪法制定后;1998年提出健全宪法实施制度以后到党的十八大;党的十八大以后,这一时期国家对备案审查制度的重视程度前所未有。如果说林彦老师是从备案审查制度的纵向角度切入,那么浙江大学法学院郑磊教授就非常关注备案审查制度的横向视角。郑老师认为,备案审查制度不同于违宪审查制度,也不同于传统的法教义学路径,他从审查主体、审查方式和审查基准三个方面深度分析了备案审查制度中包含的中国宪法议题。吉林大学法学院邢斌文副教授围绕合宪性审查中的具体问题"立法实践中的宪法判断变更",依据历史上出现的宪法判断变更案例,阐释了要处理好宪法判断中的"合宪"与"违宪"关系、"名"与"实"的关系、"一致性"与"延续性"的关系这一重要观点。

发挥数据要素的放大、叠加、倍增作用,构建以数据为关键要素的数字经济,是推动高质量发展的必然要求。北京大学法学院胡凌副教授从数据要素角度反思数字时代的财产权。数据本身具有不同的特性,这些特性决定了数据要素和市场的连接,这儿就有必要引入产权的概念。要素财产权和架构财产权以不同的方式决定了数据要素的流动性,因此要解决两种不同的数据要素确权问题,而且要素财产权可能更加依赖于架构财产权。中国人民大学法学院熊丙万教授和中国对外经济贸易大学许可副教授在与谈中提出要正视对数据的理解,个人数据和非个人数据在生产方式与生产模式上有巨大的差异。对于数据要素产权,或许合同法能解决相关的产权问题,但很难解决初始权利的界定问题。但几位与谈人都一致同意,数据要素的产权界定,对于市场的发育和发展是至关重要的。

"建设一种中国化的社会学"是中国社会学家孜孜以求的理想和目

标。南京大学当代中国研究院院长周晓虹教授讲述了社会学综合学派的代表人物孙本文的家世以及人生经历。孙本文充当了中国社会学建设者和评论者的双重角色,最早尝试用社会学理论来推动苦难中国的社会建设,并致力于创建一种中国化的社会学理论体系。南京大学社会学院陆远老师在与谈中特别提及孙本文对社会学学科的热爱,以及对社会学中国化的贡献。所谓社会学中国化,亦即西方的社会学理论如何与中国的社会结构和中国传统文明相适应。北京大学中国传统社会研究中心白中林研究员感叹道:中国社会学家的性格决定了中国社会学的命运,孙本文对中国社会学的贡献是不言而喻的,其所创办的社会学综合学派有着非常丰富的内在线索和传统。

感谢参与"东方明珠大讲坛"的各位专家学者,是你们的学术光芒和真知灼见让大讲坛熠熠生辉!感谢郭为禄书记、叶青校长、韩强副书记、陈玉刚副书记、虞潇浩副书记、罗培新副校长、周立志副校长、洪冬英副校长对"东方明珠大讲坛"的鼎力支持!感谢陆宇峰处长、陈蓉副处长、俞岚、陈叶、甘芬、王海波、郑菲、陶思成等同事的共同努力!科研处的三位助管同学张文胜、张恒、王一中整理了本书初稿文字并耐心校对,翁壮壮、谢婧轩、杨洋、吴术豪、冉高苒、吴佳昊、梁葵珍、徐佳蓉、张恒、王逸菲、张文胜、任缘、刘芳辰等助管同学制作了大讲坛的精美海报和讲座预告,参与整理了每一期的讲座实录,在此一并表示感谢!"问渠源"基金为"东方明珠大讲坛"保持高端学术平台、展现华政科研风采提供了重要支持,在此特别鸣谢!

彭桂兵

2024 年 11 月 5 日

图书在版编目（CIP）数据

基本权利与社会规范 / 郭为禄，叶青主编 . -- 北京：商务印书馆，2024. -- （ "东方明珠大讲坛" 讲演录 ）.
ISBN 978-7-100-24178-6

Ⅰ. D90-53

中国国家版本馆 CIP 数据核字第 2024DG1425 号

基本权利与社会规范
"东方明珠大讲坛"讲演录（第 4 辑）
郭为禄　叶　青　主编

商 务 印 书 馆 出 版
（ 北京王府井大街 36 号　邮政编码 100710 ）
商 务 印 书 馆 发 行
南京新世纪联盟印务有限公司印刷
ISBN　978-7-100-24178-6

2024 年 12 月第 1 版　　　开本　880×1240　1/32
2024 年 12 月第 1 次印刷　　印张　11⅝

定价：88.00 元